AF594845

RULE ALL
ROADS

A Journey across the Italian Beauty on the Multistrada V4

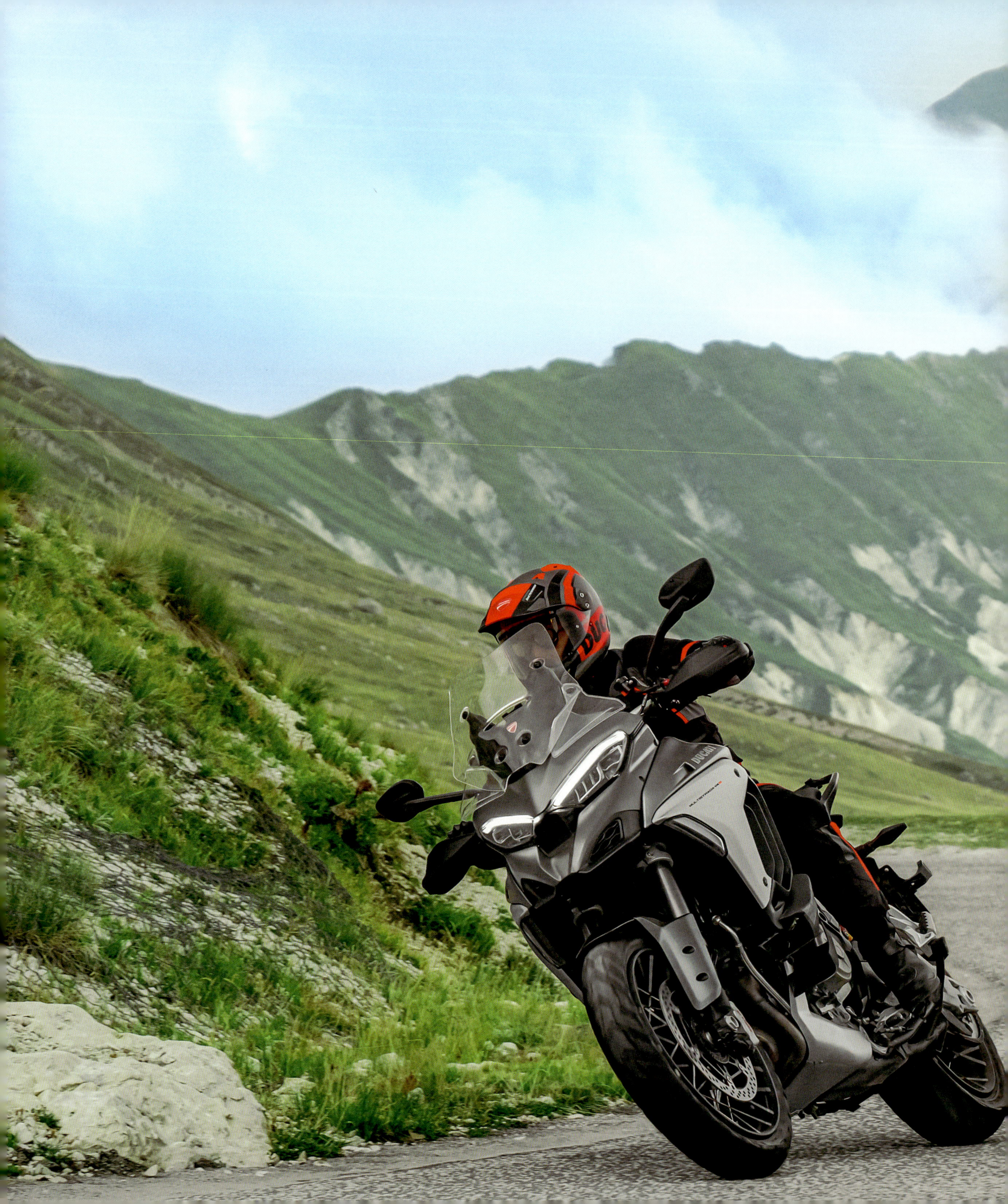

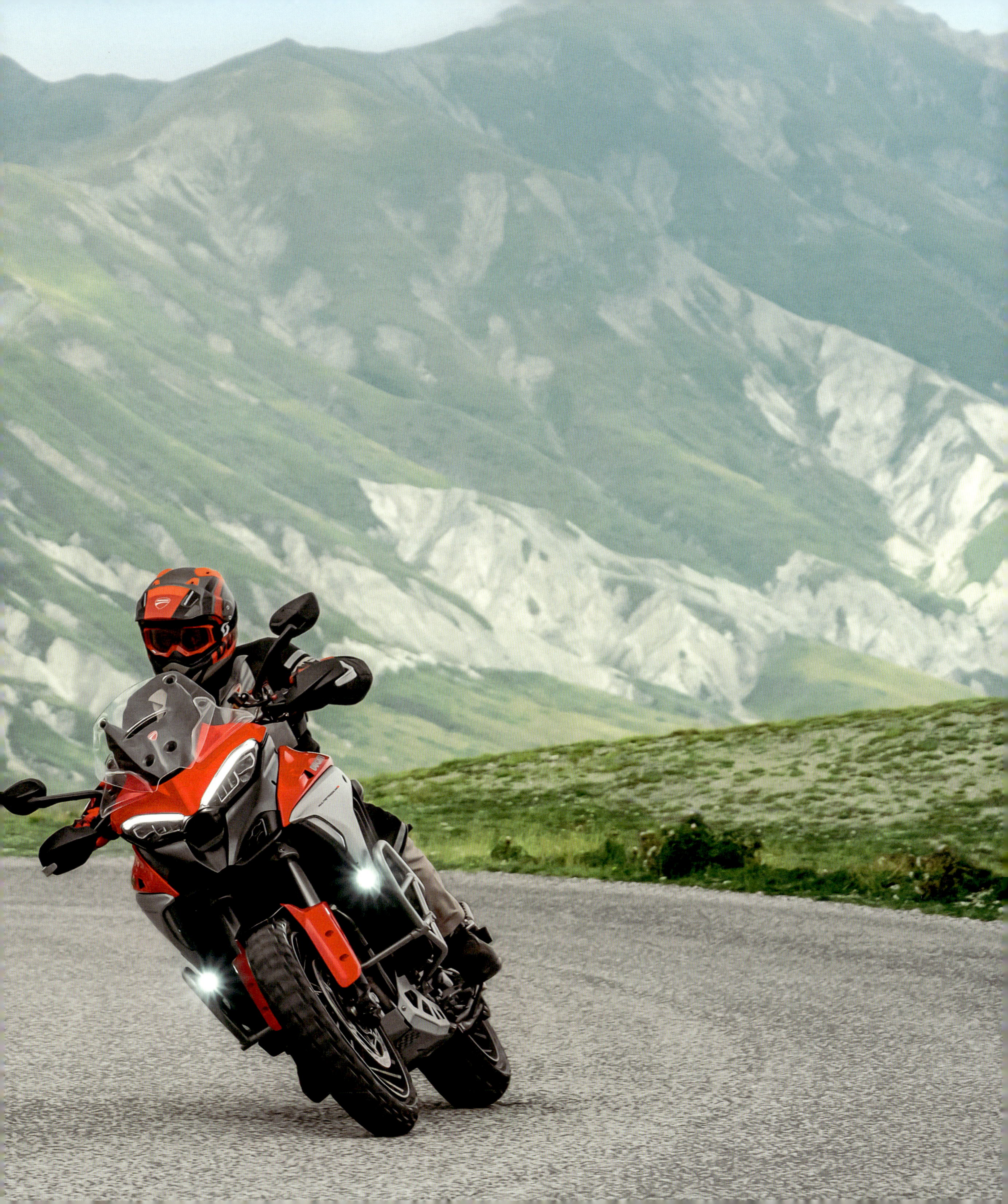

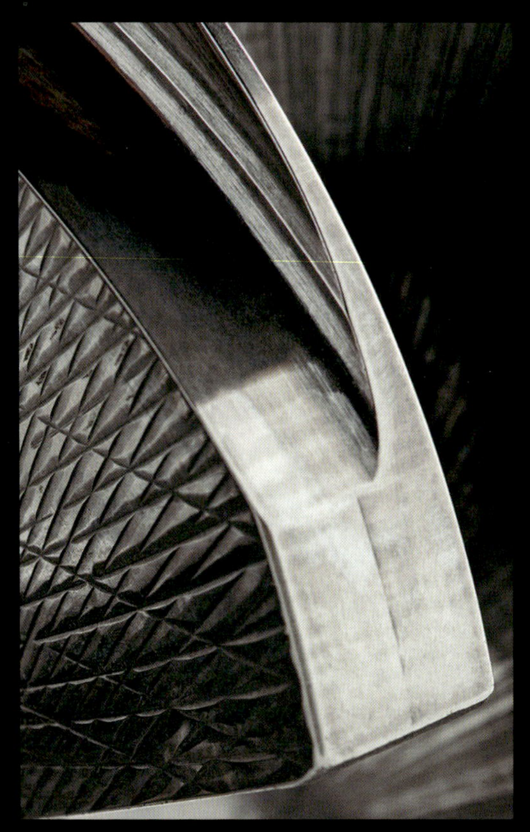

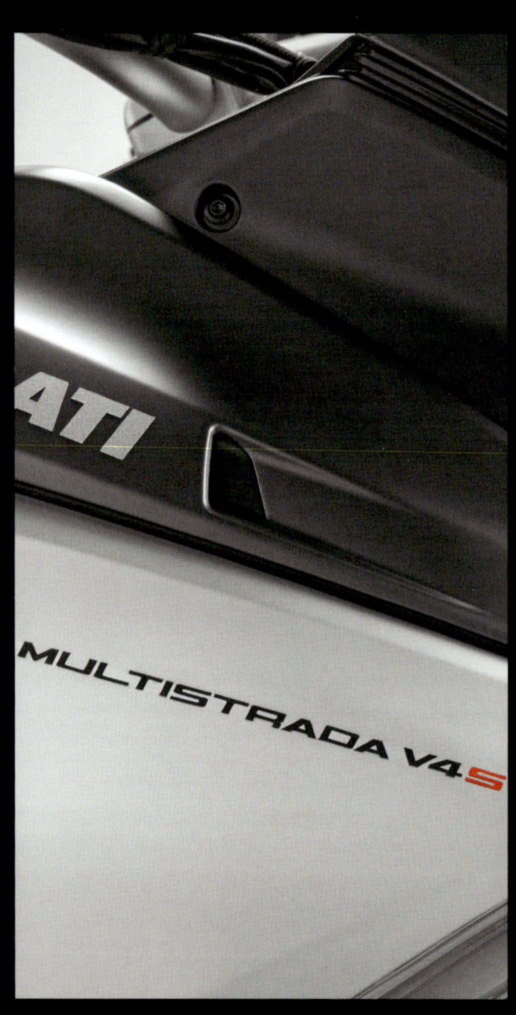

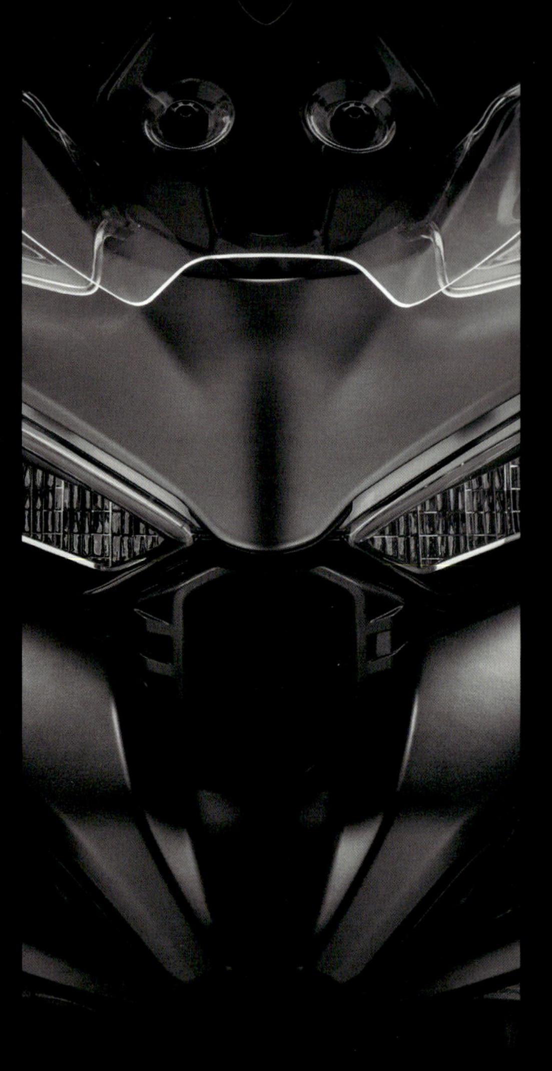

7 THE PROJECT

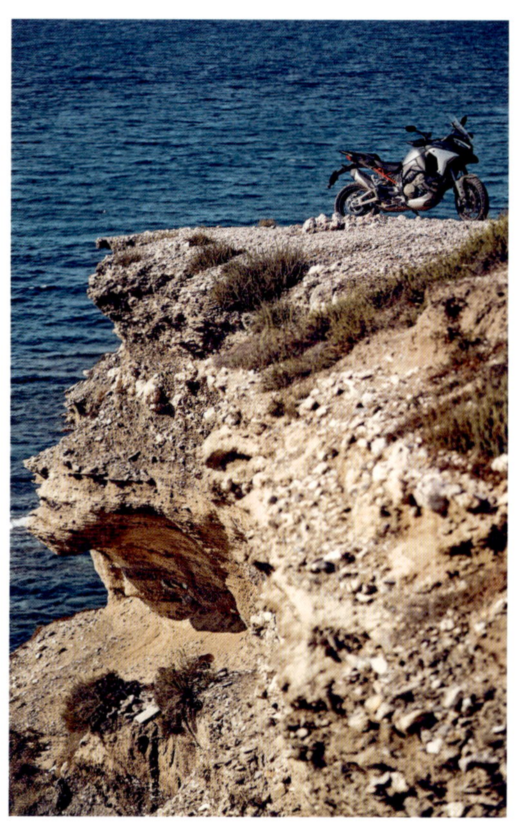

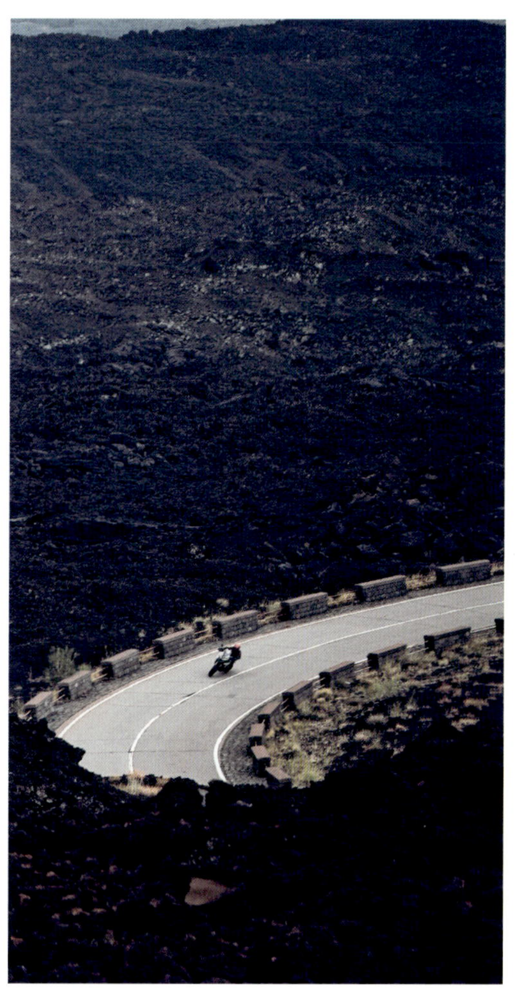

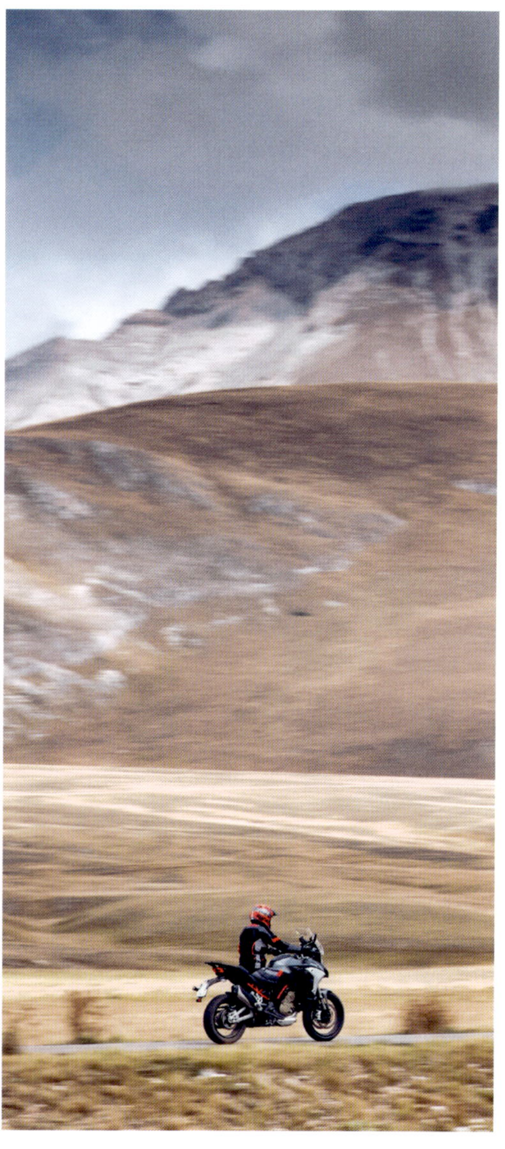

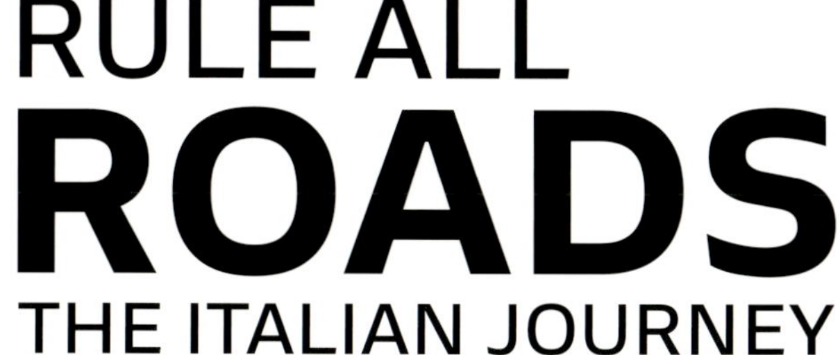
RULE ALL
ROADS
THE ITALIAN JOURNEY

COSA
SIGNIFICA
MULTISTRADA?

WHAT DOES
MULTISTRADA
MEAN?

Multistrada per Ducati non è semplicemente un nome, ma una vera missione: sviluppare un veicolo con cui affrontare qualunque terreno con il massimo del controllo. Oggi, dopo 18 anni di storia e più di 110.000 esemplari prodotti, la quarta generazione della famiglia Multistrada porta questo obiettivo a livelli mai raggiunti prima.

Più agile, più potente, più solida e più adattiva che mai, la nuova Multistrada V4 rappresenta un punto di svolta non solo per Ducati ma per l'intera industria motociclistica. Il nuovo motore, il V4 Granturismo, porta la sportività Ducati verso nuovi orizzonti di fruibilità e solidità. La tecnologia radar anteriore e posteriore, inedita su una moto, trasforma anche il più lungo degli spostamenti in un'esperienza di guida piacevole, sicura e confortevole. La ciclistica intuitiva e sempre efficace la rende una moto guidabile con il semplice sguardo, mentre l'elettronica allo stato dell'arte le consente di adattarsi ai bisogni del pilota e alle condizioni di guida con estrema facilità.

Tutto questo non sarebbe stato possibile senza l'incredibile sforzo ingegneristico del team Ducati nell'inventare, prototipare e testare nuove soluzioni tecnologiche. Un impegno collettivo che ispira tutti i giorni il lavoro delle donne e degli uomini di Borgo Panigale, e che da sempre orienta lo sviluppo della famiglia Multistrada, con l'obiettivo di migliorare costantemente l'esperienza di guida di ogni pilota.

Questo libro ci accompagna nell'essenza più profonda della Multistrada. Un nome che da solo ci parla di ambizione, tecnologia, scoperte e libertà. Una moto che nelle strade e nei paesaggi di tre splendide regioni dell'Italia trova la cornice ideale per condensare queste emozioni in un senso di profonda meraviglia.

L'acqua, la roccia, il vento; il cielo, il sole e la terra come corrispettivi in natura della velocità e del controllo, dell'accelerazione, della potenza e dell'equilibrio frutto dell'evoluzione ingegneristica. In sella alla Multistrada V4 la guida è tutt'uno con l'ambiente che la circonda. Nella meraviglia delle strade costiere della Sardegna, dei crateri sommitali in Sicilia e delle vette innevate d'Abruzzo, mentre dà prova delle sue infinite capacità la Multistrada V4 ci conduce all'essenza più profonda del viaggio. Dimenticarsi di tutto, persino di sé stessi, percorrendo 3.000 km sugli itinerari più iconici d'Italia con una sola meta in mente: la strada stessa.

Buona lettura e buon viaggio.

Claudio Domenicali

Multistrada is not simply a name to Ducati, but a real mission – to develop a vehicle that can take on any terrain with the utmost control. Today, 18 years and more than 110,000 units further on, the fourth generation of the Multistrada family elevates this goal to a whole new level.

More agile, powerful, robust, and adaptive than ever before, the new Multistrada V4 marks an evolutionary turning point, not only for Ducati but for the entire motorcycle sector. The new V4 Granturismo engine raises Ducati sports attitude to new levels of usability and robustness. The front and rear radar technology, brand new on a motorcycle, transforms even the longest of journeys into a pleasurable, safe, and comfortable riding experience. The intuitive and ever-efficient chassis means that the bike requires minimal effort, while state-of-the-art electronics allow it to be very easily adapted to both rider needs and riding conditions.

None of this would be possible without the incredible engineering efforts of the Ducati team, as it continues to invent, prototype and test new technological solutions. A collective commitment that inspires the work of the men and women in Borgo Panigale each day and that has always guided development of the Multistrada family, the goal being to continuously improve each rider's riding experience.

This book takes us on a journey to explore the true essence of the Multistrada. Its name alone tells of ambition, technology, discovery, and freedom. A bike that, thanks to the roads and scenery of three beautiful Italian regions, finds the ideal setting in which to condense these emotions into a sense of sheer wonder.

Water, rock, wind, sky, sun, and earth as nature's equivalents to speed, control, acceleration, power and balance, the fruit of engineering development. Astride the Multistrada V4, a rider is as one with their surroundings. In showcasing its infinite abilities on the wonderful coastal roads of Sardinia, the summit craters of Sicily and the snow-capped peaks of Abruzzo, the Multistrada V4 teaches us about travel in the purest sense. Forgetting it all and losing ourselves as we travel 3000 km along some of Italy's most iconic routes, with only one destination in mind: the road itself.

Happy reading and happy travels.

Claudio Domenicali

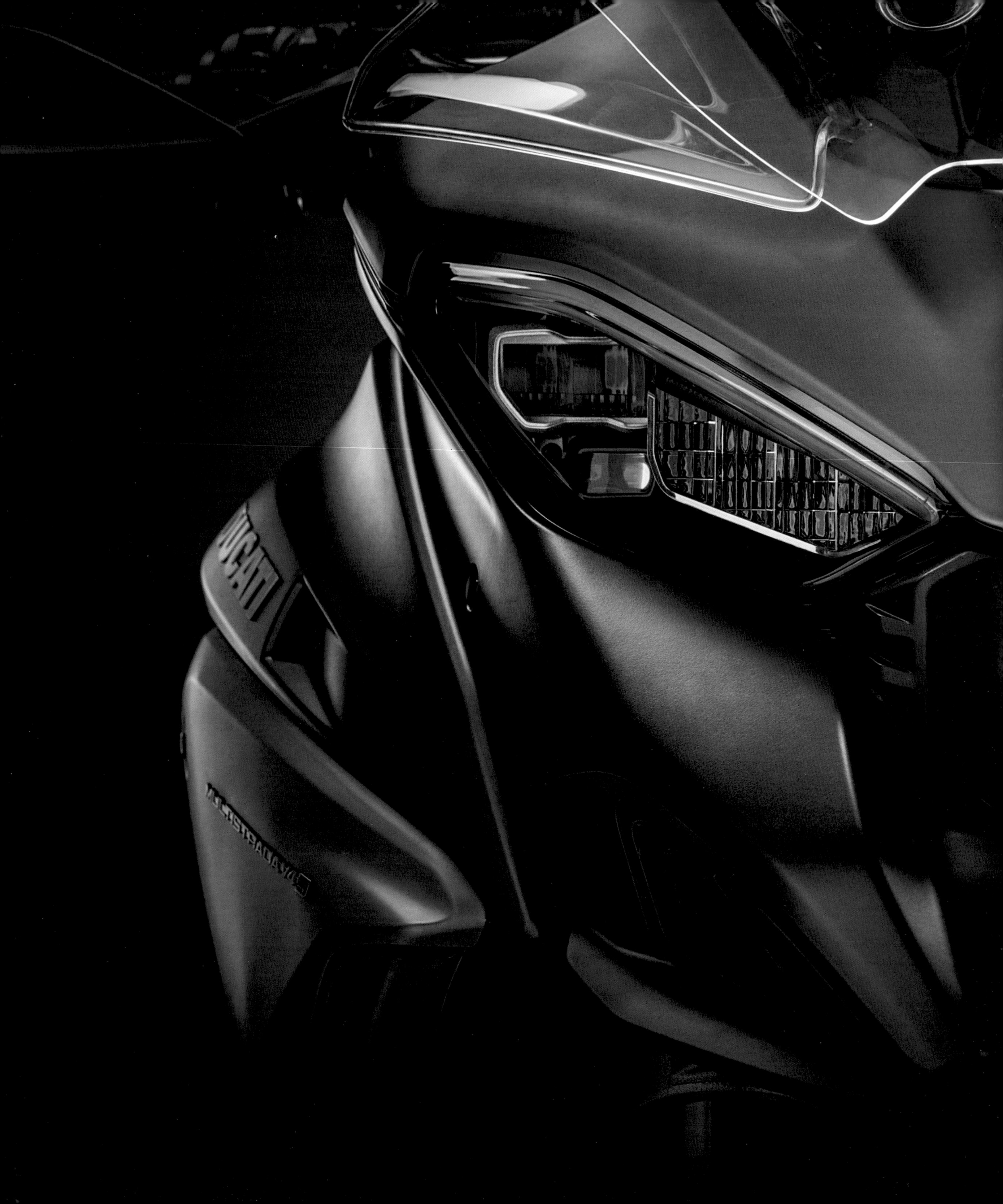
DUCATI

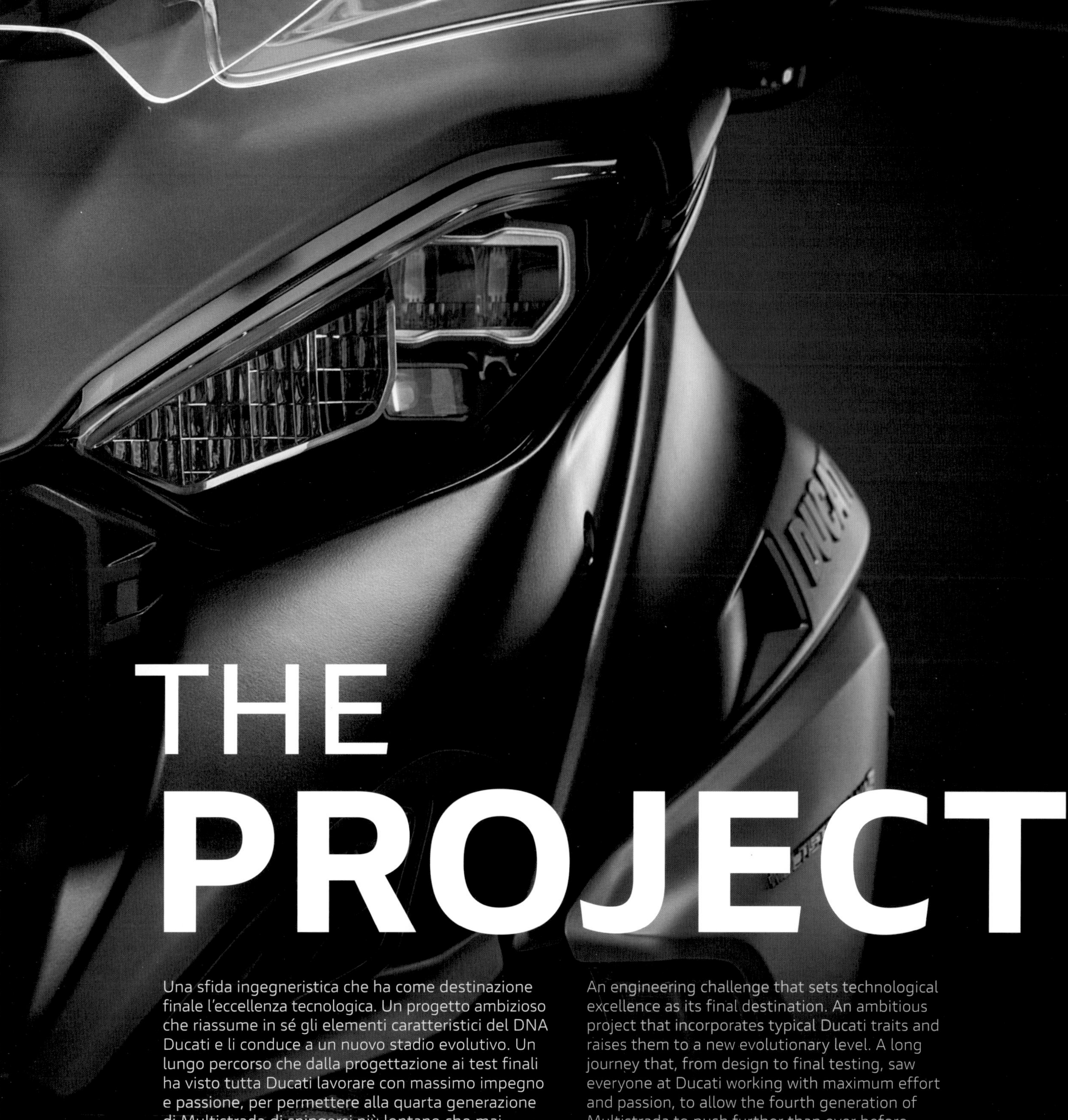

THE PROJECT

Una sfida ingegneristica che ha come destinazione finale l'eccellenza tecnologica. Un progetto ambizioso che riassume in sé gli elementi caratteristici del DNA Ducati e li conduce a un nuovo stadio evolutivo. Un lungo percorso che dalla progettazione ai test finali ha visto tutta Ducati lavorare con massimo impegno e passione, per permettere alla quarta generazione di Multistrada di spingersi più lontano che mai.

An engineering challenge that sets technological excellence as its final destination. An ambitious project that incorporates typical Ducati traits and raises them to a new evolutionary level. A long journey that, from design to final testing, saw everyone at Ducati working with maximum effort and passion, to allow the fourth generation of Multistrada to push further than ever before.

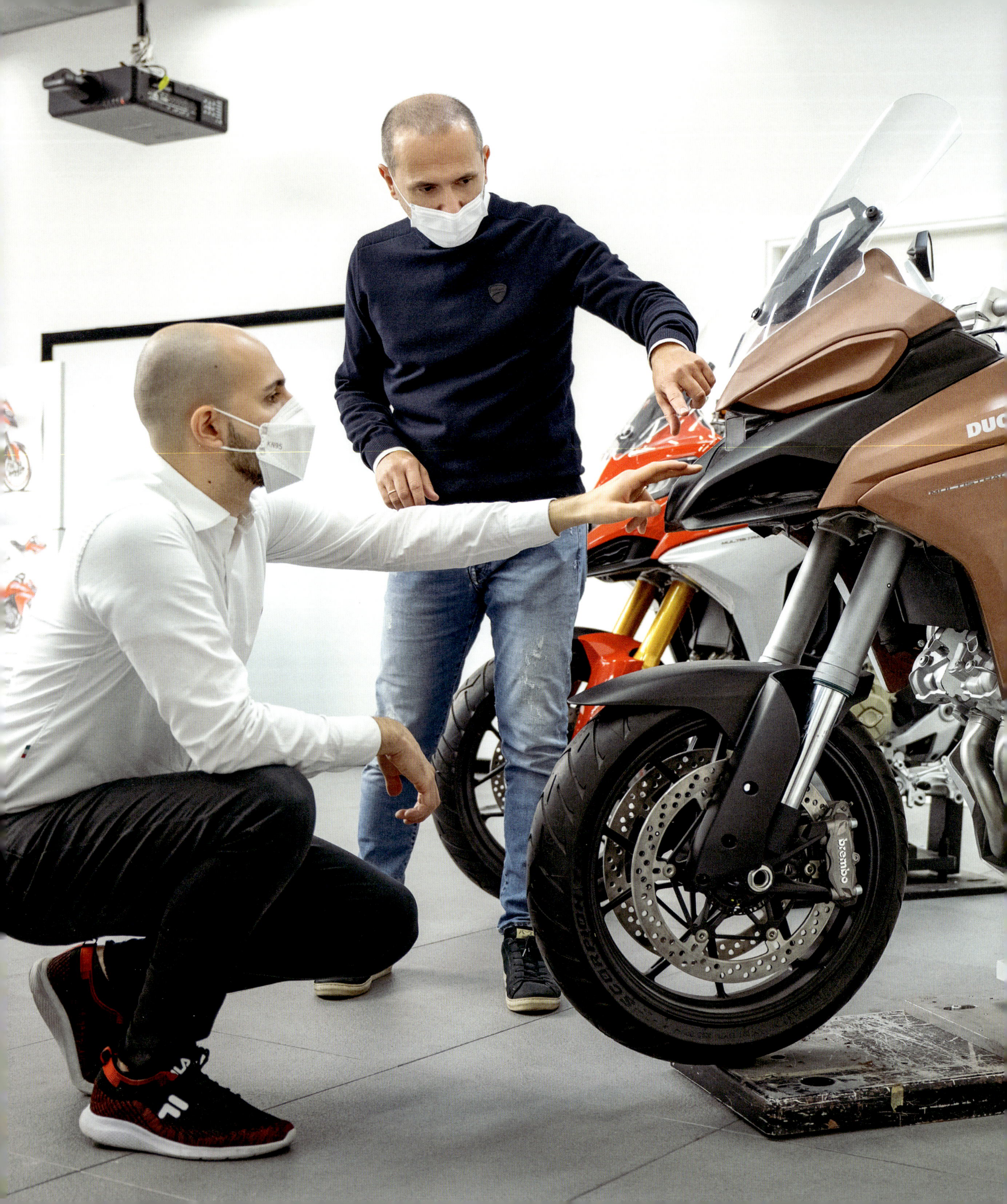
KN95
brembo

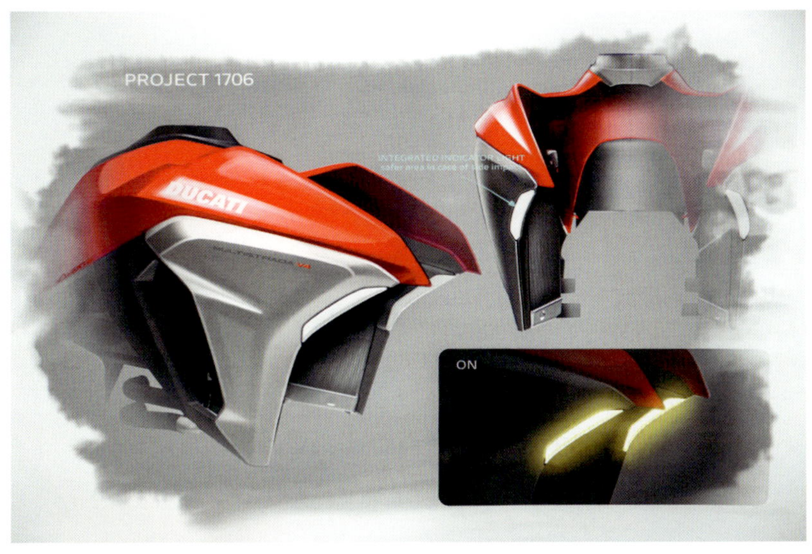

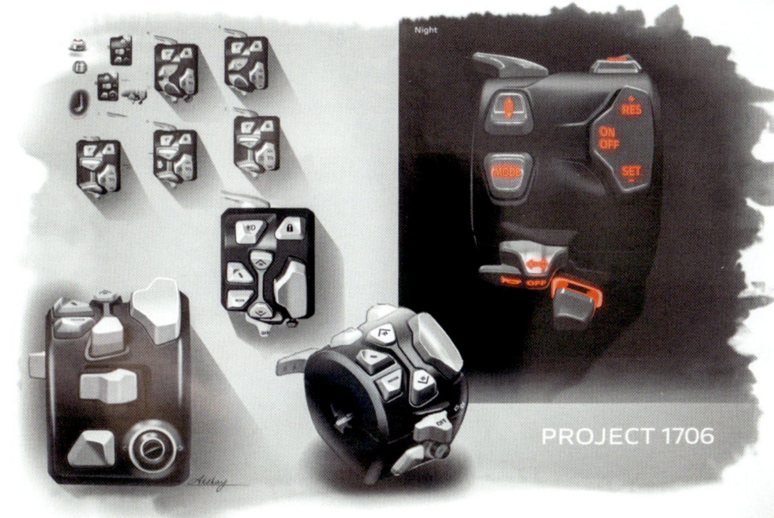

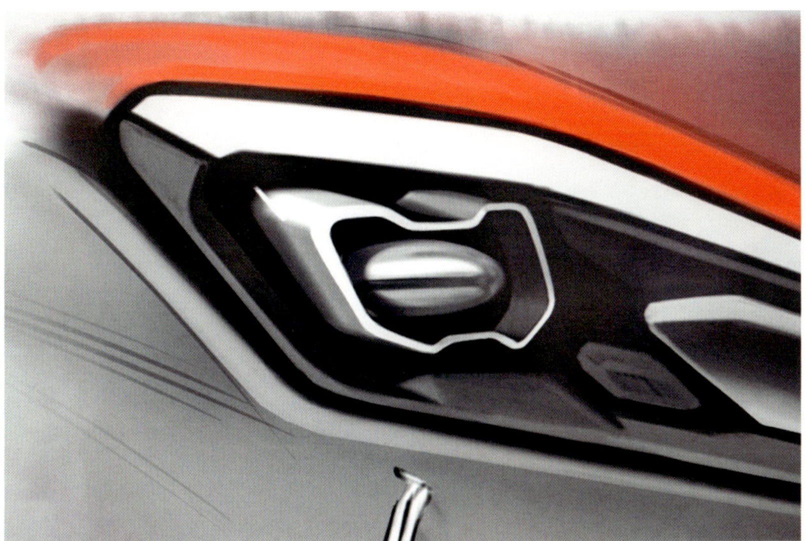

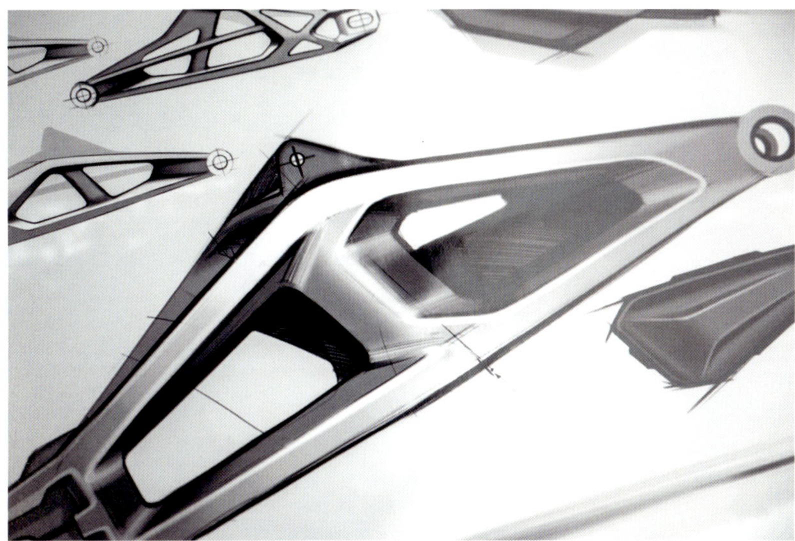

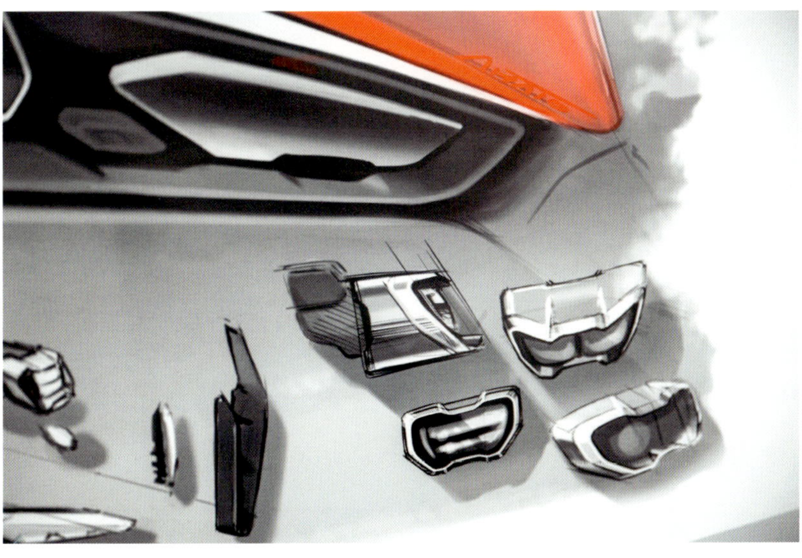

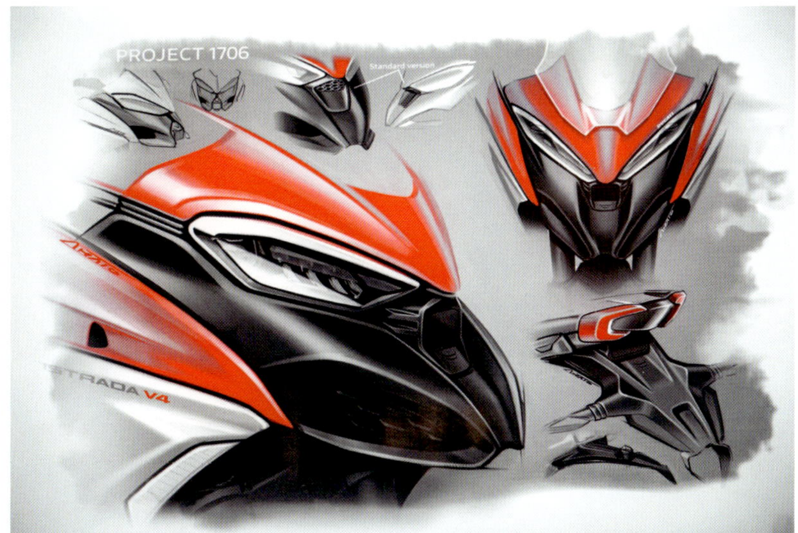

Modellato da comfort, robustezza e innovazioni aerodinamiche, il design della Multistrada V4 è l'incontro tra funzionalità e stile italiano.

Shaped by comfort, robustness and aerodynamic innovation, the design of the Multistrada V4 is a meeting of functionality and Italian style.

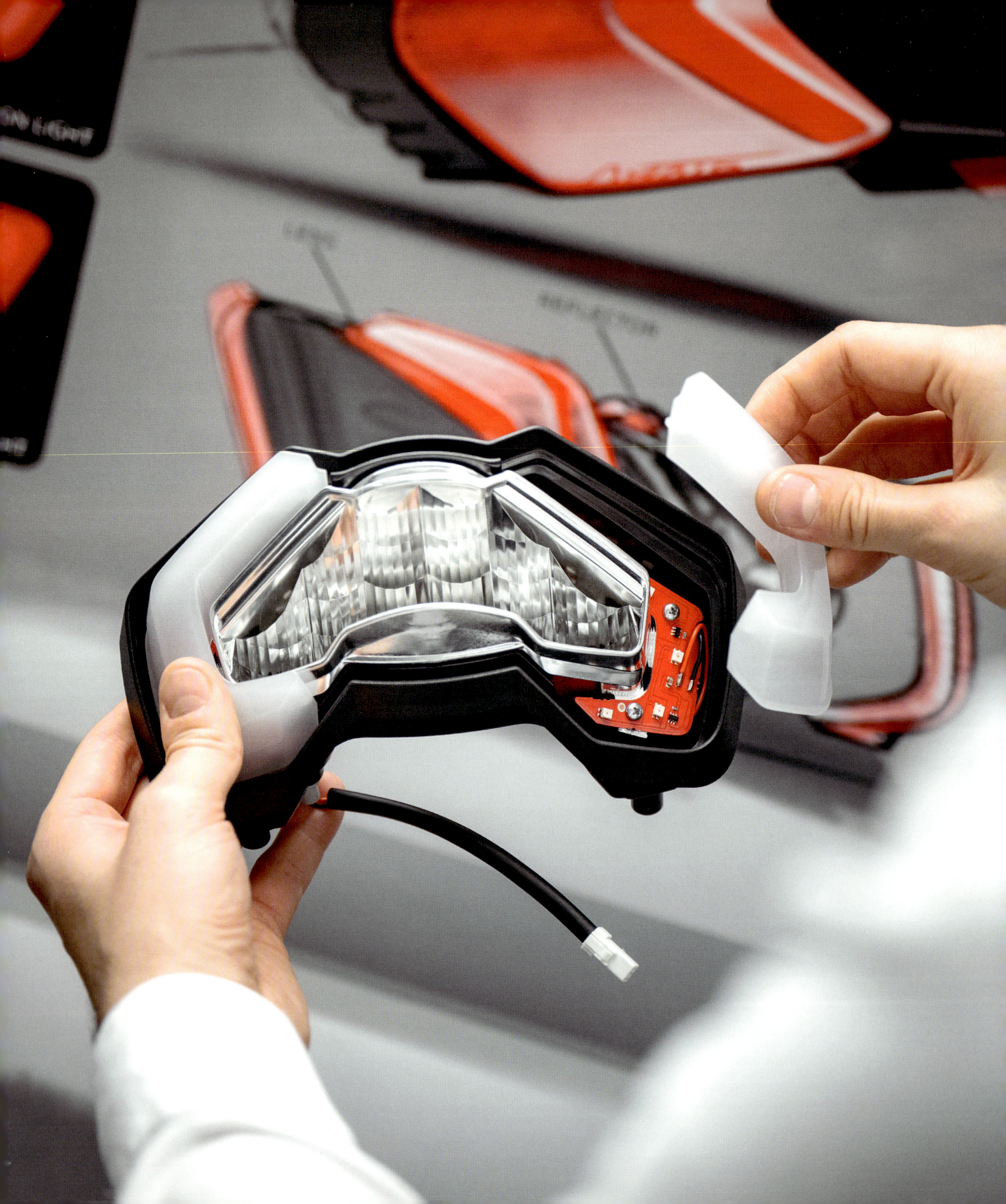
REFLECTOR

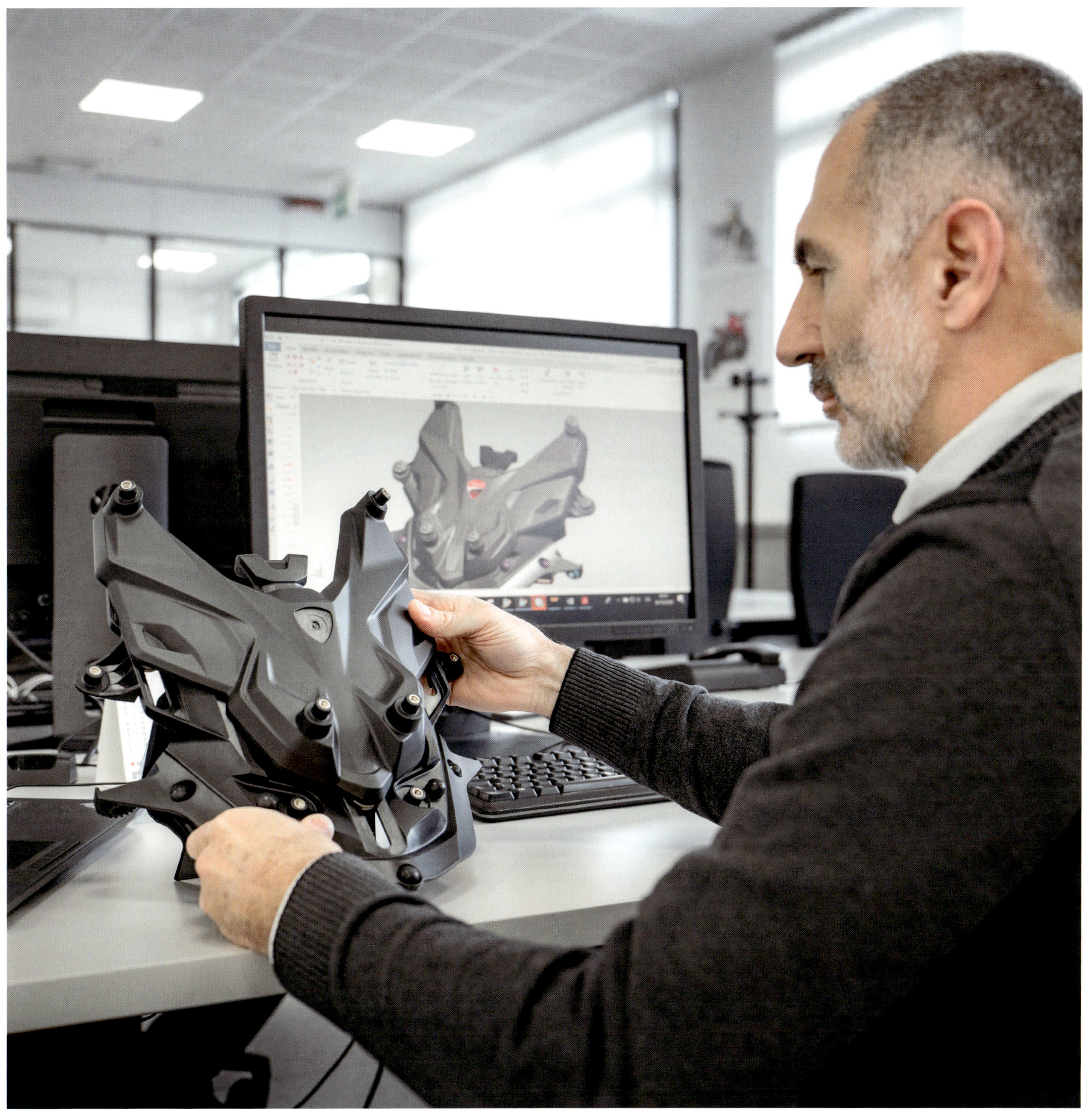

Ogni dettaglio è progettato per essere parte di un insieme armonico, in cui uomo, macchina e tecnologia si fondono fino a diventare un tutt'uno.

Every detail is designed to be part of one harmonious whole, in which man, machine and technology merge to become one.

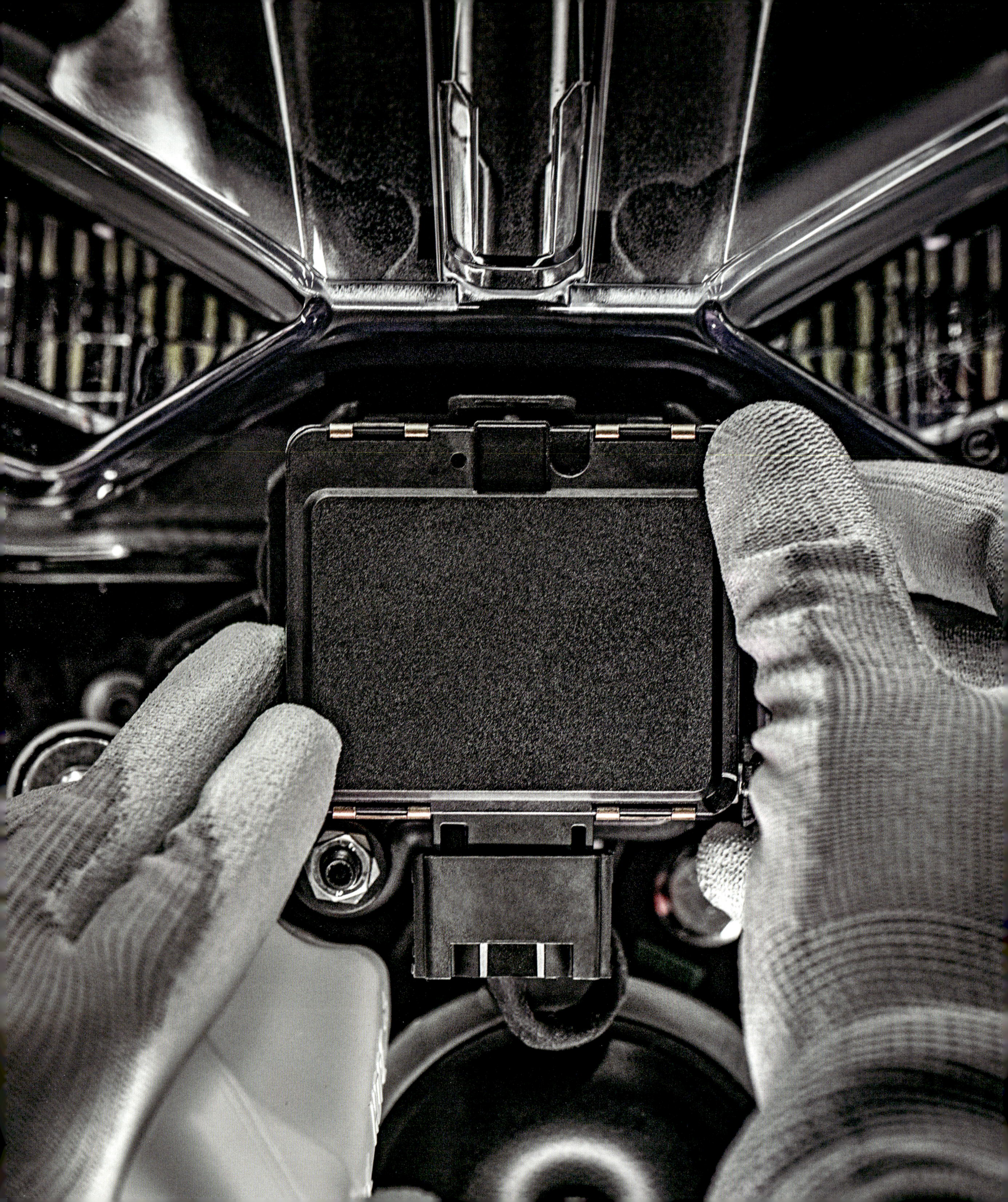

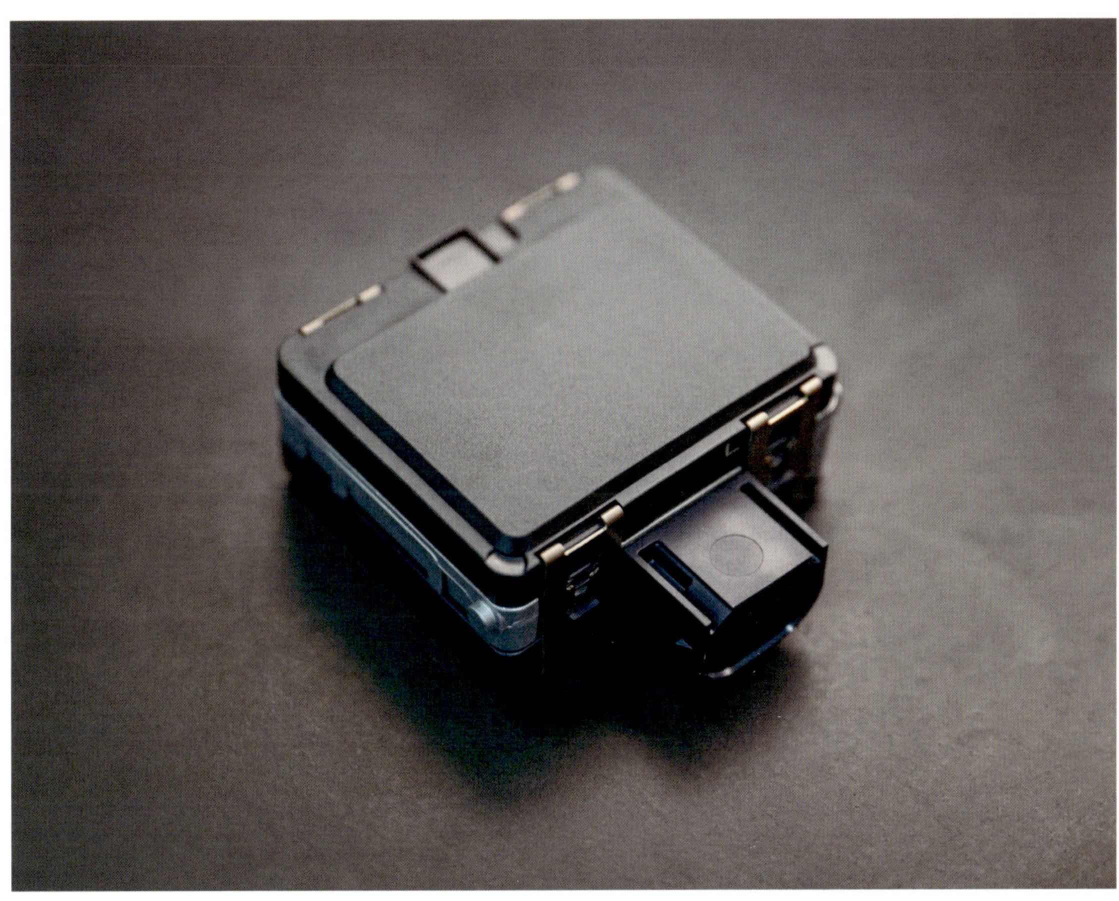

RADAR

La Multistrada V4 è la prima moto al mondo equipaggiata con radar anteriore e posteriore, una novità assoluta, sviluppata insieme a Bosch, che migliora il comfort di guida e aiuta il pilota a identificare situazioni potenzialmente pericolose.

The Multistrada V4 is the very first motorcycle to be equipped with front and rear radar, a world-first developed together with Bosch that improves riding comfort and helps the rider to identify any potentially dangerous situations.

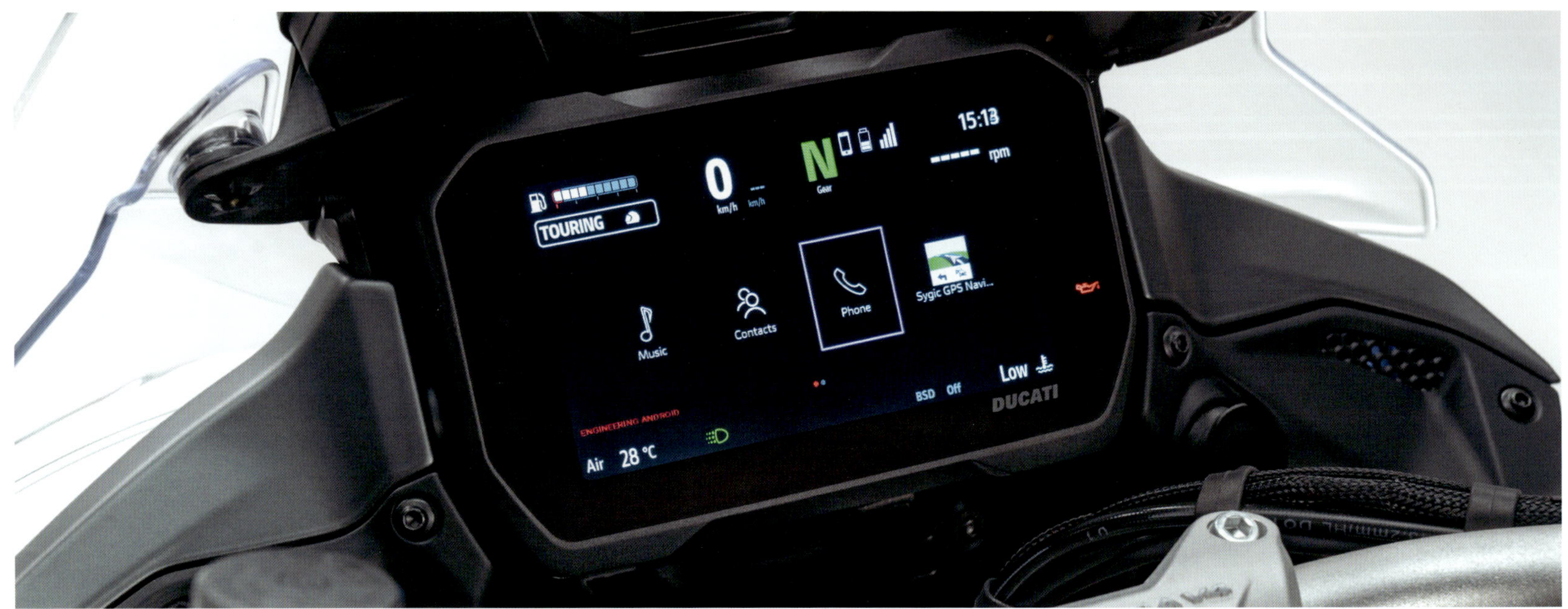

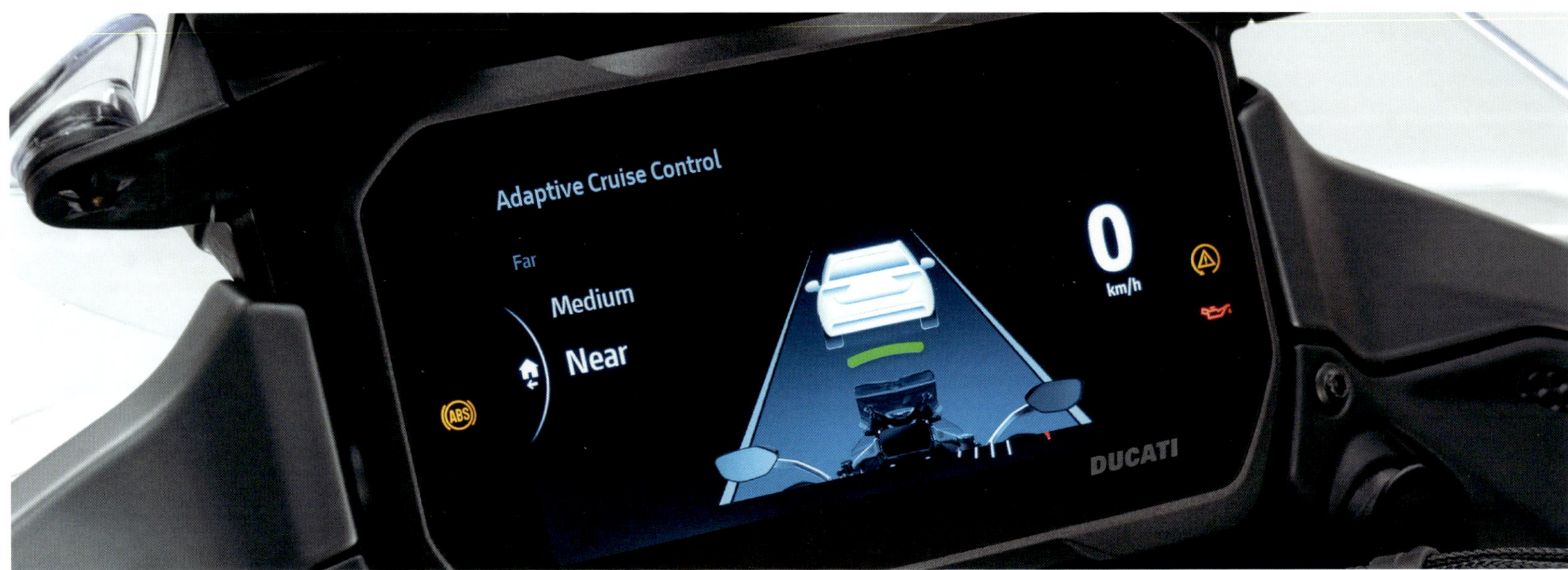

NAVIGATORE INTEGRATO

INTEGRATED NAVIGATION SYSTEM

Il display TFT integra tutte le informazioni di viaggio ed è il primo dotato di tecnologia optical bonding, che migliora la visibilità e la leggibilità anche con luce diurna.

The TFT display integrates all travel information and is the first to be equipped with optical bonding technology, which heightens visibility and readability even in daylight.

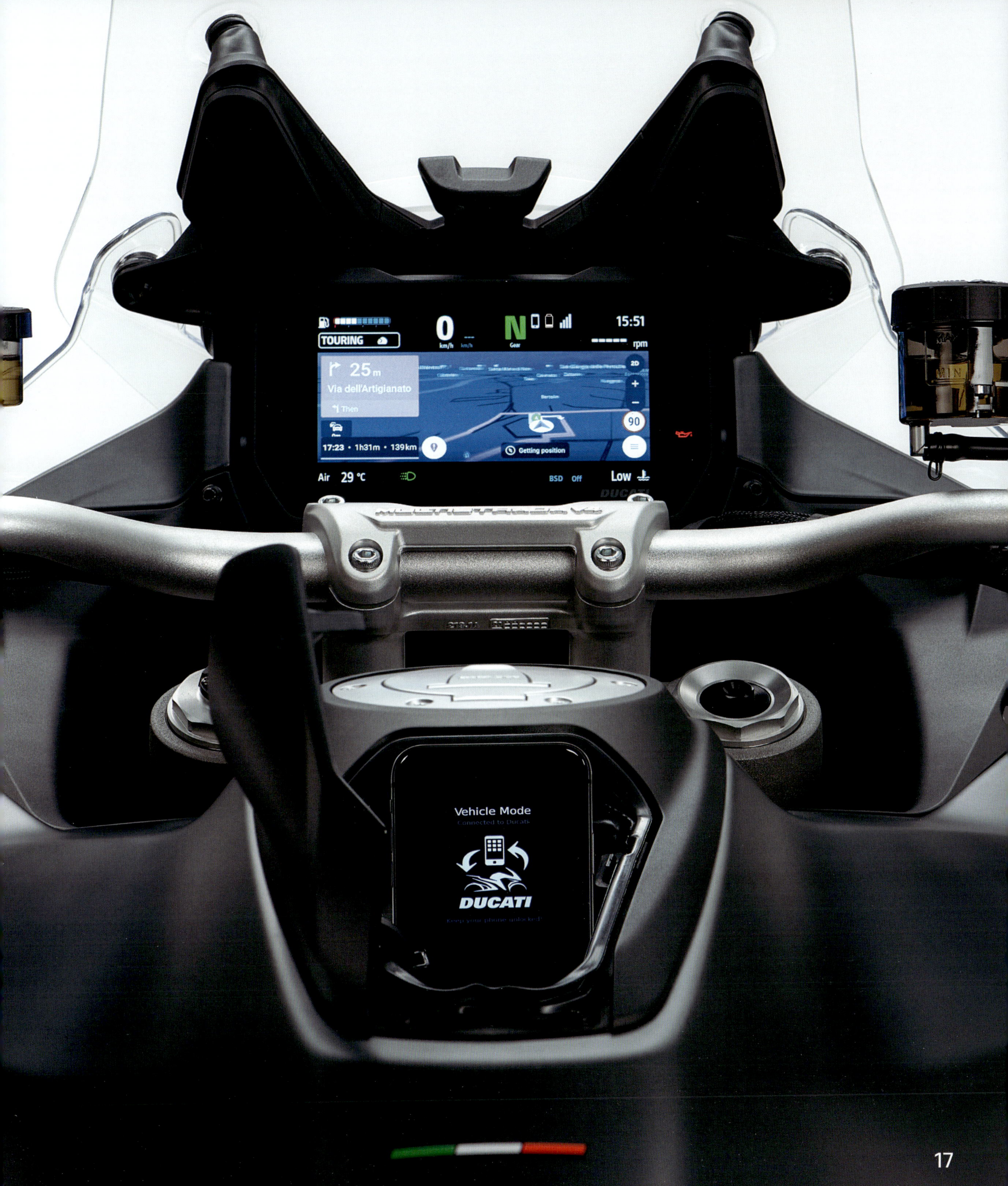
TOURING
0
km/h
N
Gear
15:51
rpm
25 m
Via dell'Artigianato
Then
17:23 • 1h31m • 139km
2D
90
Getting position
Air 29 °C
BSD Off
Low
Vehicle Mode
DUCATI

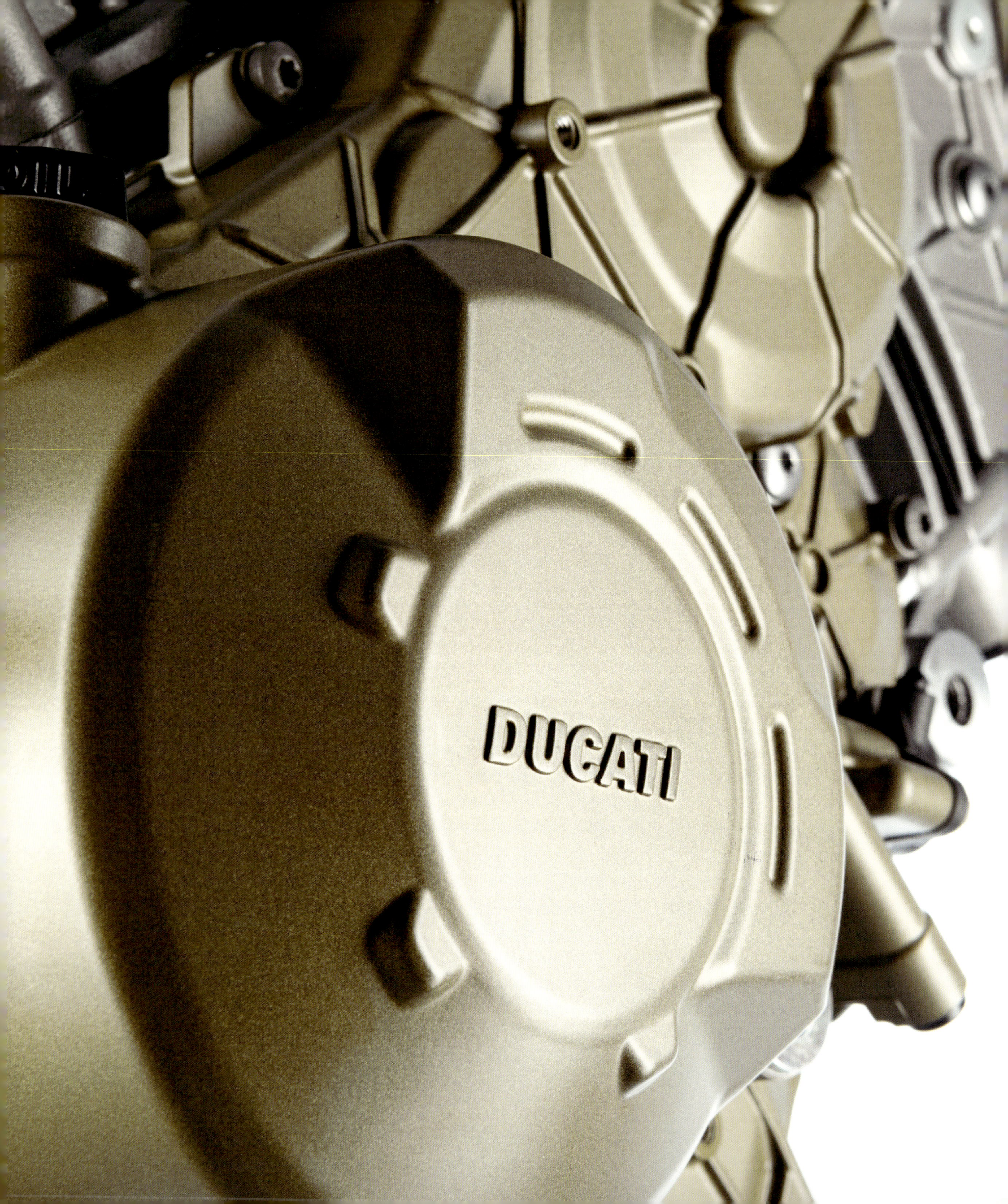
DUCATI

60.000KM

Progettato e sviluppato per offrire una grande fruibilità e versatilità d'uso, il motore V4 Granturismo estende gli intervalli principali di manutenzione a ben 60.000 km. Un numero che non ha eguali nel mondo delle due ruote, superiore a più del doppio della media del segmento e pari a una volta e mezza l'intera circonferenza terrestre.

Designed and developed to offer real usability and versatility, the V4 Granturismo extends the main service interval to an impressive 60,000 km. An unparalleled number in the two-wheeled world, more than double the segment average and equal to one and a half times the circumference of the earth.

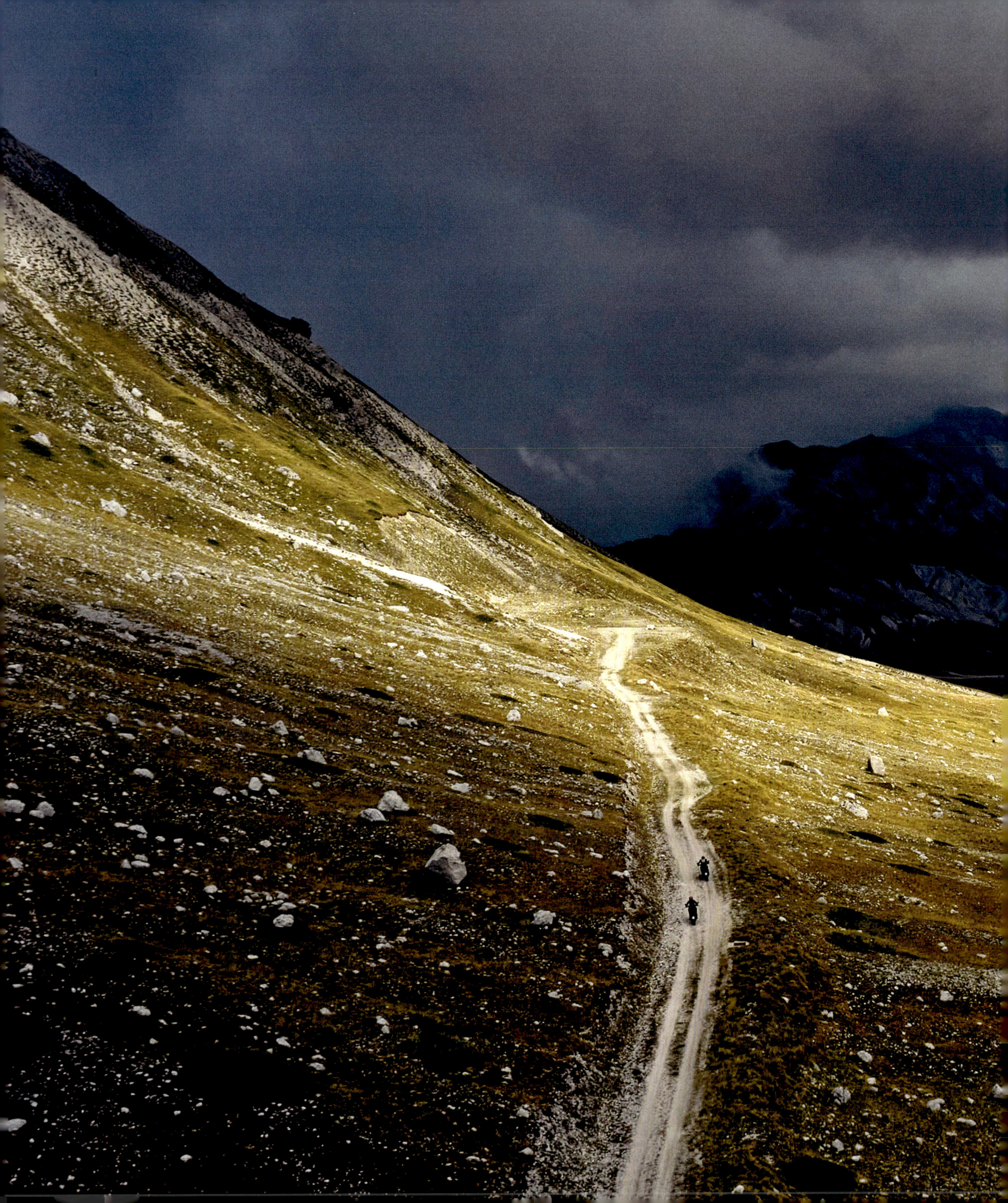

RULE ALL ROADS
THE ITALIAN JOURNEY

L'avventura è Made in Italy. Un viaggio in sella alla Multistrada V4 per esplorare i territori più belli del mondo, percorrendo le strade iconiche di tre regioni italiane, tutte da scoprire.

A Made in Italy adventure. A journey to explore the world's most beautiful lands with the Multistrada V4, as we travel the iconic roads of three Italian regions, just waiting to be discovered.

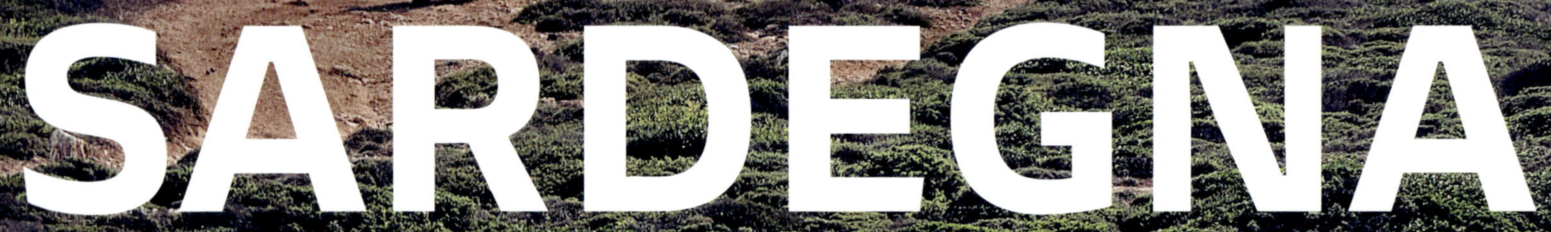

SARDEGNA

KM DI **COSTE**	**ISOLE** TOTALI	**AREE MARINE** PROTETTE	**PRODOTTI** TIPICI	**NURAGHI** CENSITI
1.897	227	5	217	7.000+
KM OF **COASTLINE**	**ISLANDS** IN TOTAL	**PROTECTED MARINE** AREAS	TYPICAL **PRODUCTS**	RECORDED **NURAGHI TOWERS**

Così famosa eppure così sconosciuta. Oltre alle spiagge sontuose e agli stabilimenti balneari esclusivi, la Sardegna è una regione dalle tradizioni millenarie e dagli spettacolari tesori naturali, tra cui gole e altipiani di incredibile bellezza, preservati nel tempo da un popolo orgoglioso, geloso custode dell'autenticità che da sempre contraddistingue questa terra.

So famous and yet so unknown. Beyond the wonderful beaches and exclusive beach resorts, Sardinia is a region of age-old traditions and spectacular natural treasures, not least its incredibly beautiful canyons and plateaus, preserved over time by a proud people, protective guardians of an authenticity for which the land has always stood out.

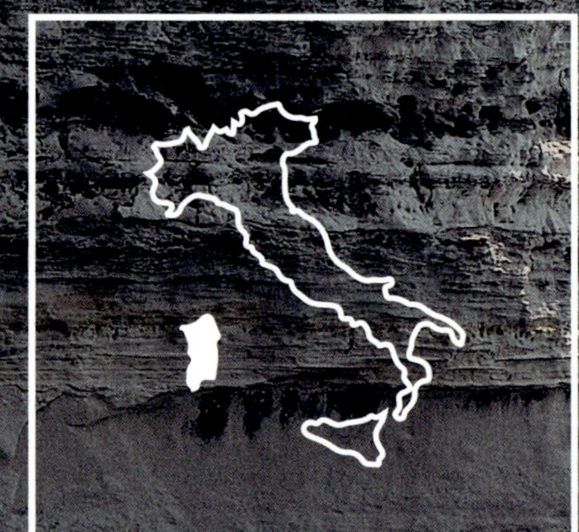

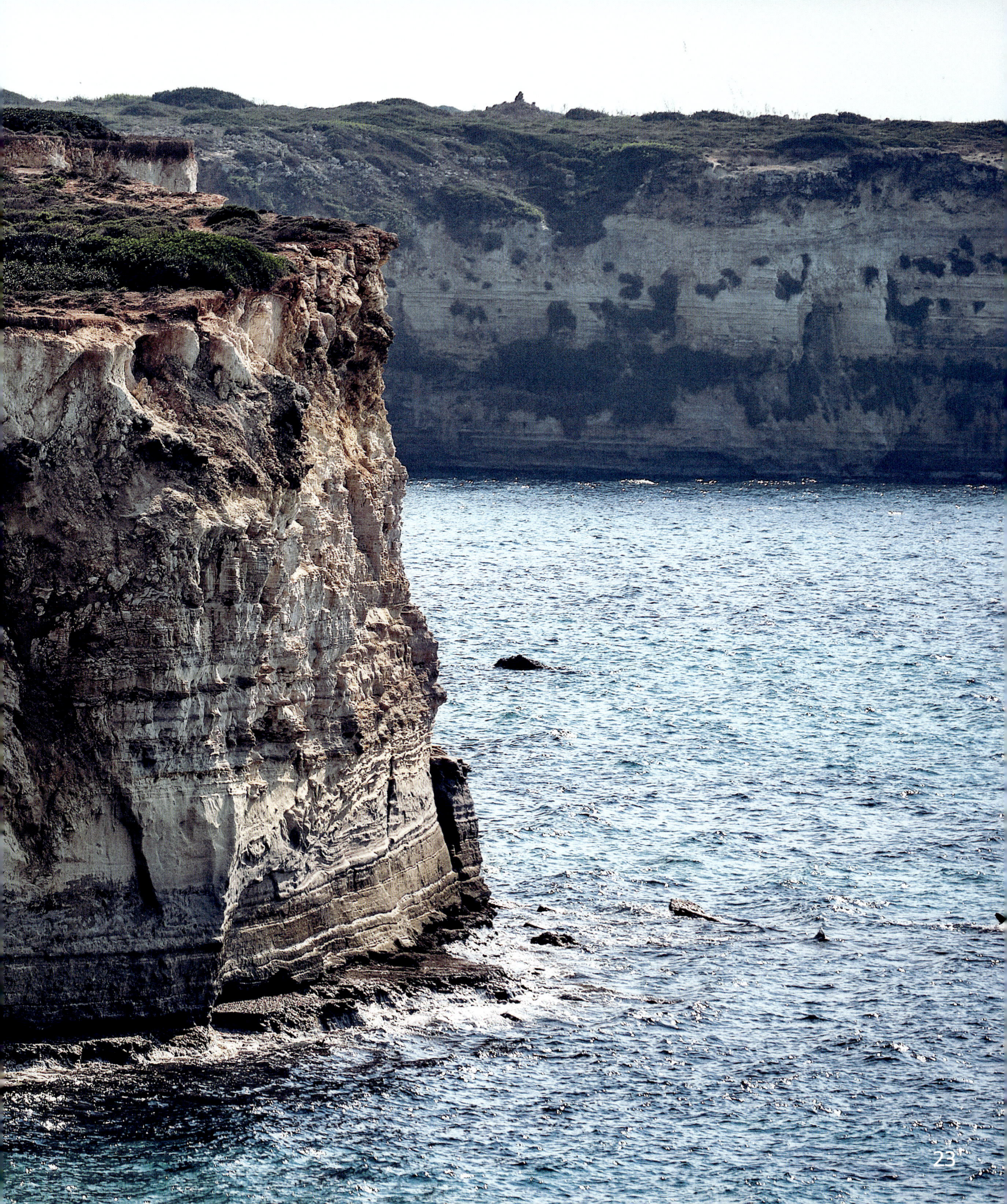

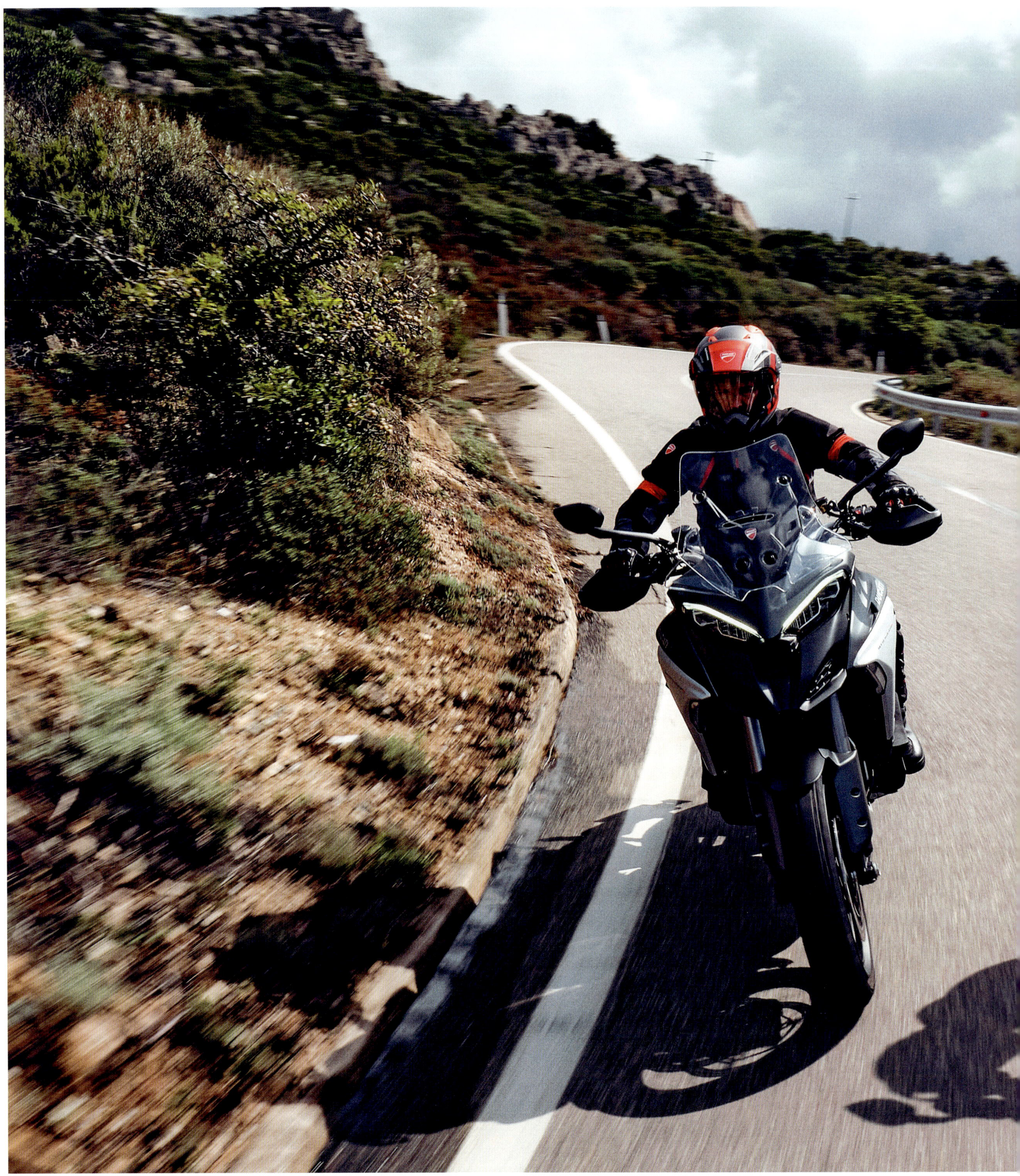

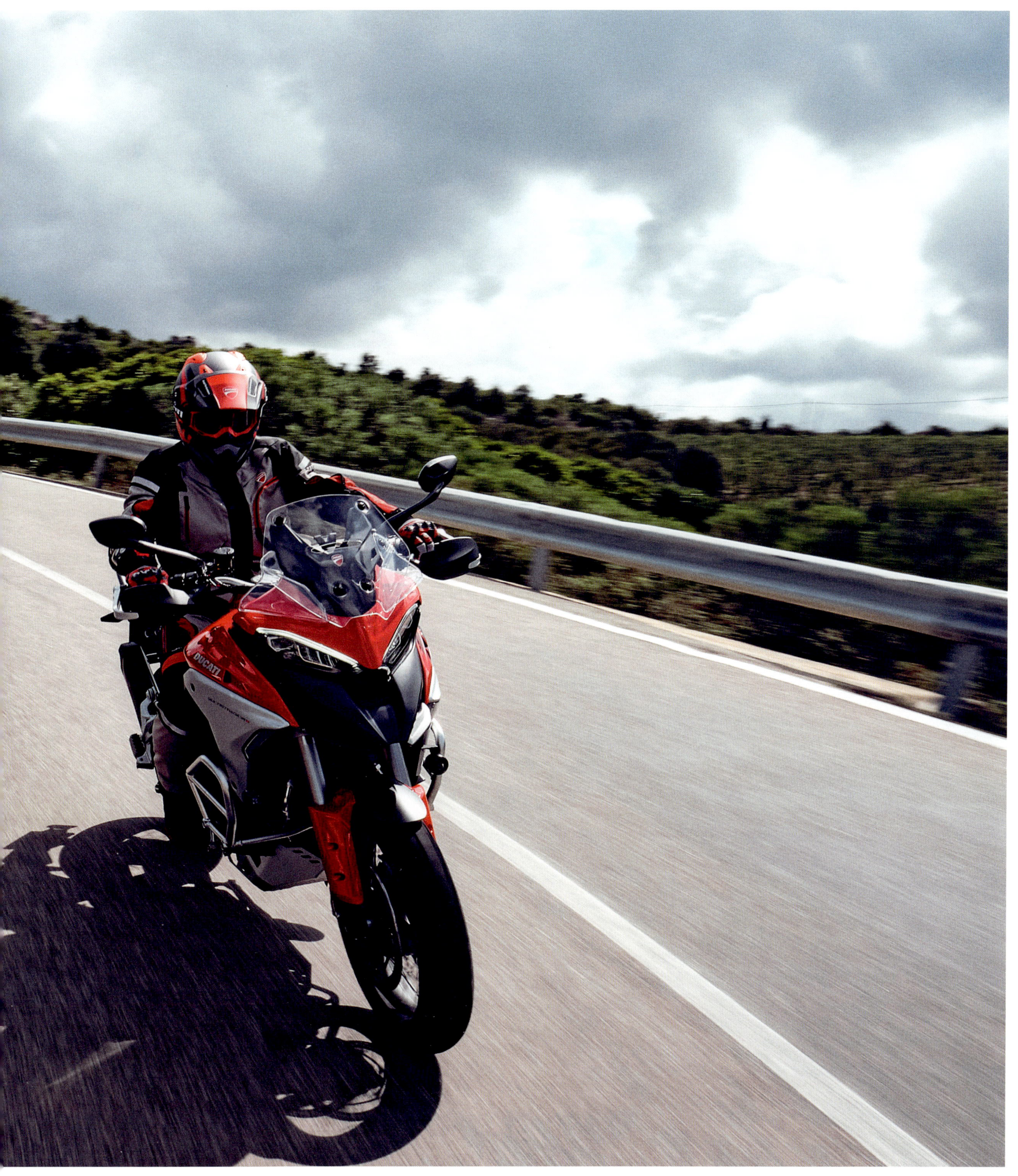
DUCATI

Un territorio mozzafiato, percorso per giorni immersi nella natura, sentendo la presenza del Mediterraneo anche senza vederlo, nella vegetazione, nei profumi e nella luce. Strade stupende e scorrevoli, sterrati divertenti e adrenalinici. In paesaggi che solo la Sardegna può regalare.

This breath-taking land is the backdrop for days spent in the saddle, immersed in nature and its flora, scents and light, as we sense the presence of the Mediterranean despite not seeing it. Wonderful, smooth roads, and exhilarating dirt tracks in a setting that only Sardinia can offer.

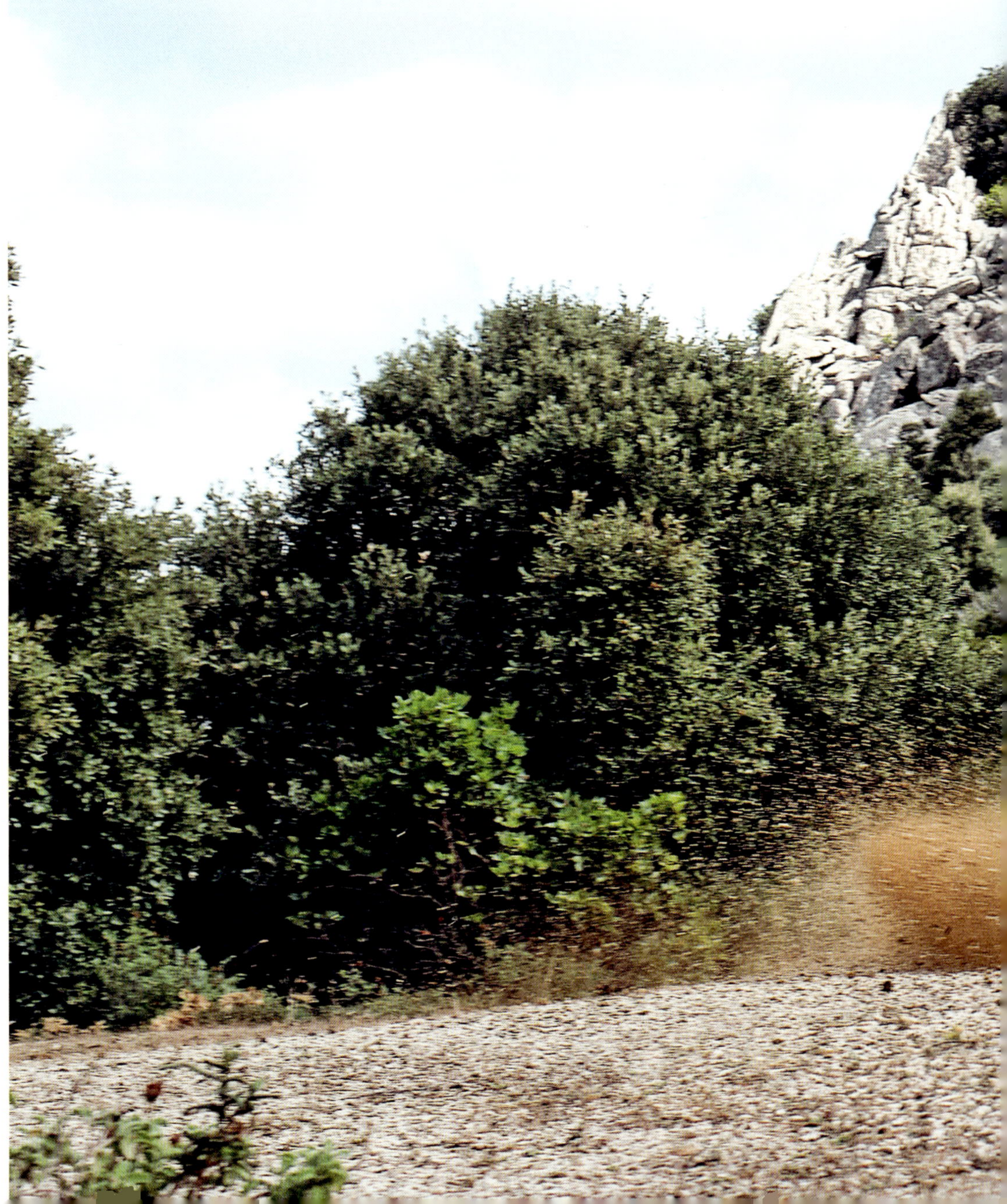

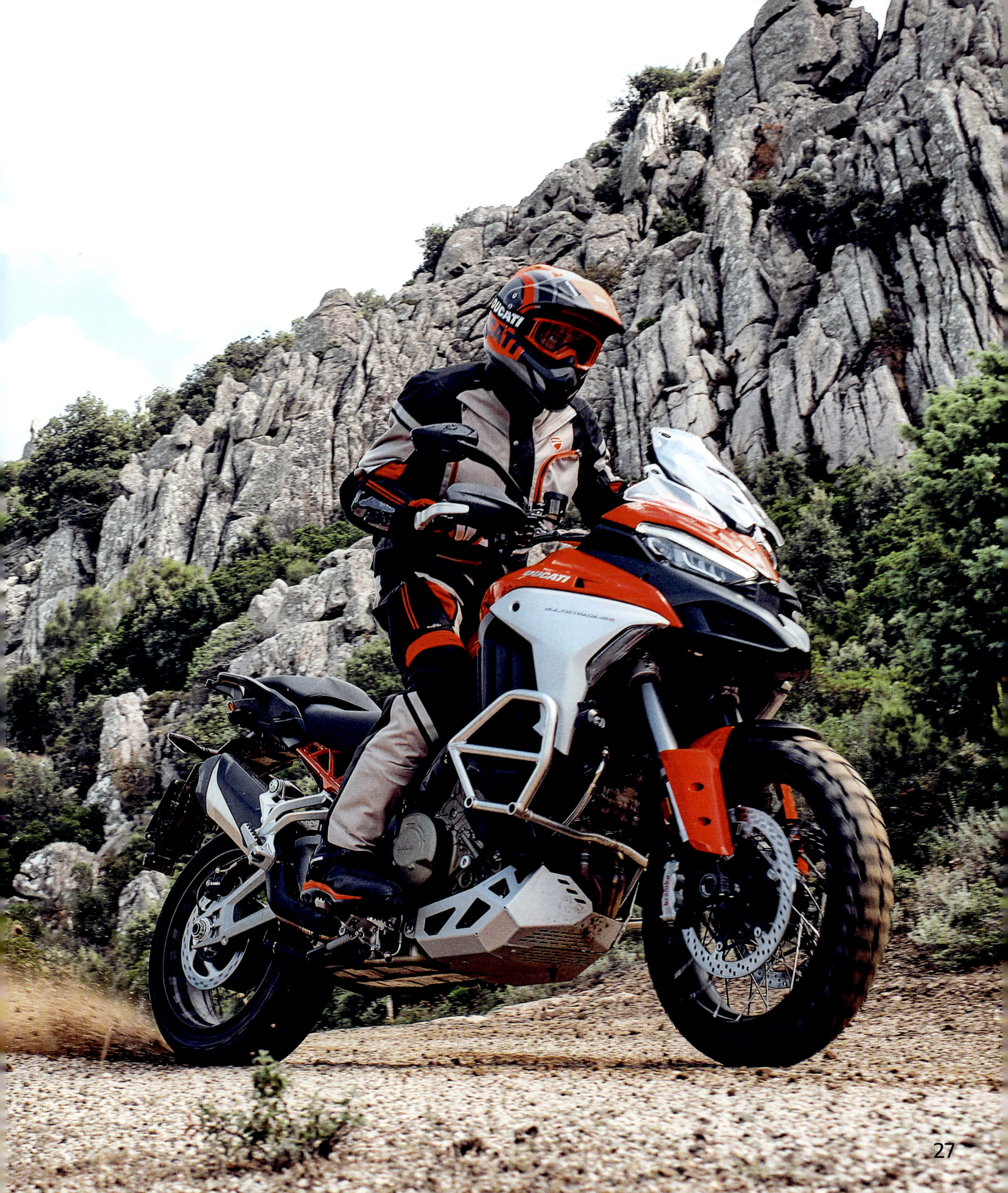
DUCATI
DUCATI

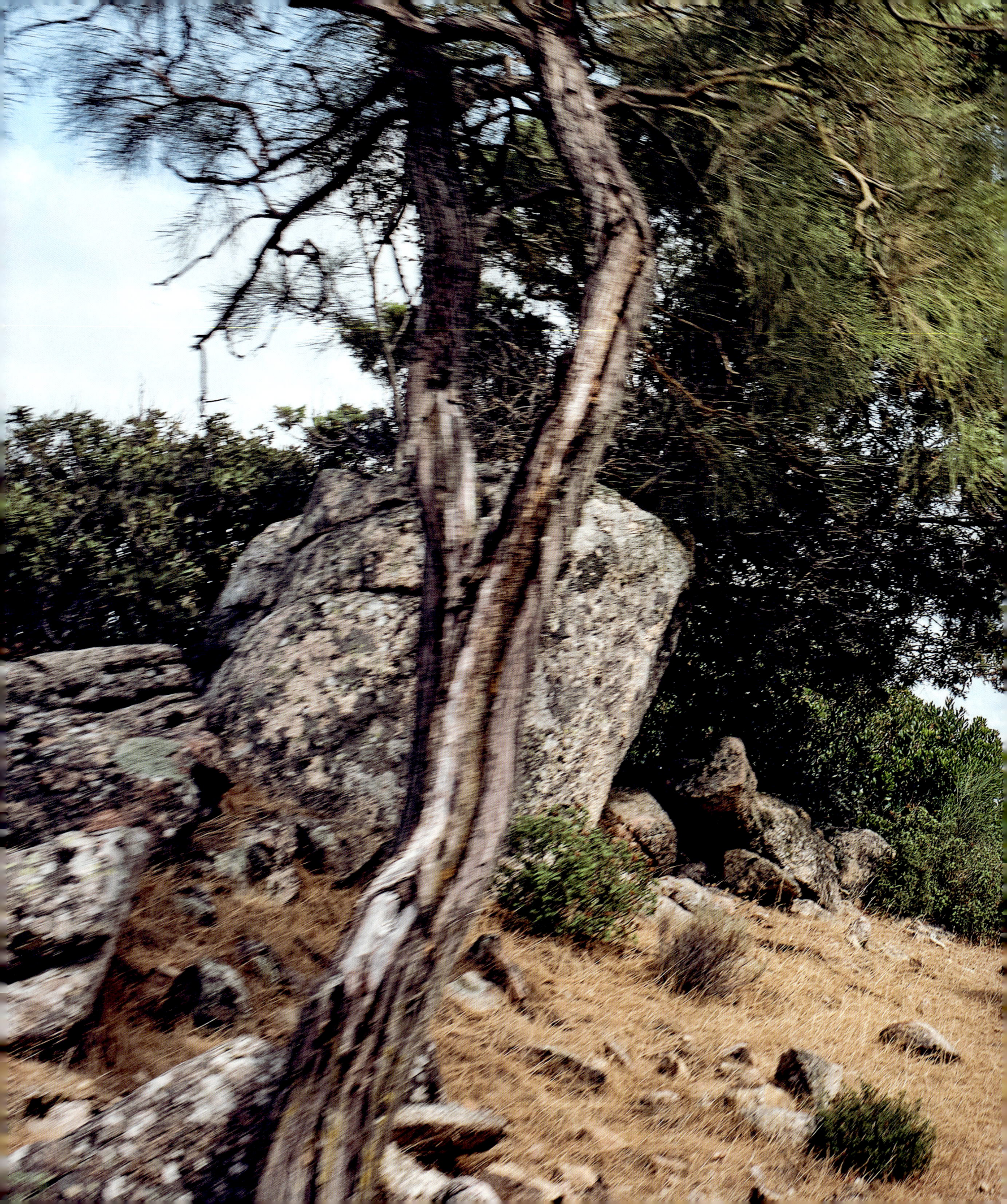

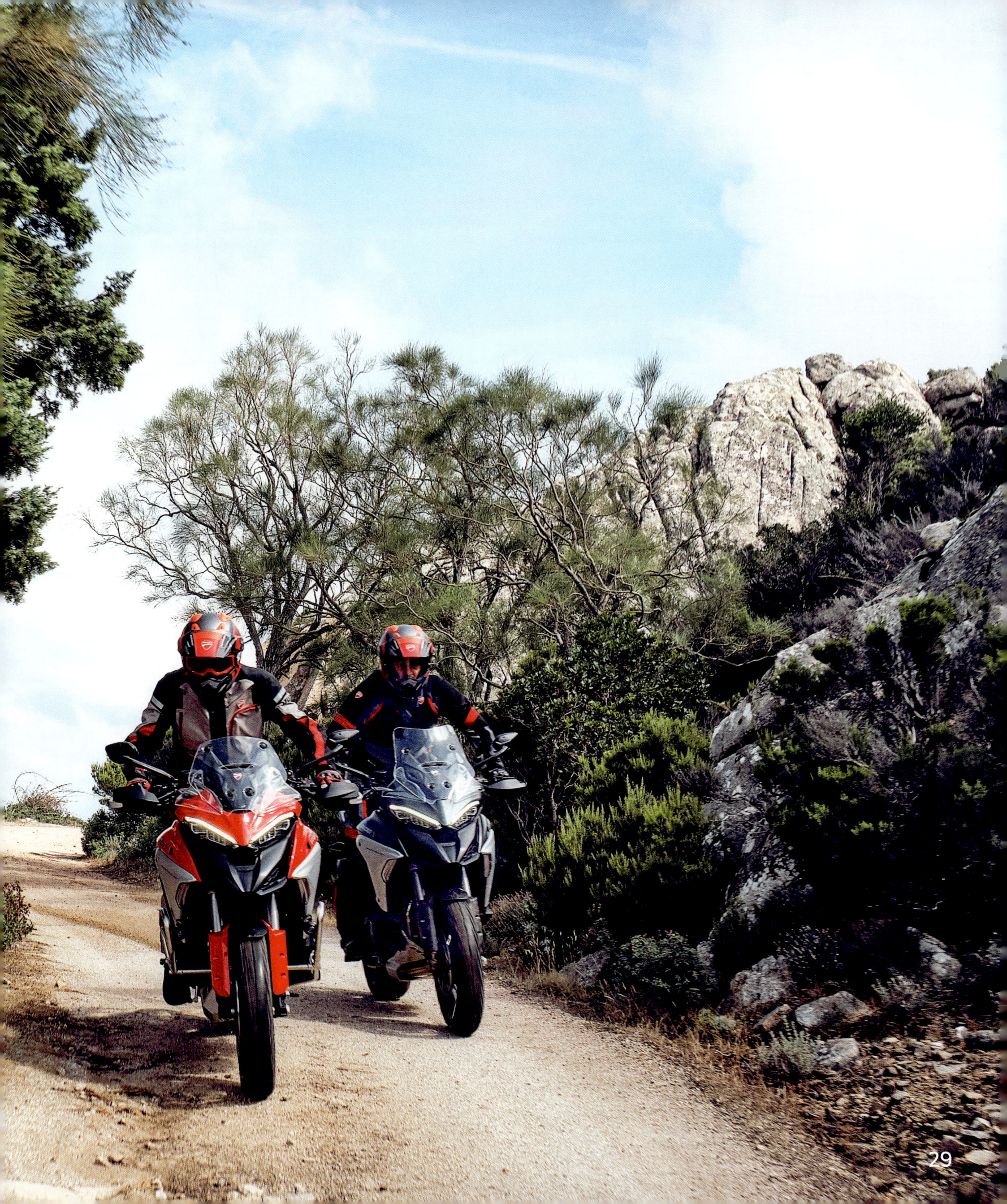

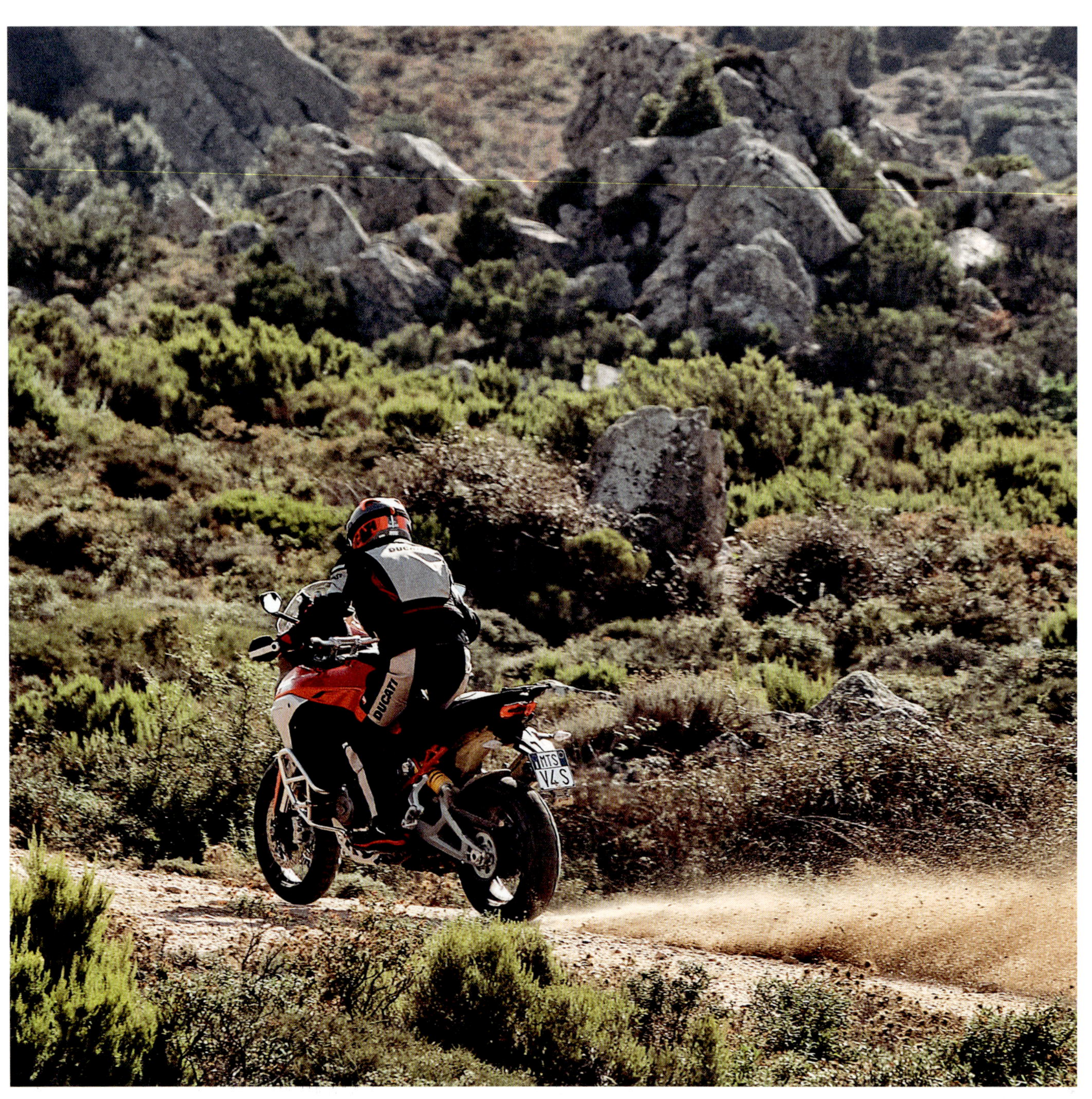
DUCATI
MTS
V4S

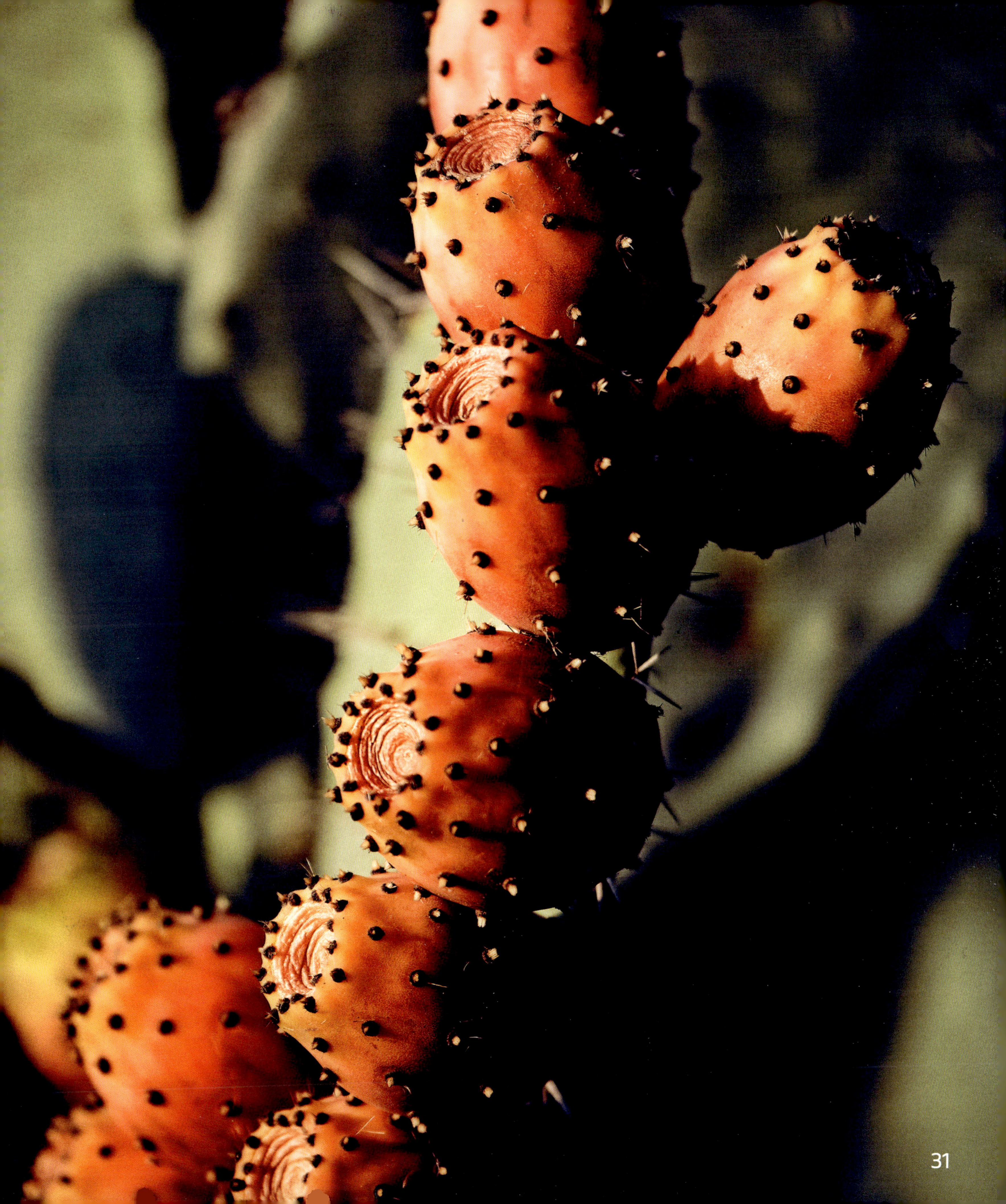

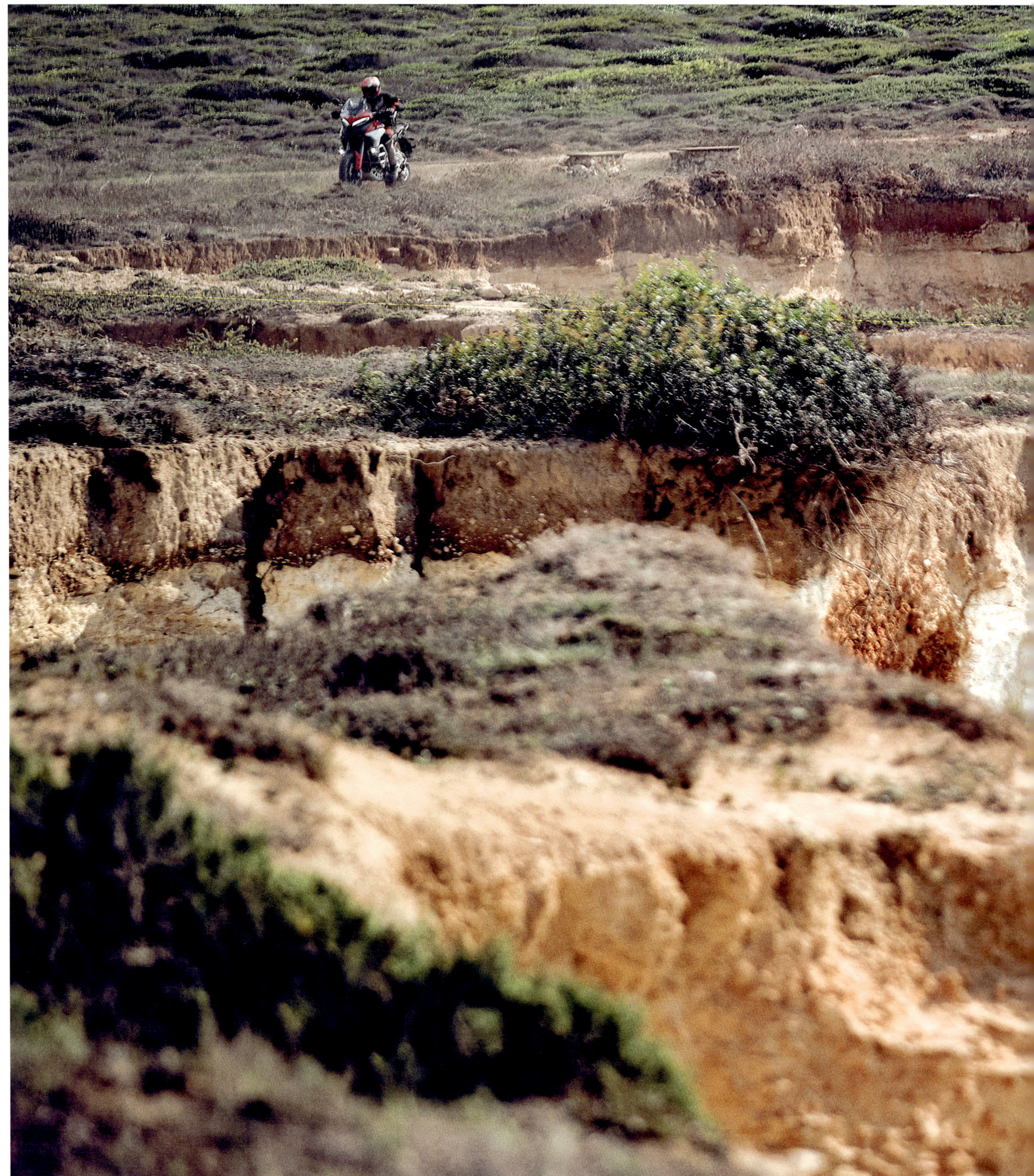

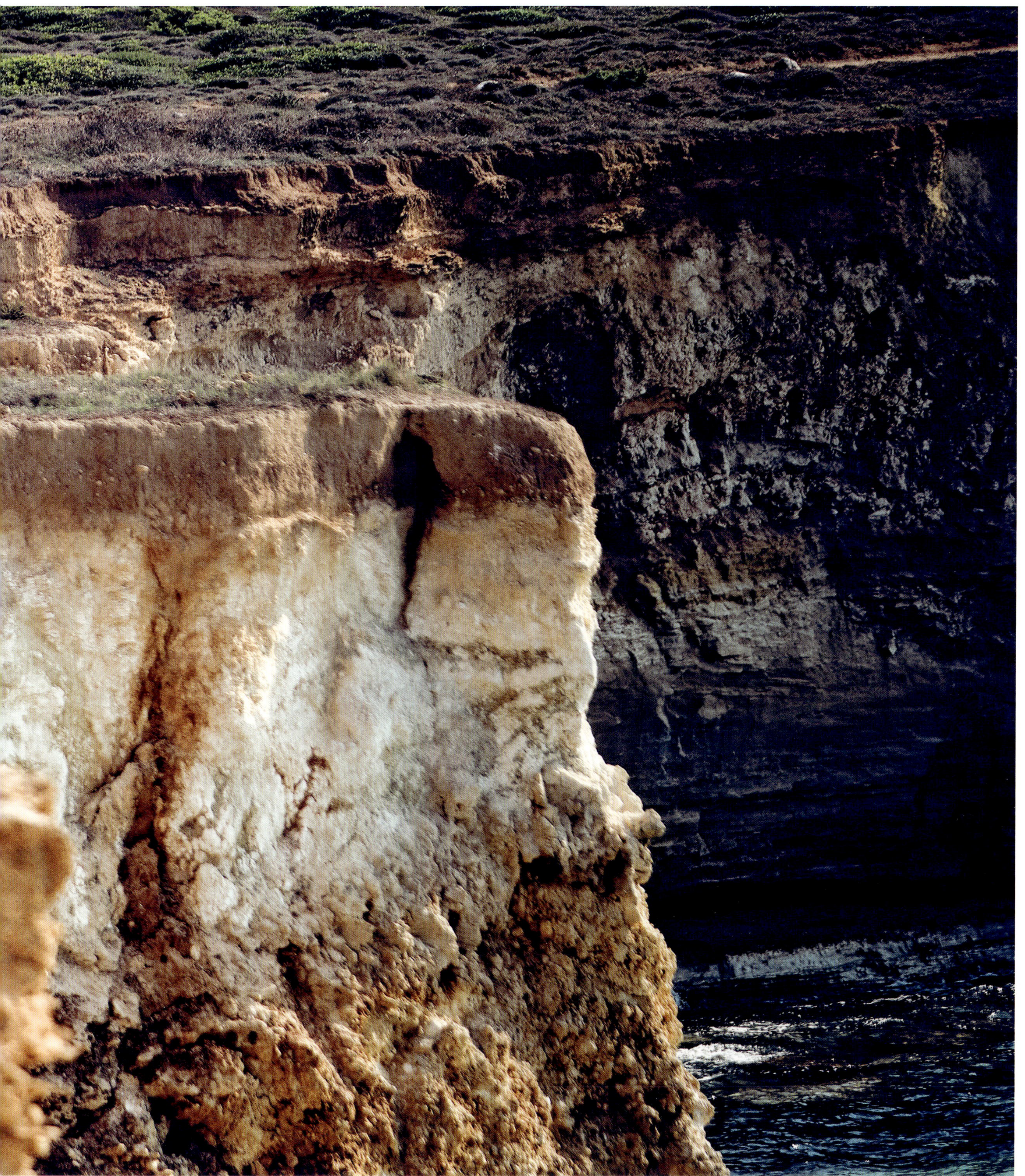

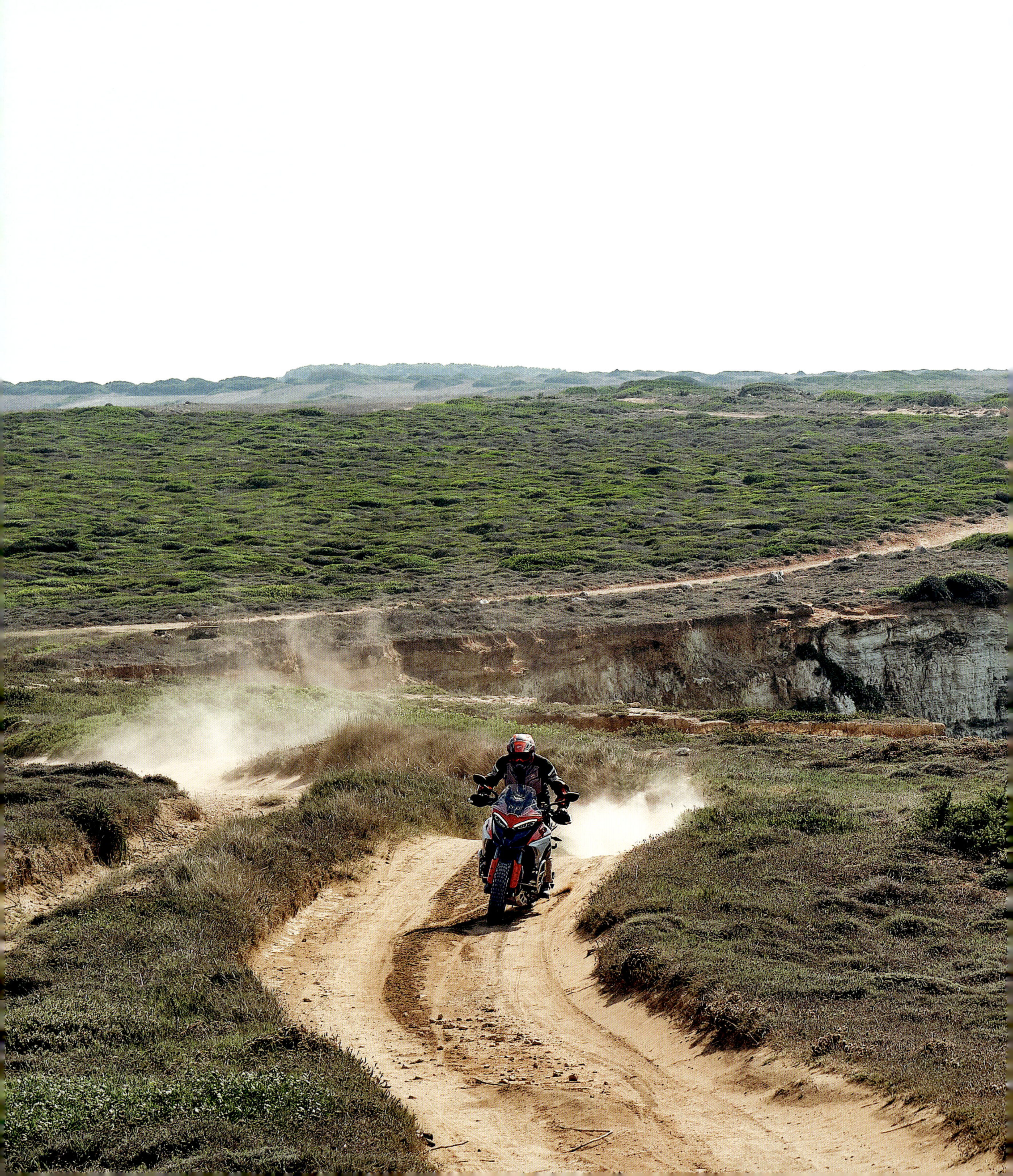

La spettacolare scogliera di Su Cantaru, a nord di Oristano. Si costeggia lungo una delle sterrate a picco sul mare più suggestive di tutta la Sardegna. È tutto così bello e semplice che non vorremmo più andare via da qui. Le nostre Multistrada V4 scorrono agili tra sassi, sabbia, roccia.

The spectacular Su Cantaru cliff, north of Oristano. We trace one of the most suggestive coastal dirt roads in the whole of Sardinia.
It's all so beautiful and easy that we never want to leave. Our Multistrada V4 bikes make light work of the stones, sand, and rocks.

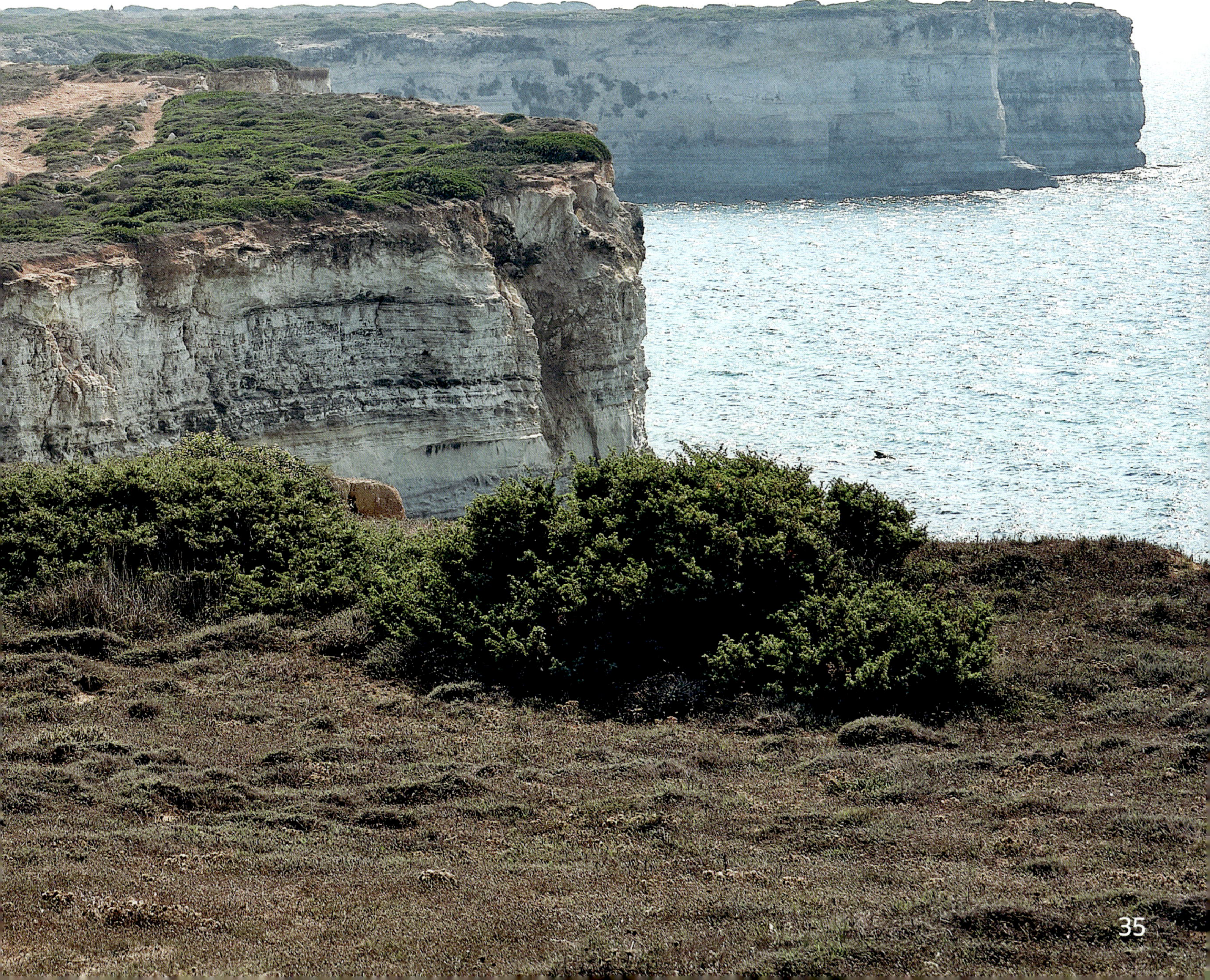

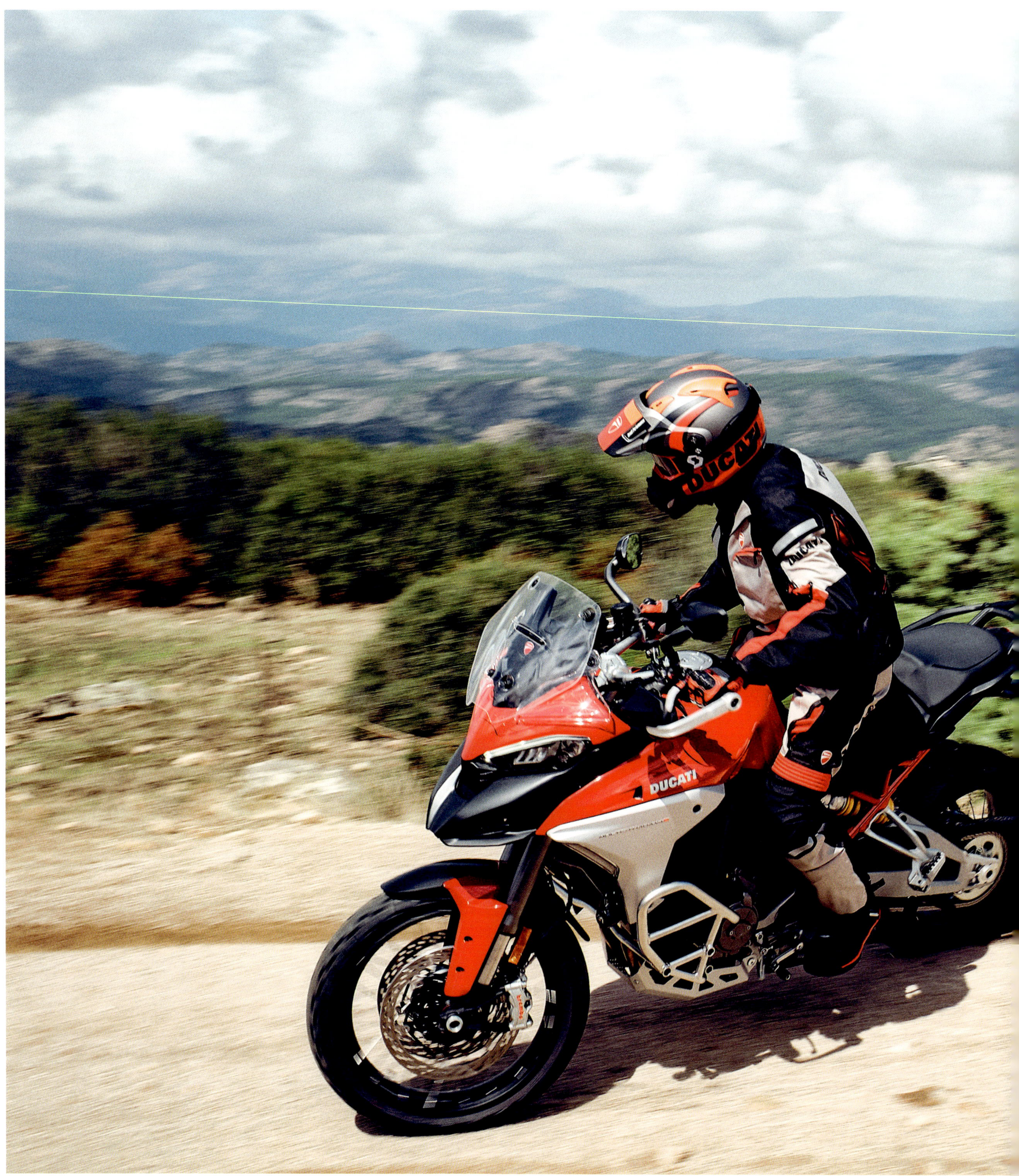
DUCATI
DUCATI

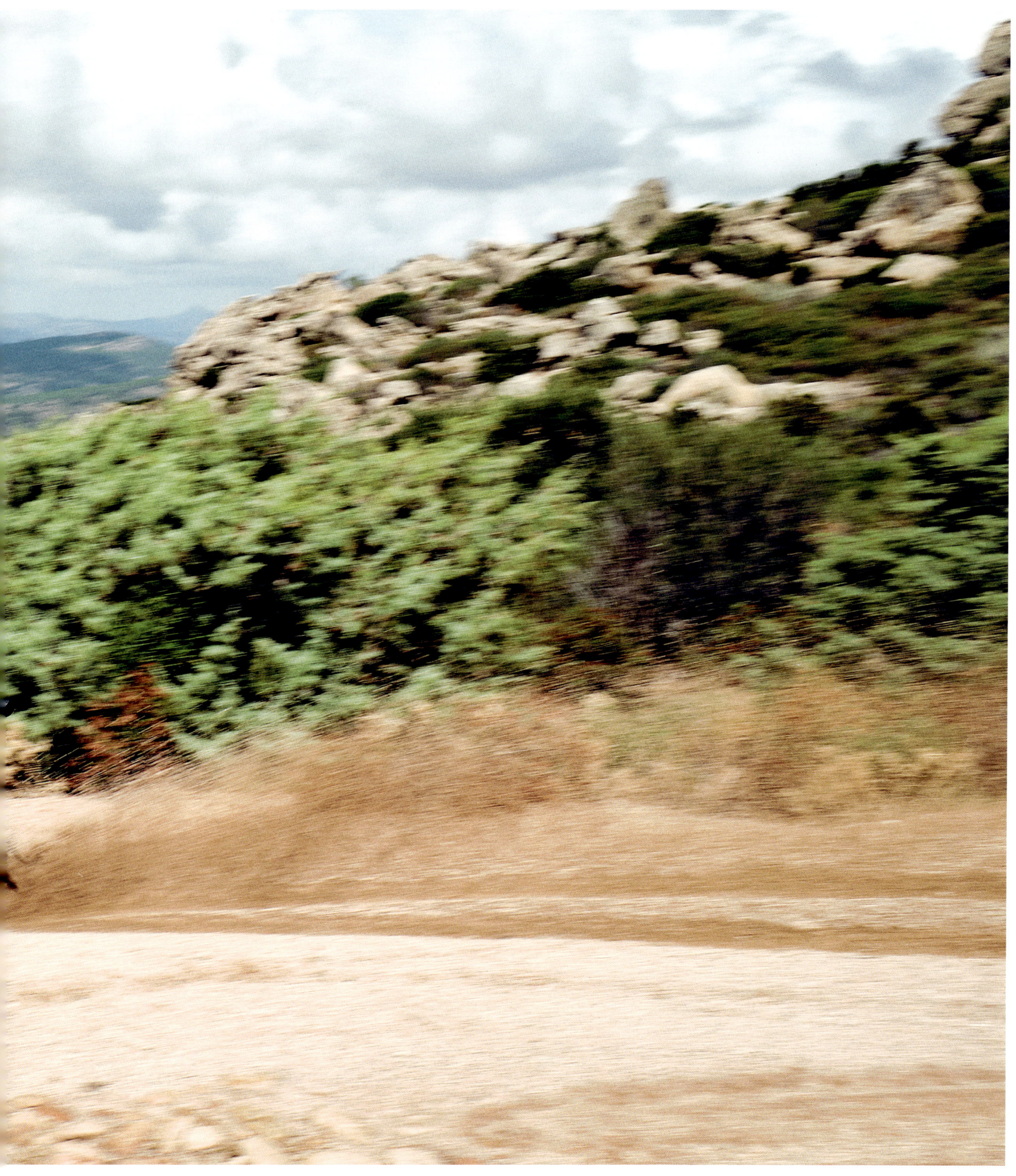

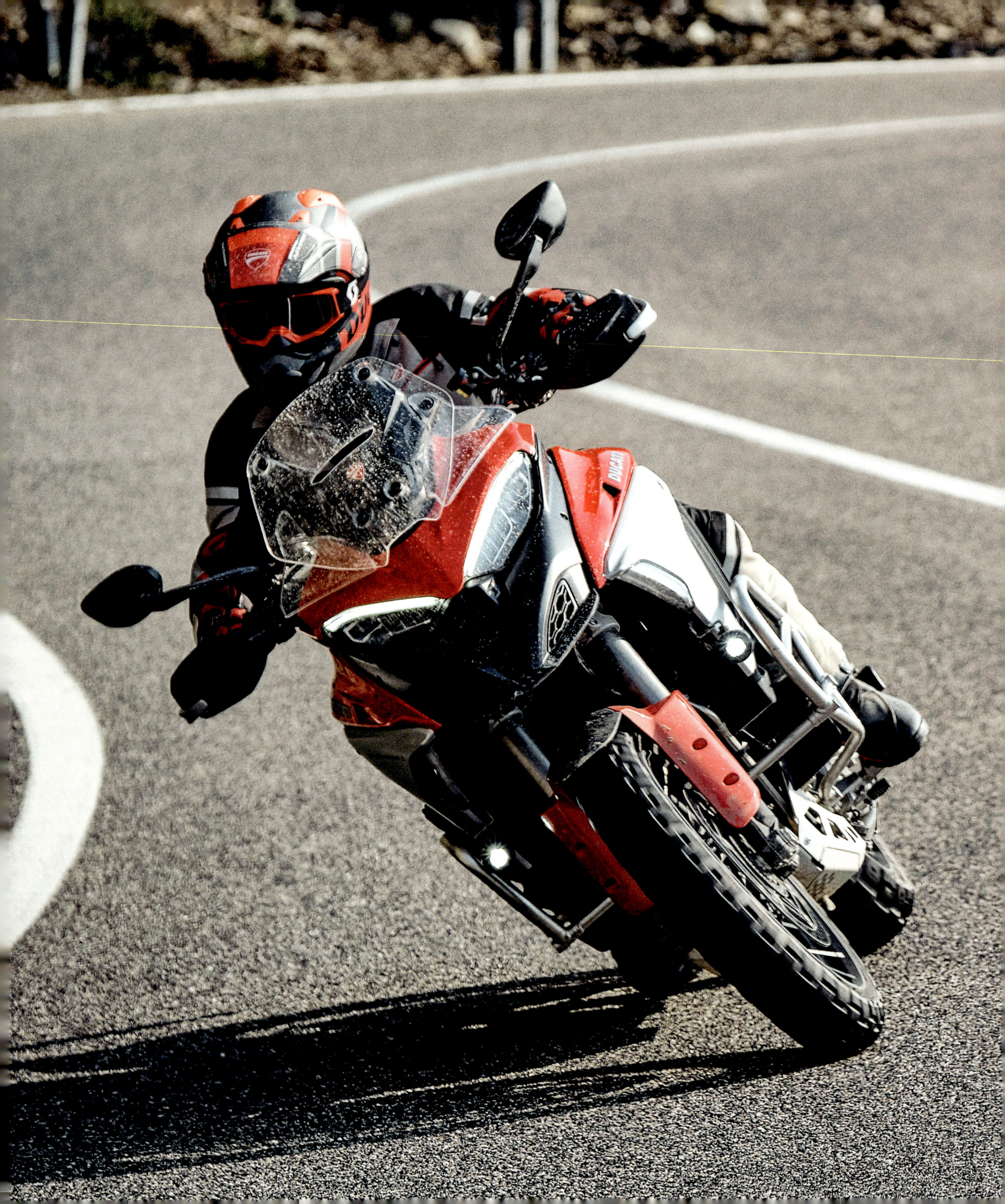

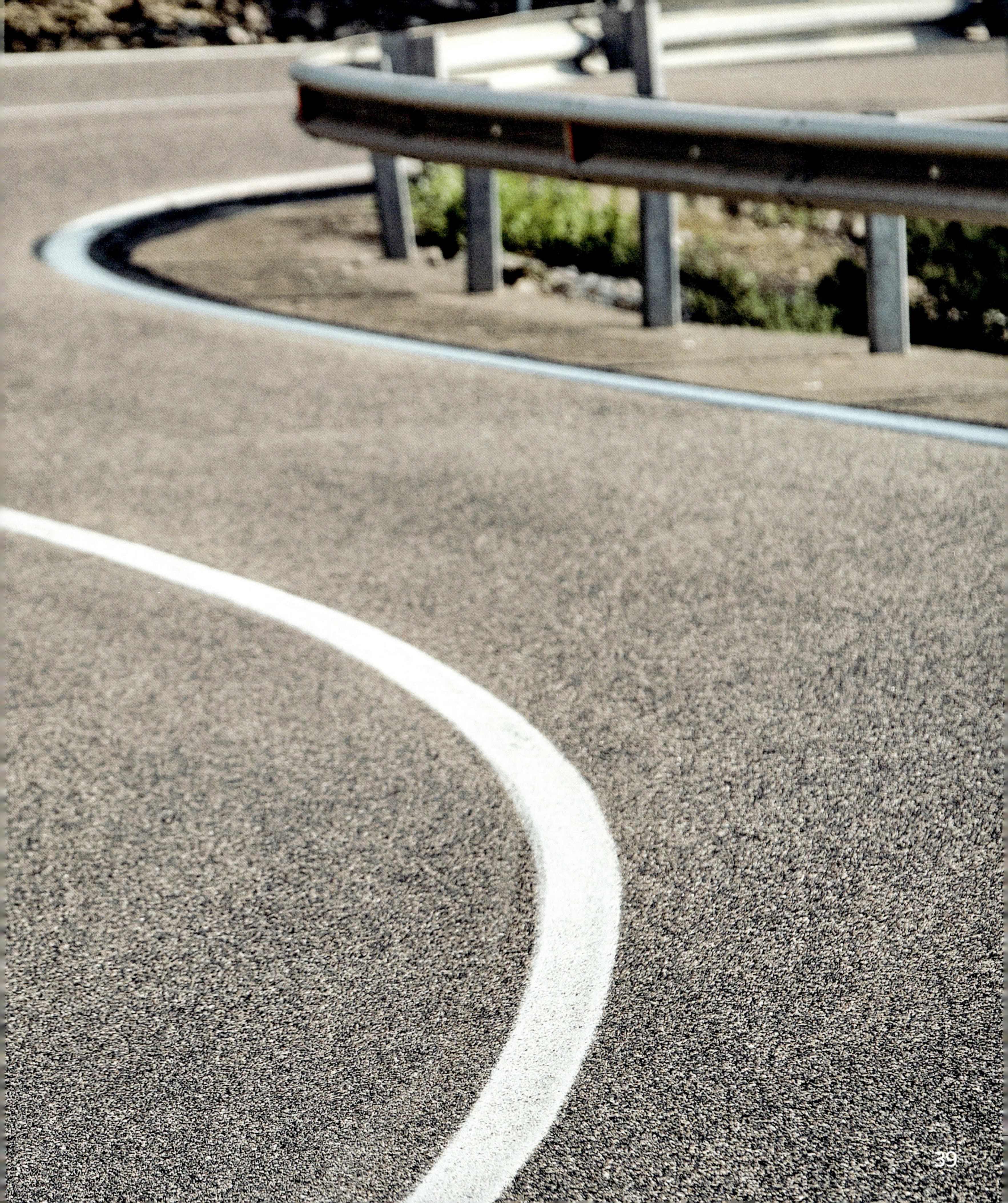

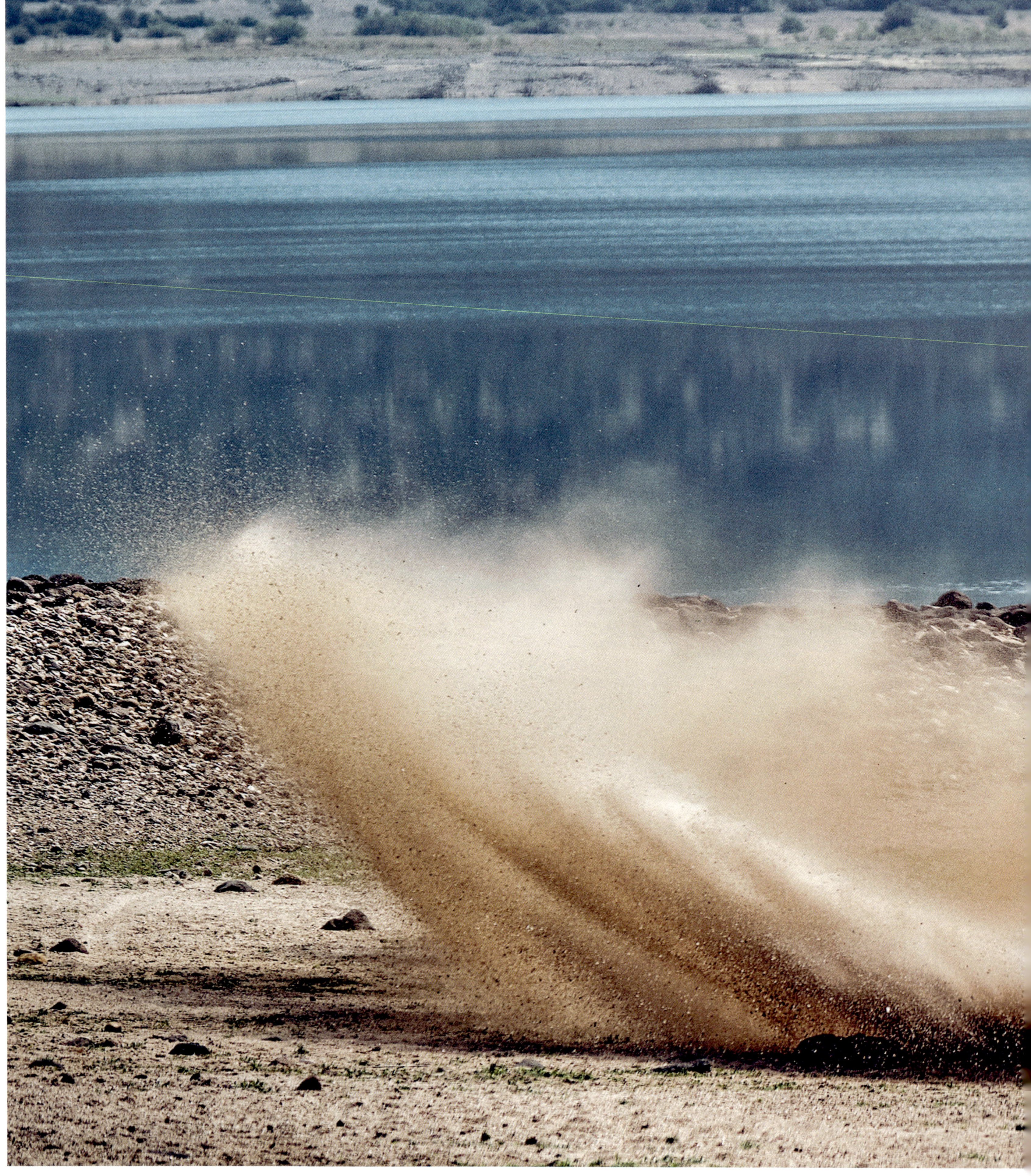

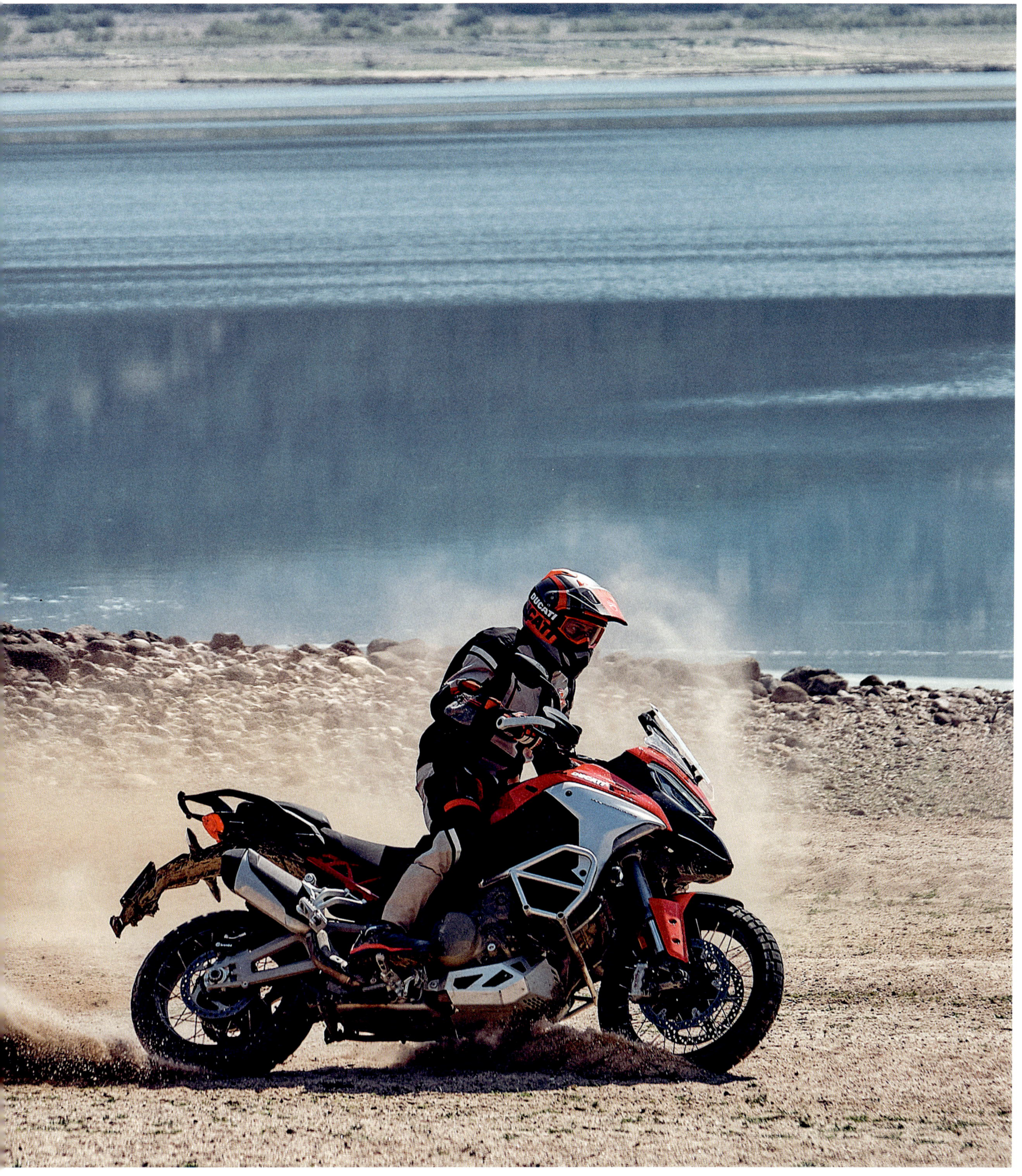
DUCATI

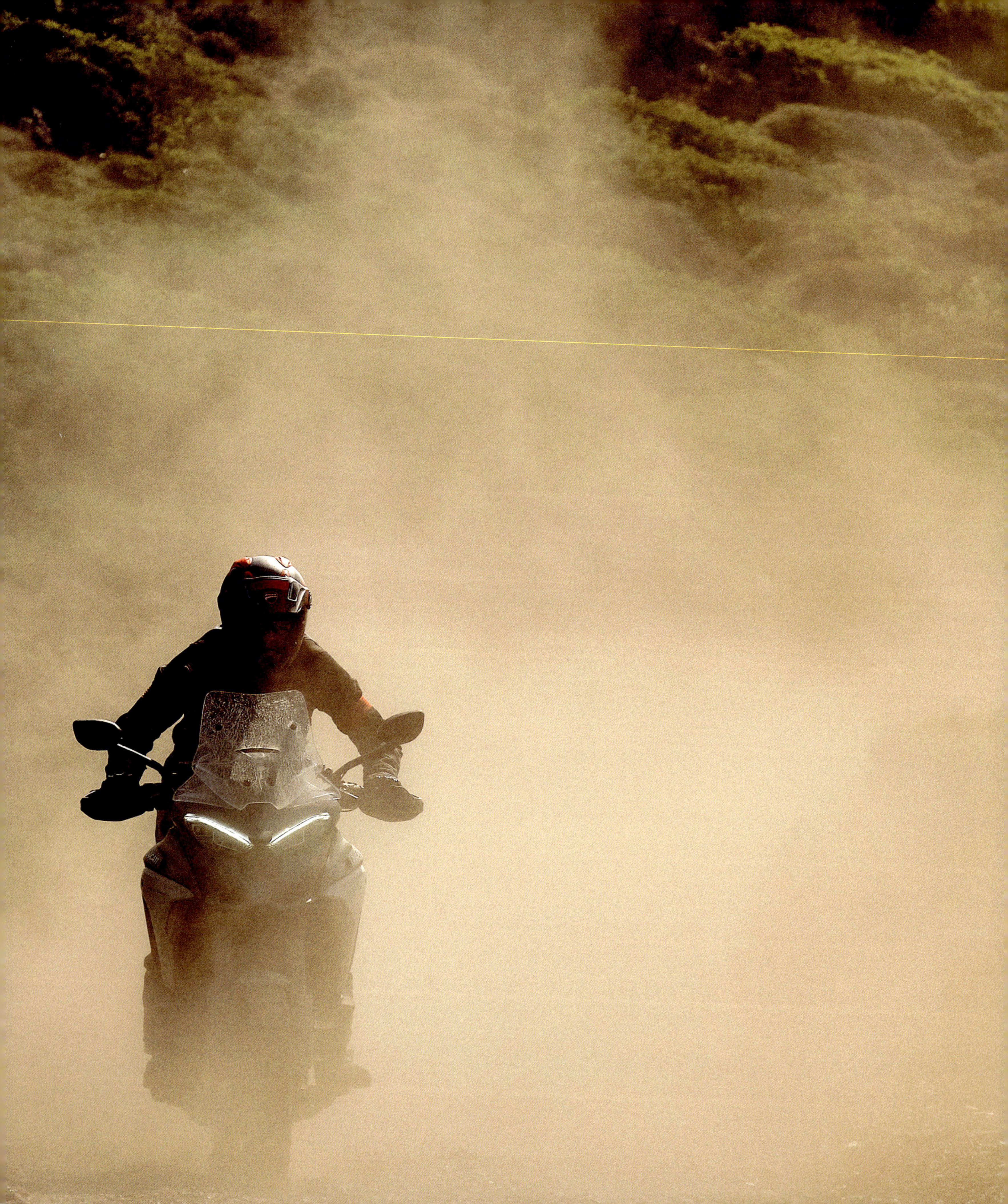

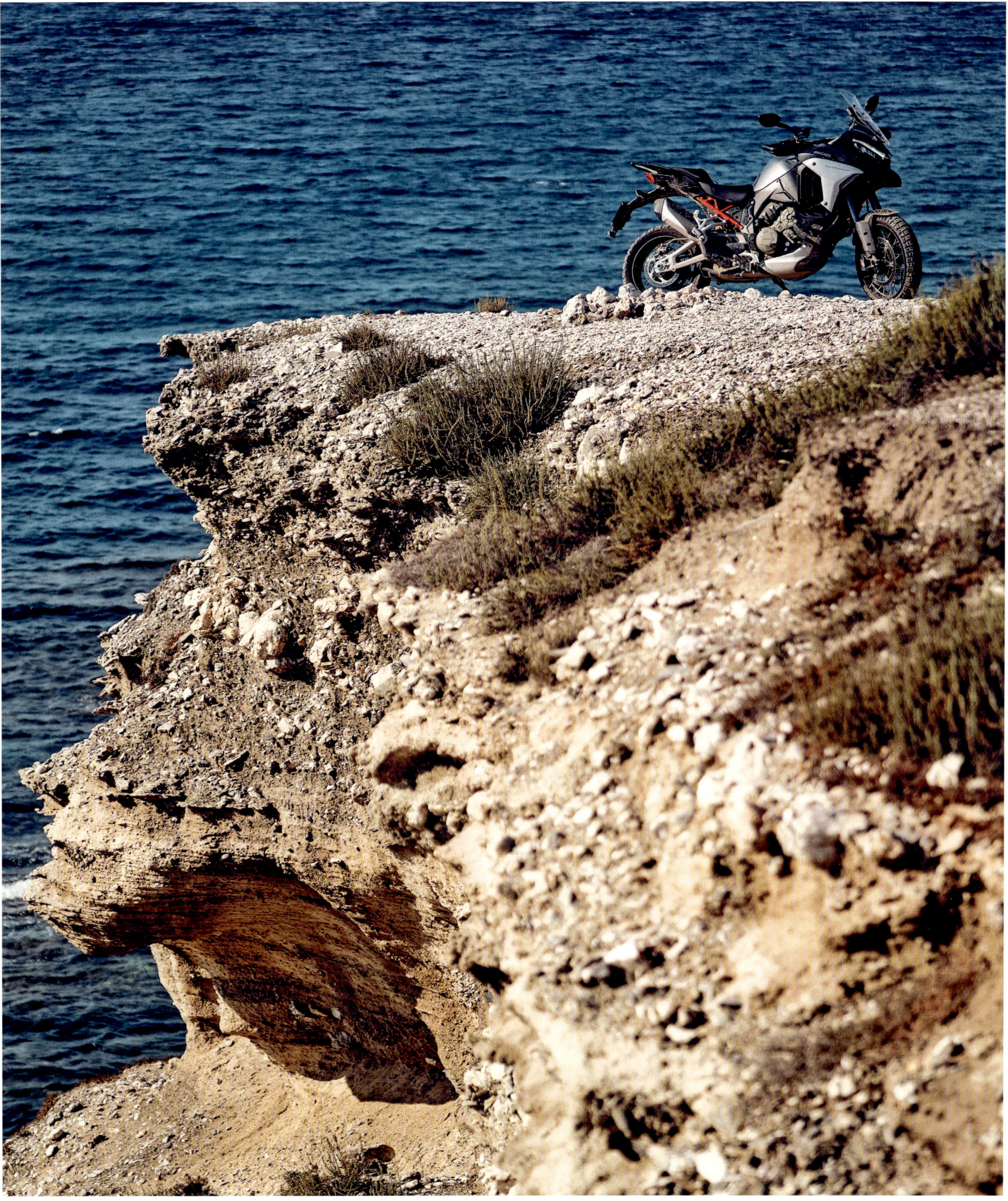

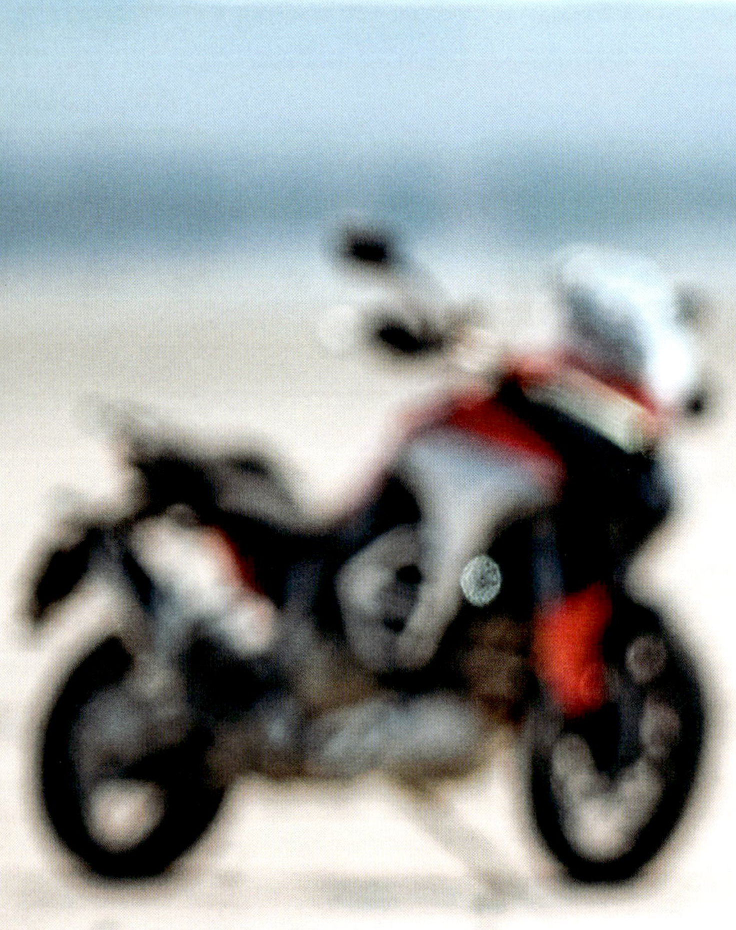

Esploriamo il territorio per cercare i punti più incredibili e fotogenici. Dal deserto di lava a quello di sale. Cambia il fondo, ma non l'adrenalina e il divertimento in sella alla Multistrada V4. La Sardegna continua a regalarci emozioni, un paesaggio che varia a ogni curva, capace di sorprendere continuamente.

We explore the area to find the most incredible, photogenic spots. From lava desert to salt flats. The surface may change, but never the level of adrenaline and sheer enjoyment aboard the Multistrada V4. Sardinian continues to enthral us, its landscape changing at every turn and continuously surprising us.

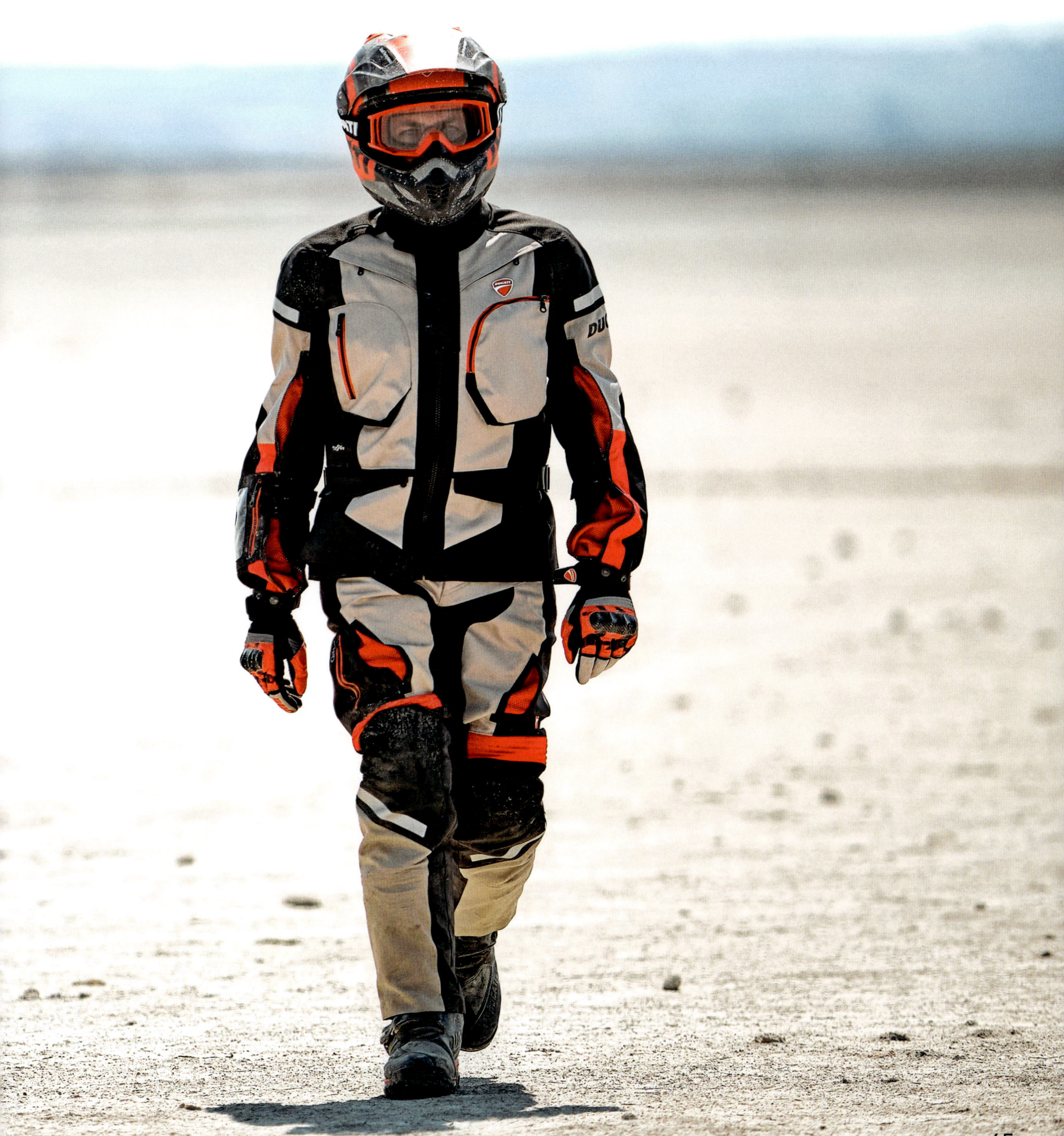

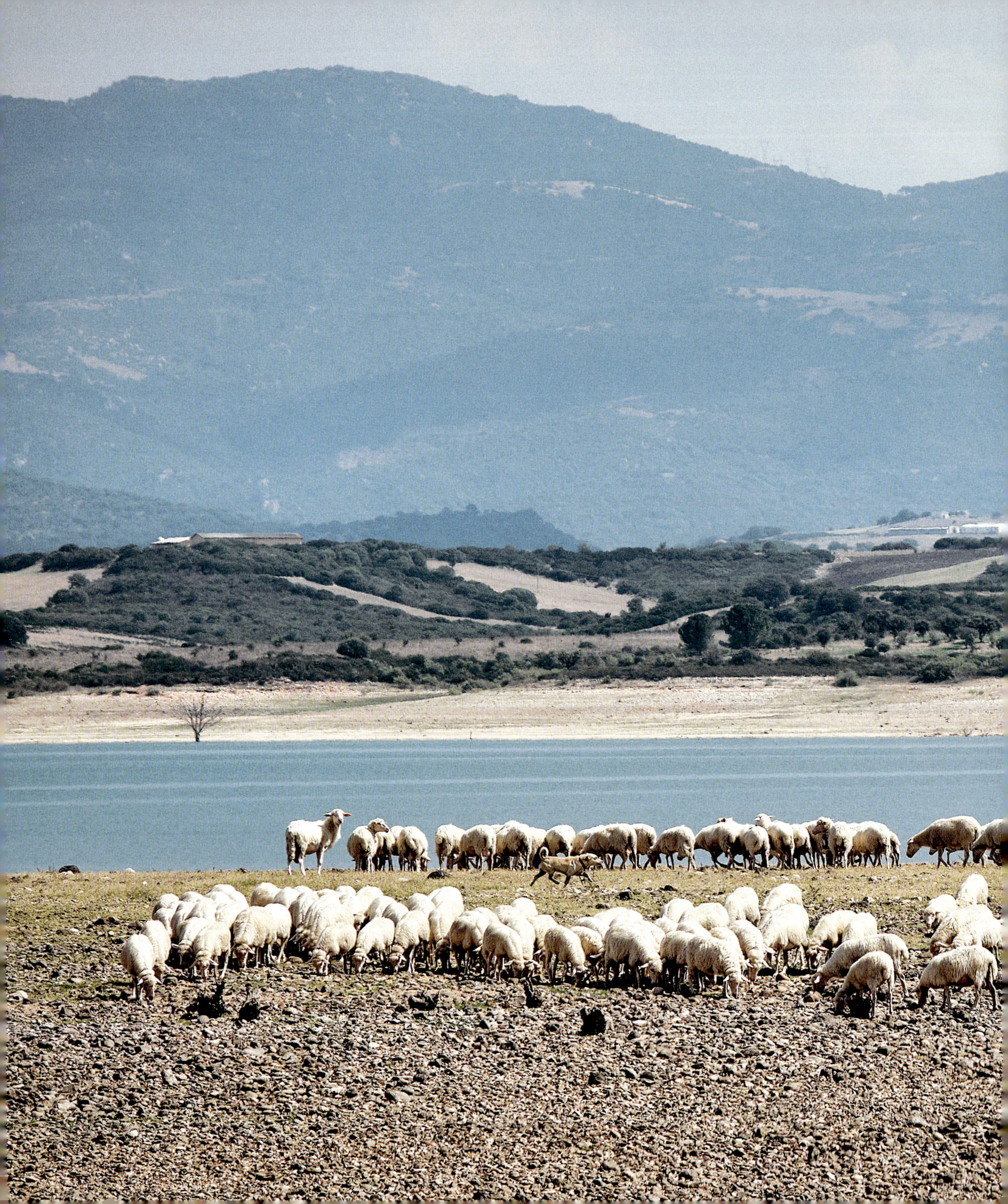

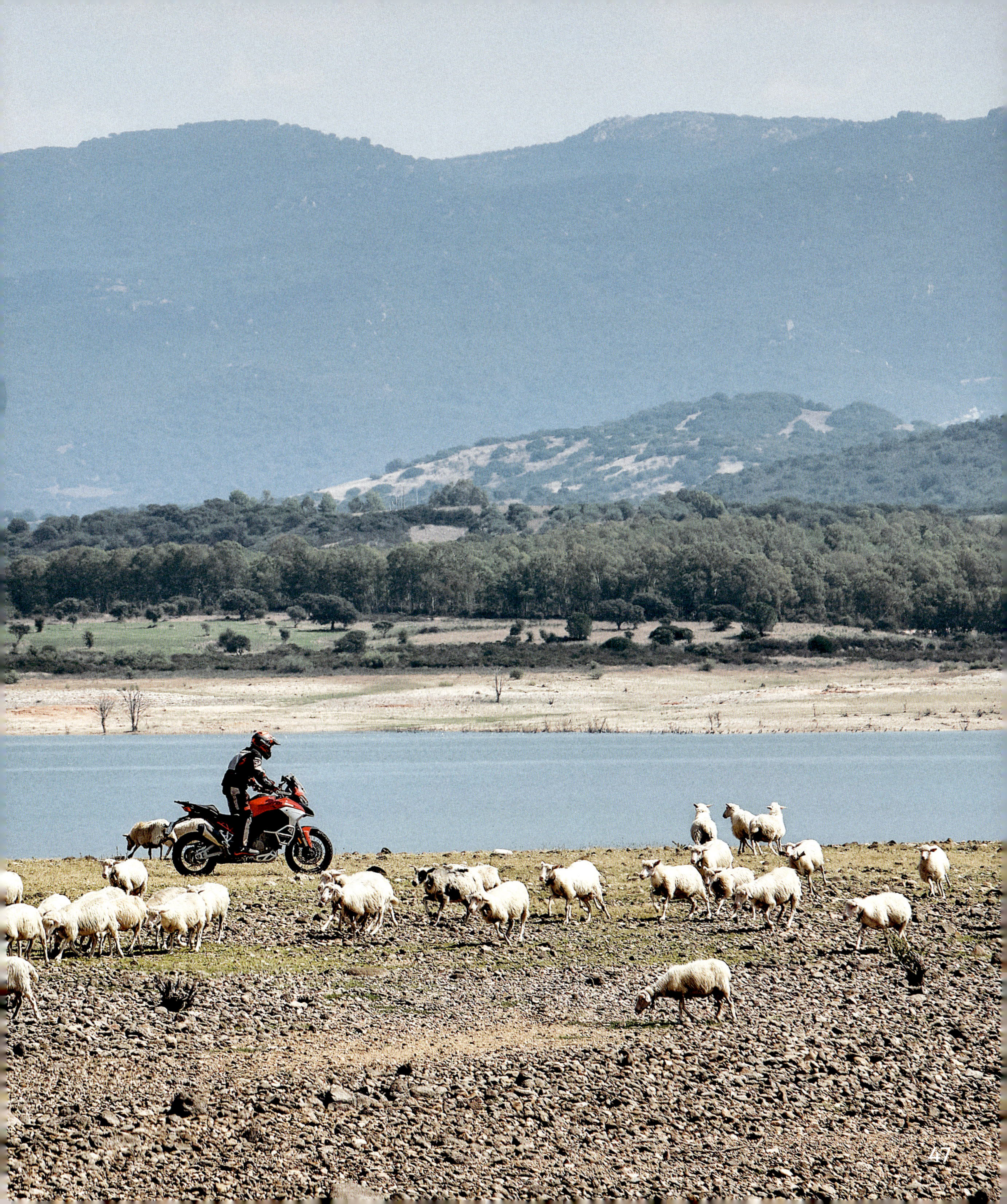

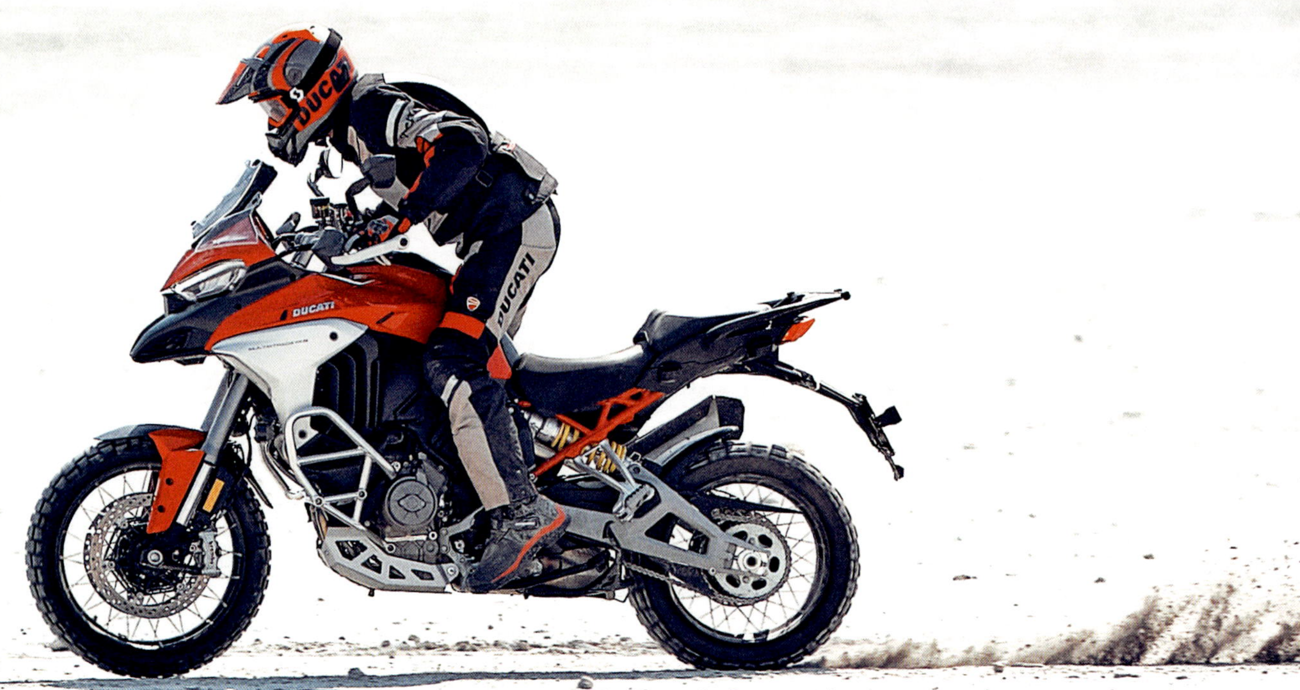
DUCATI

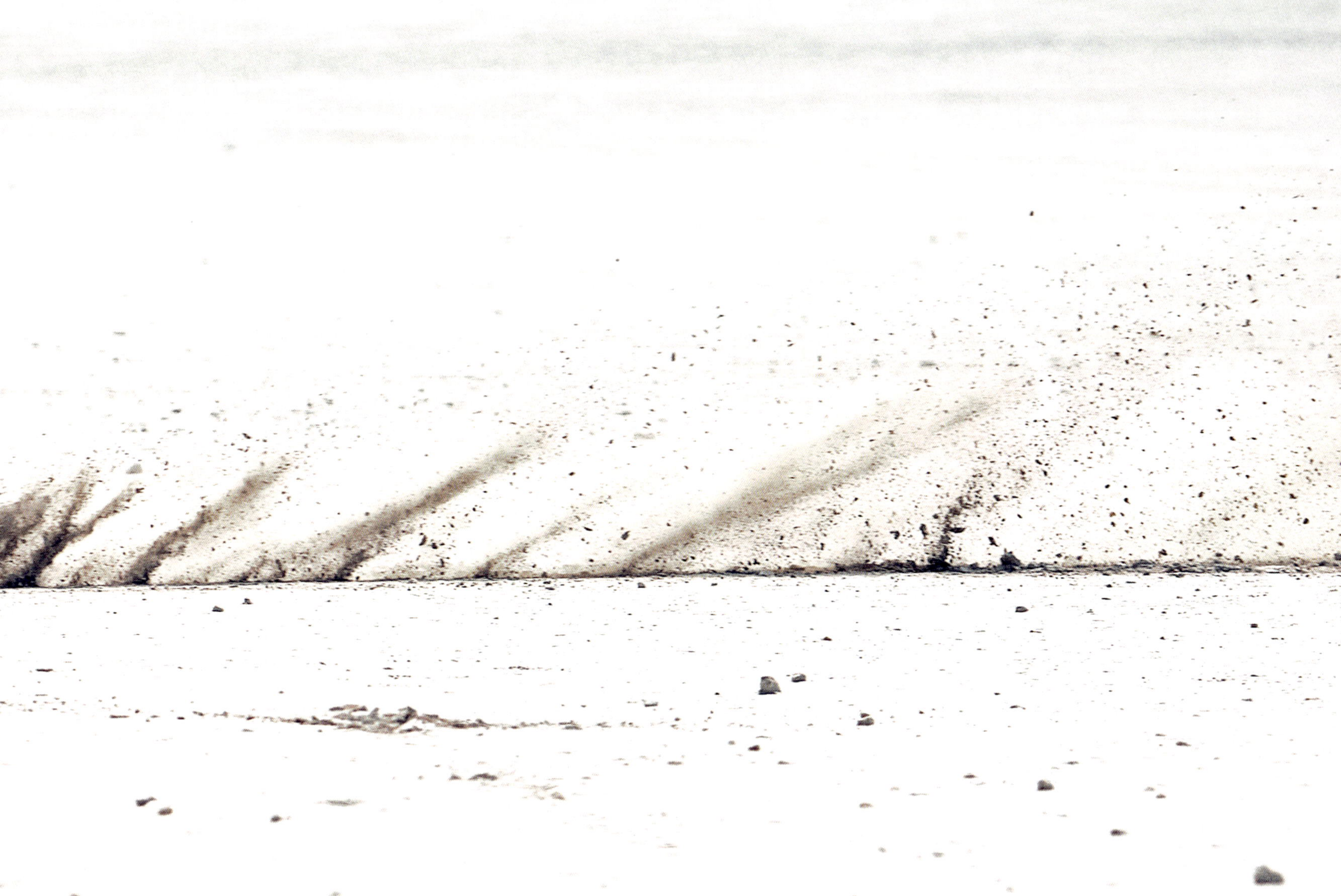

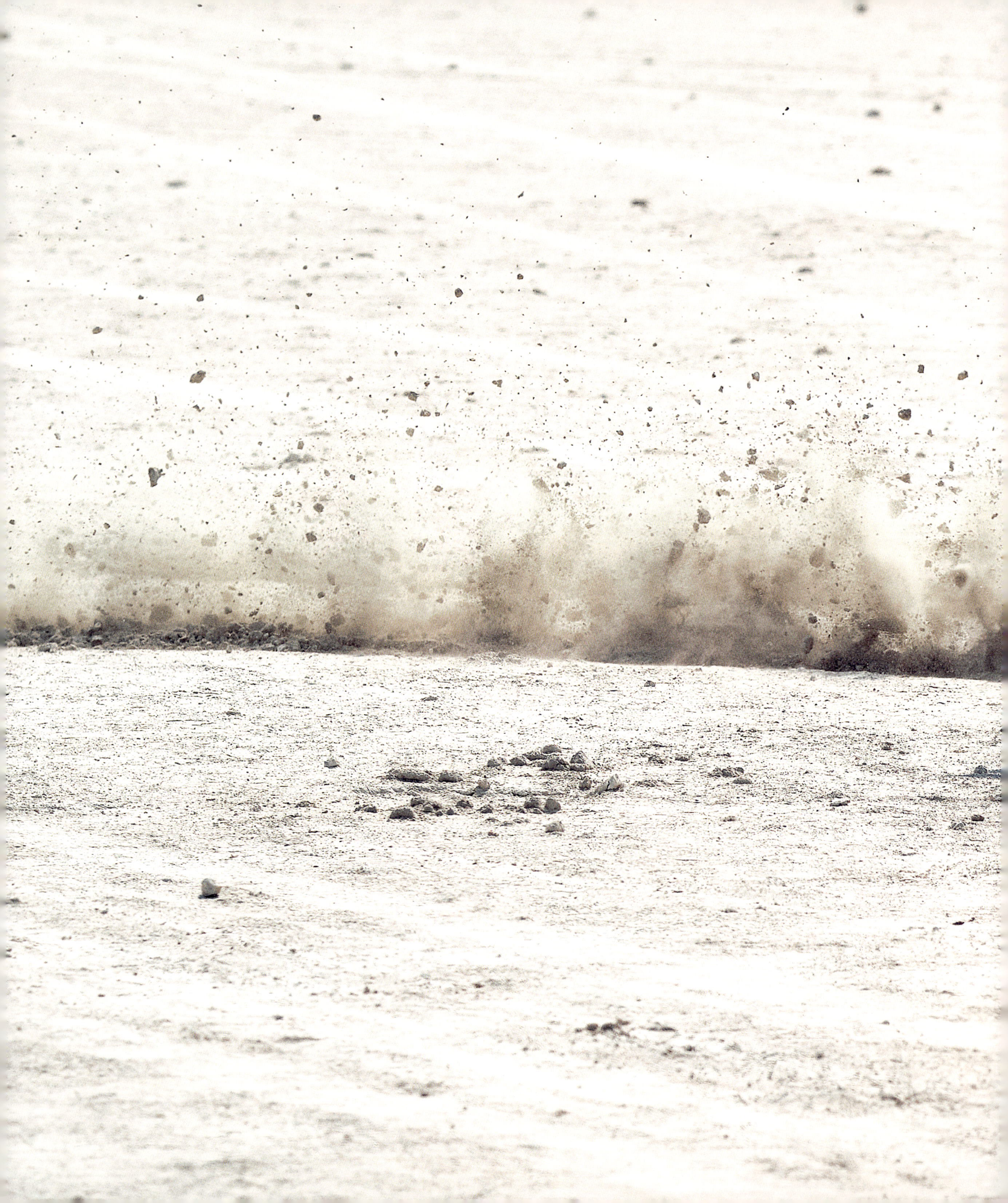

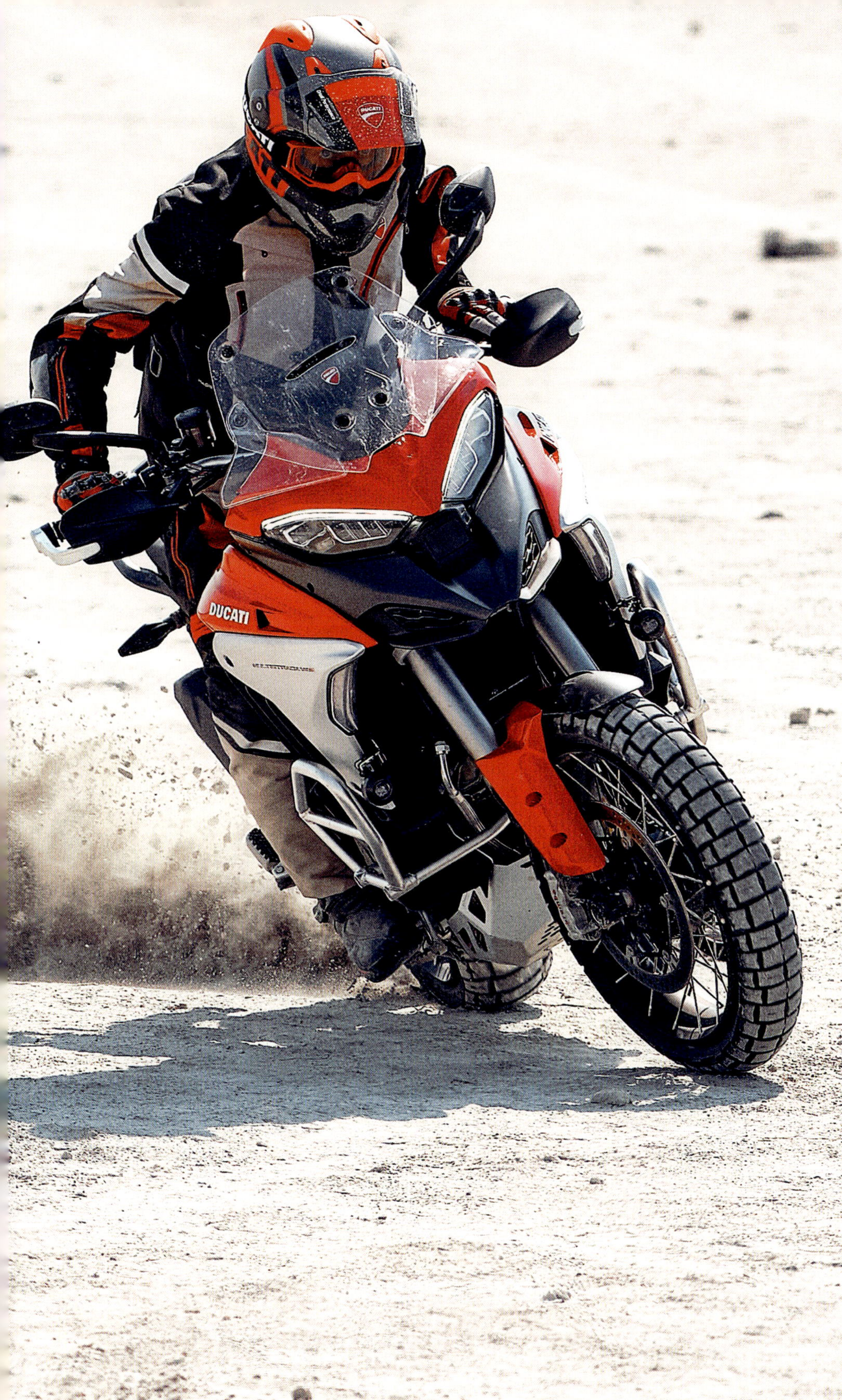
DUCATI

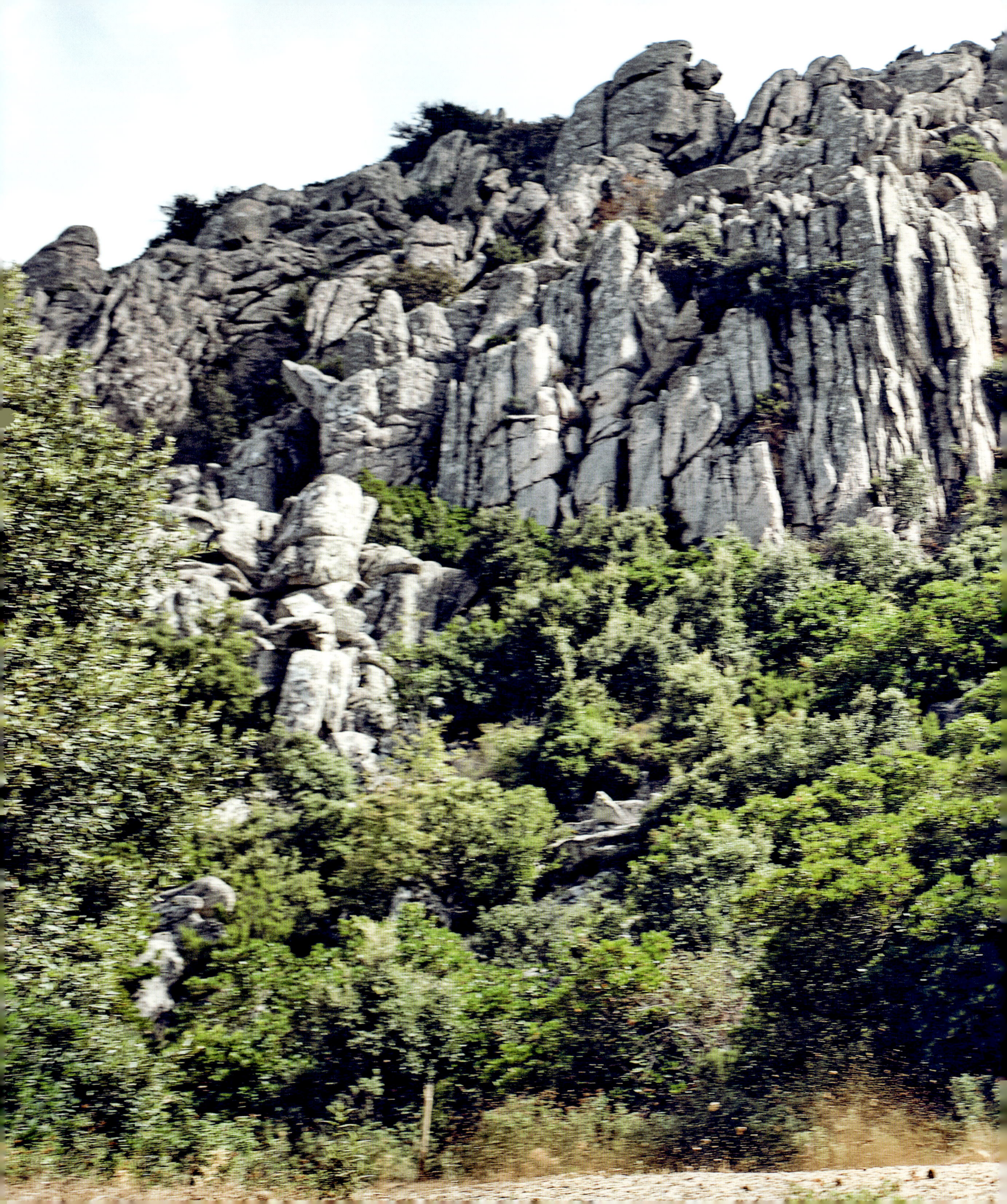

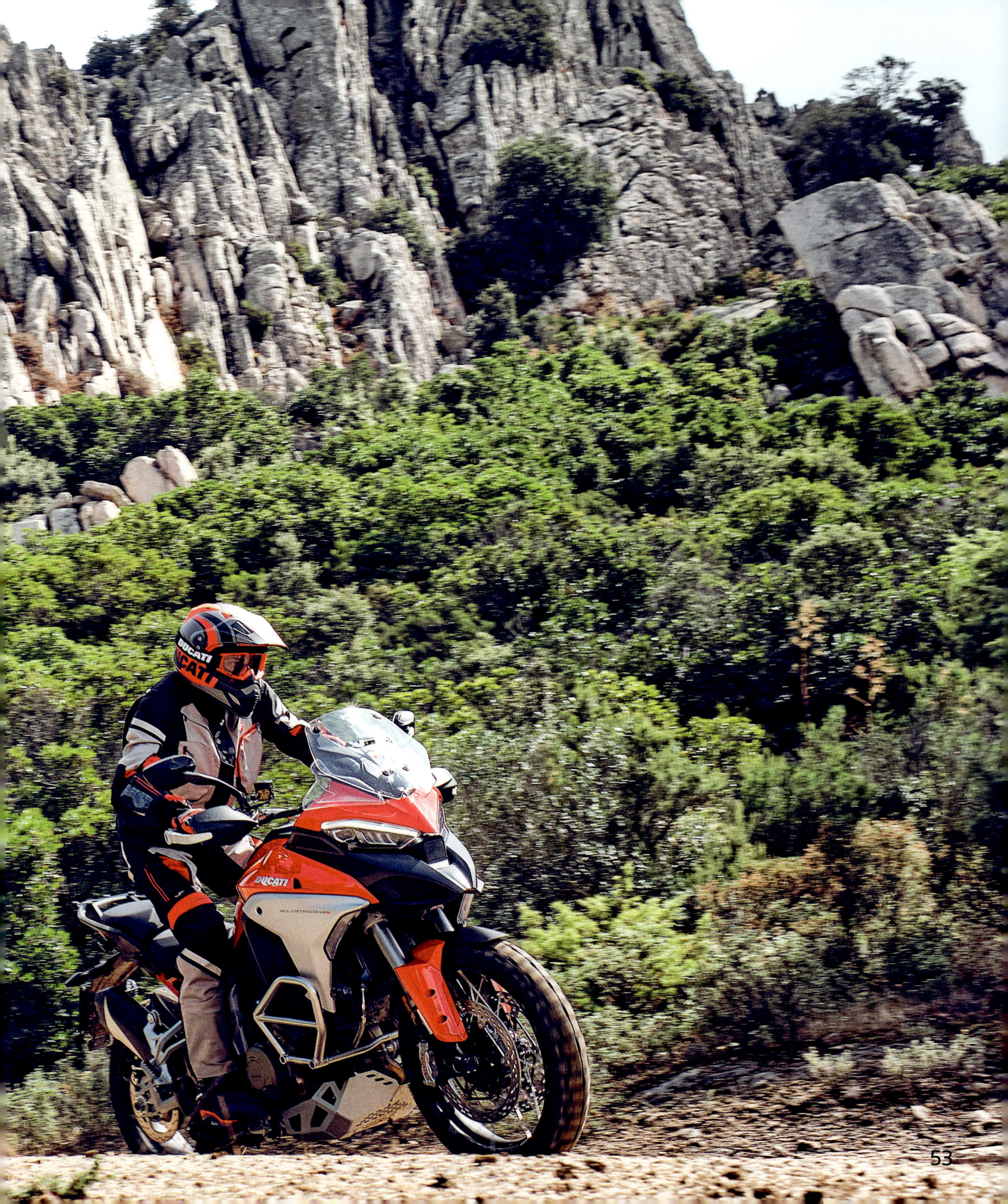
DUCATI
DUCATI

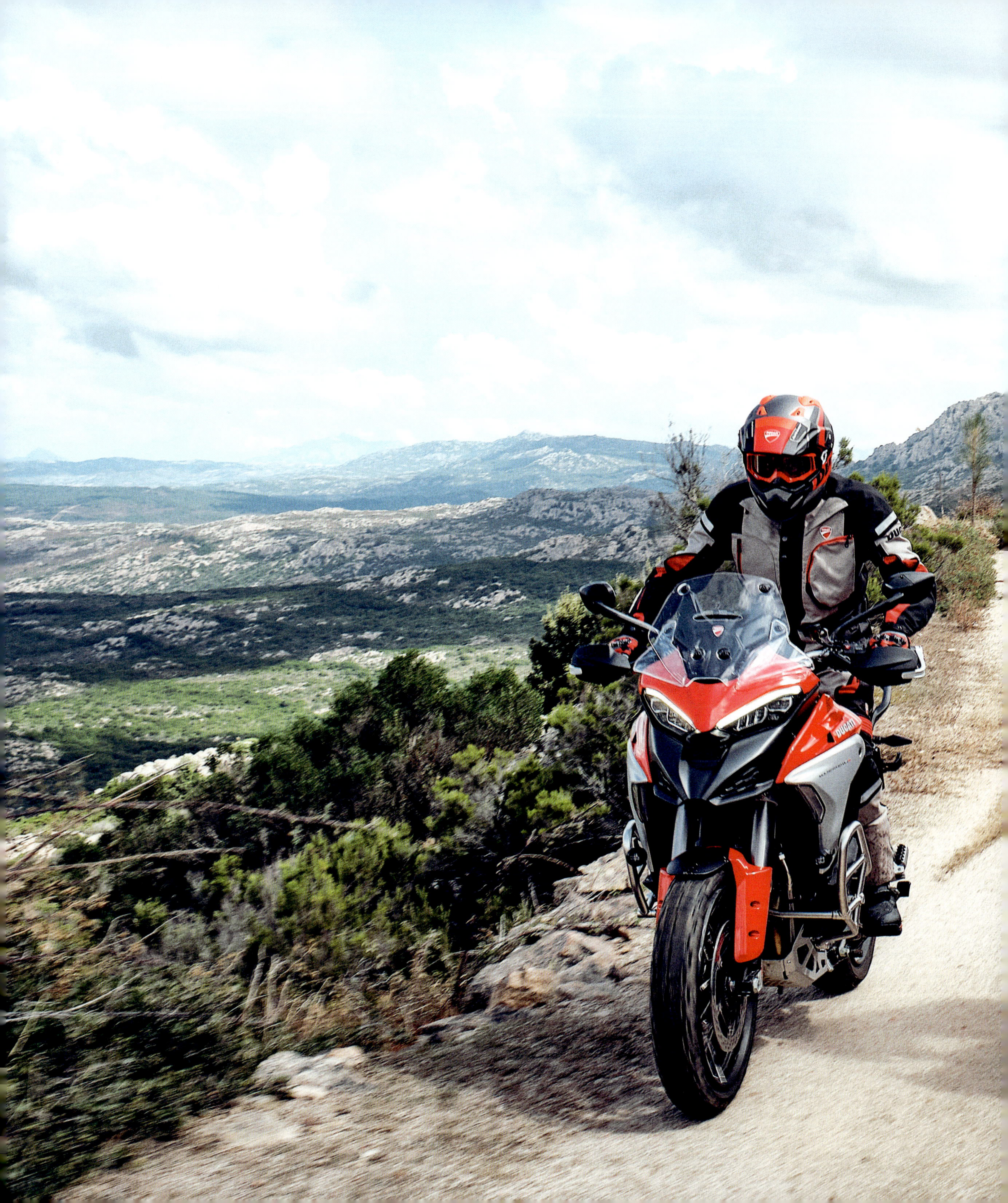

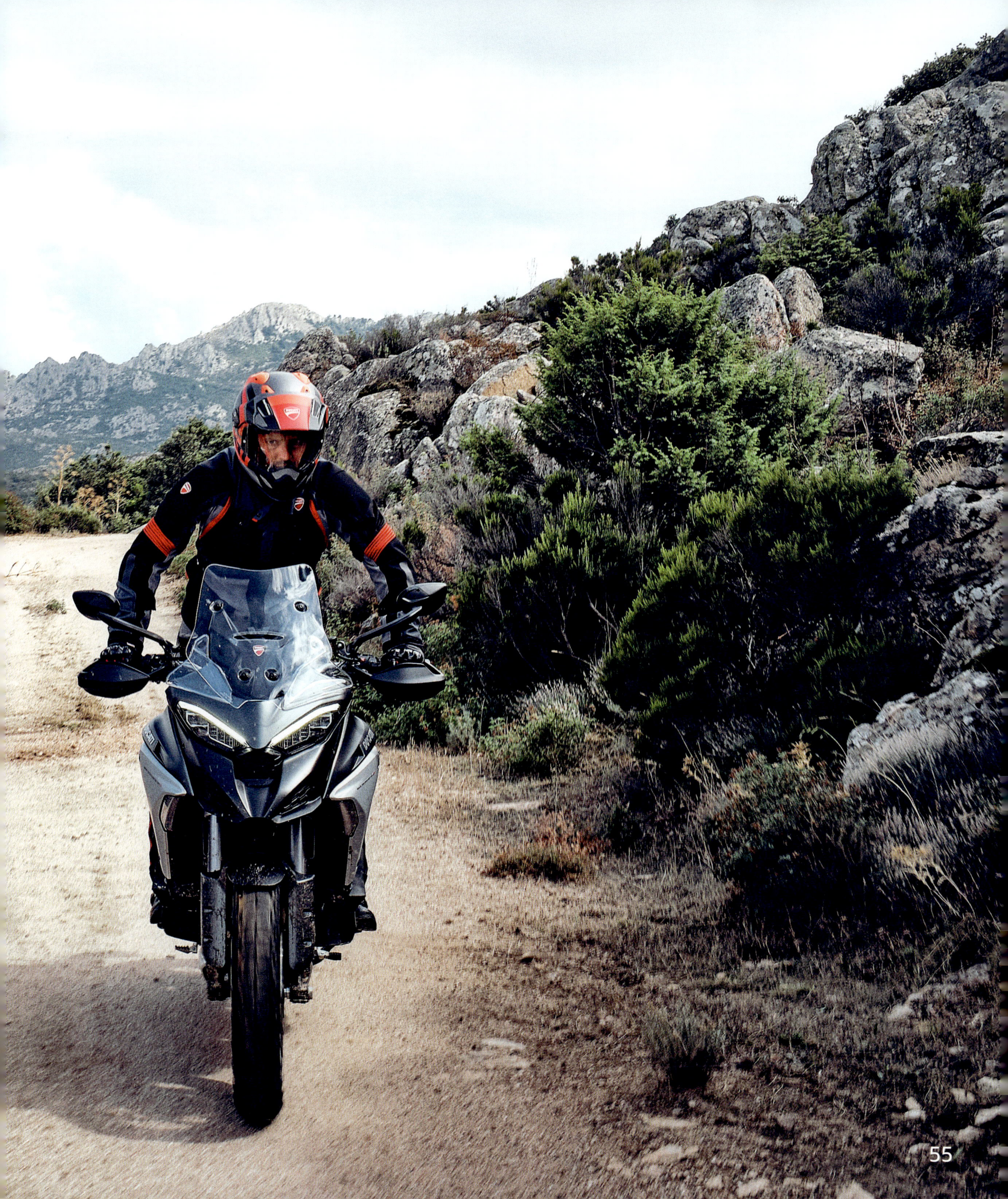

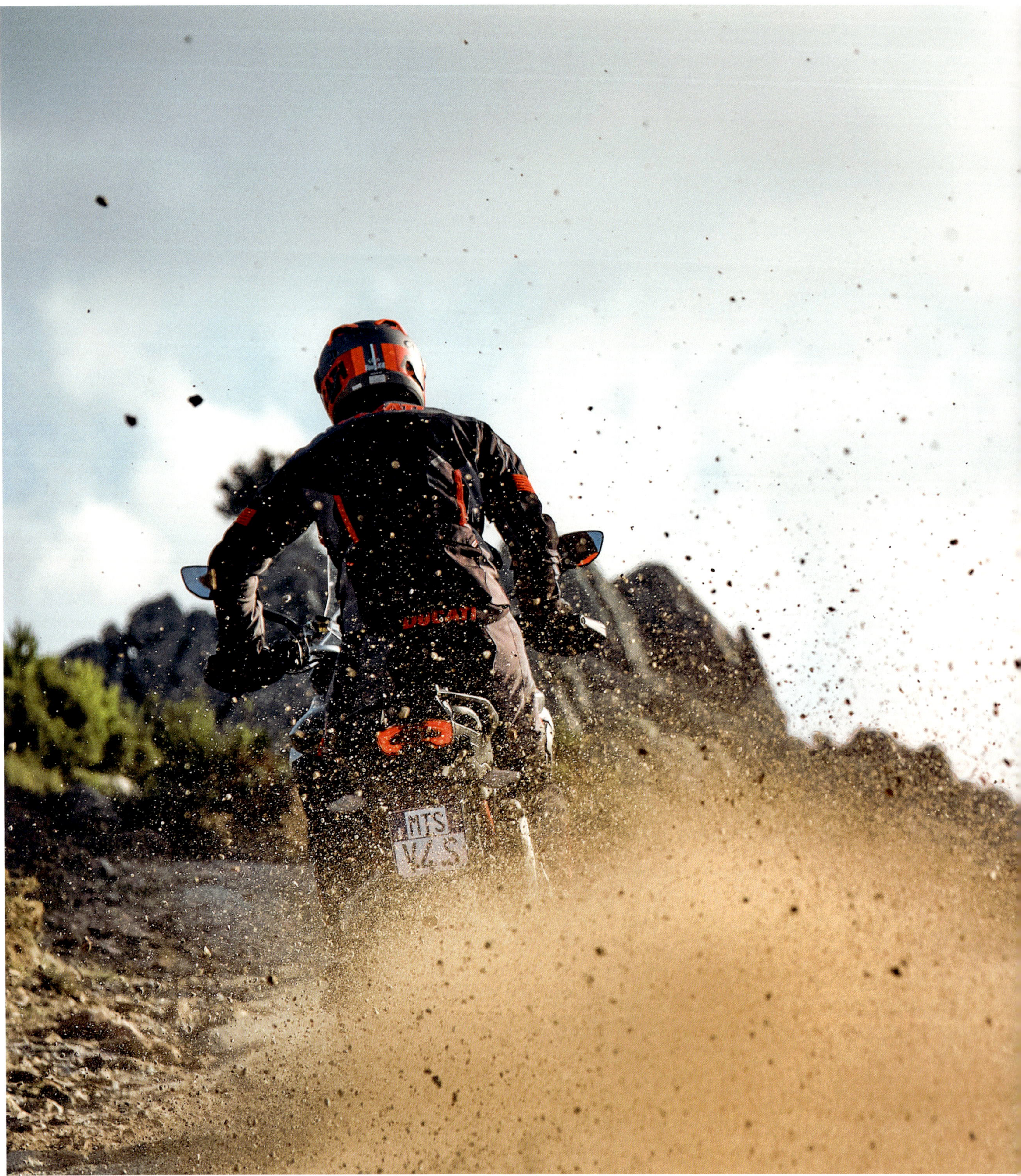
DUCATI
MTS
V2S

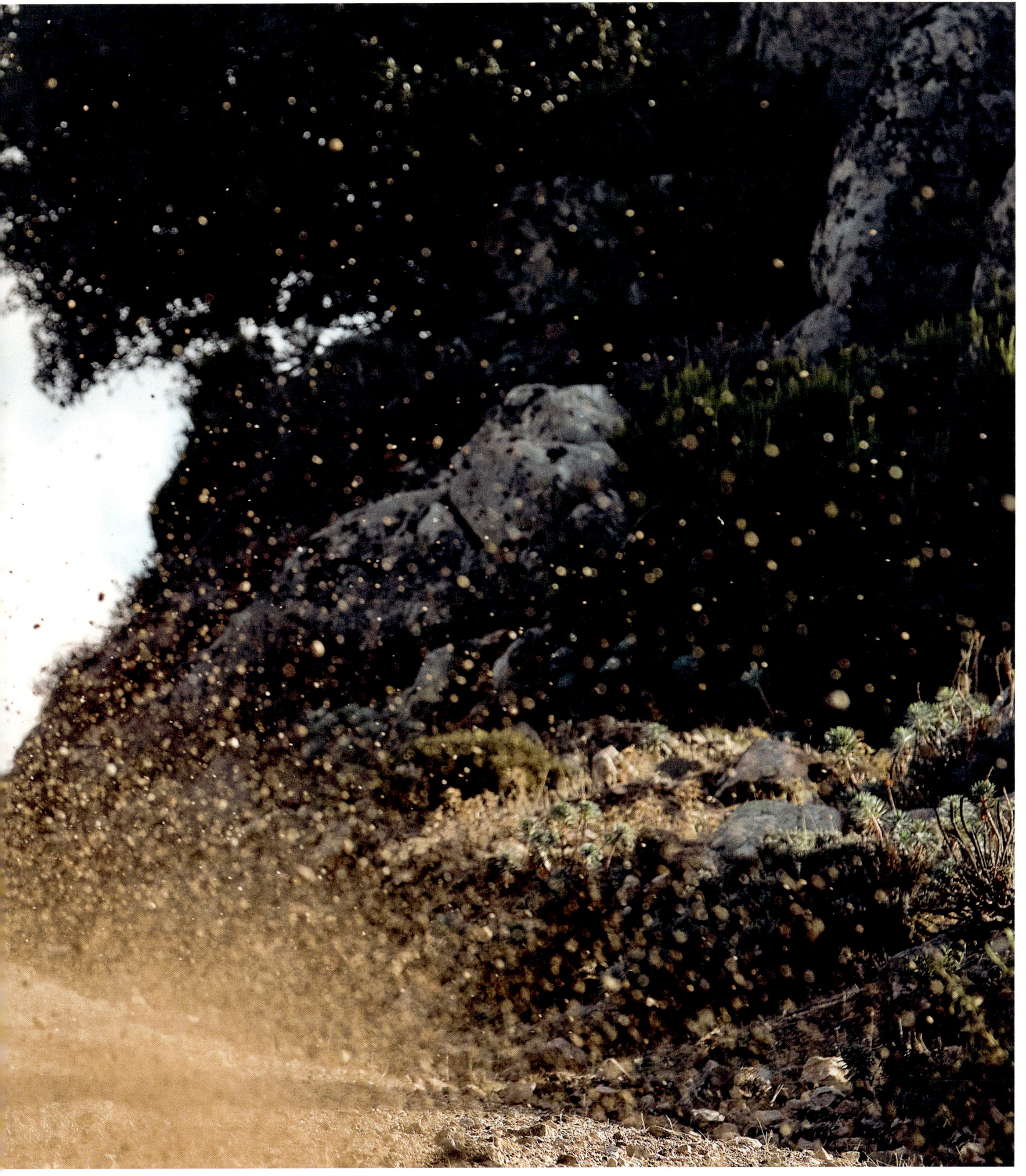

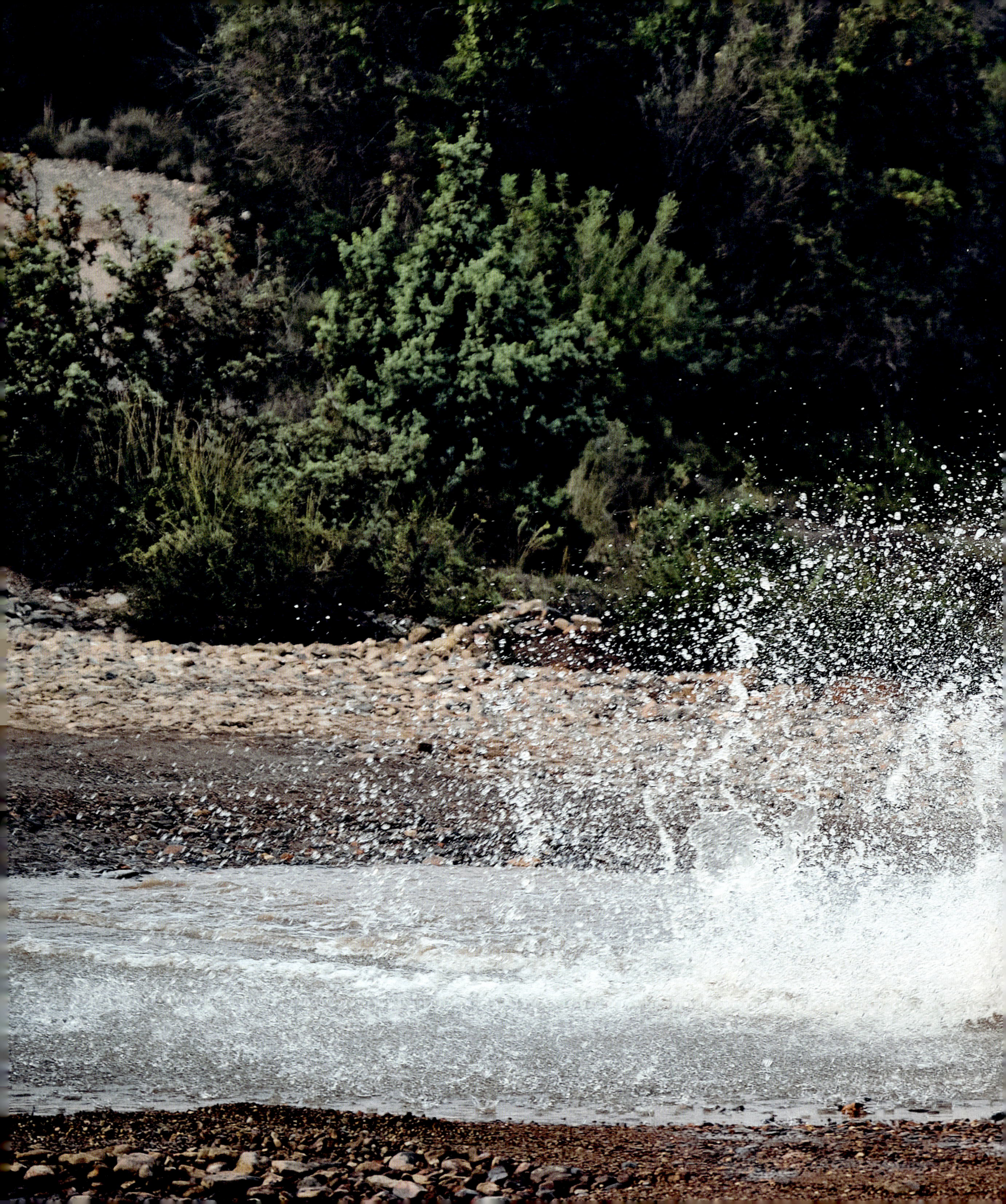

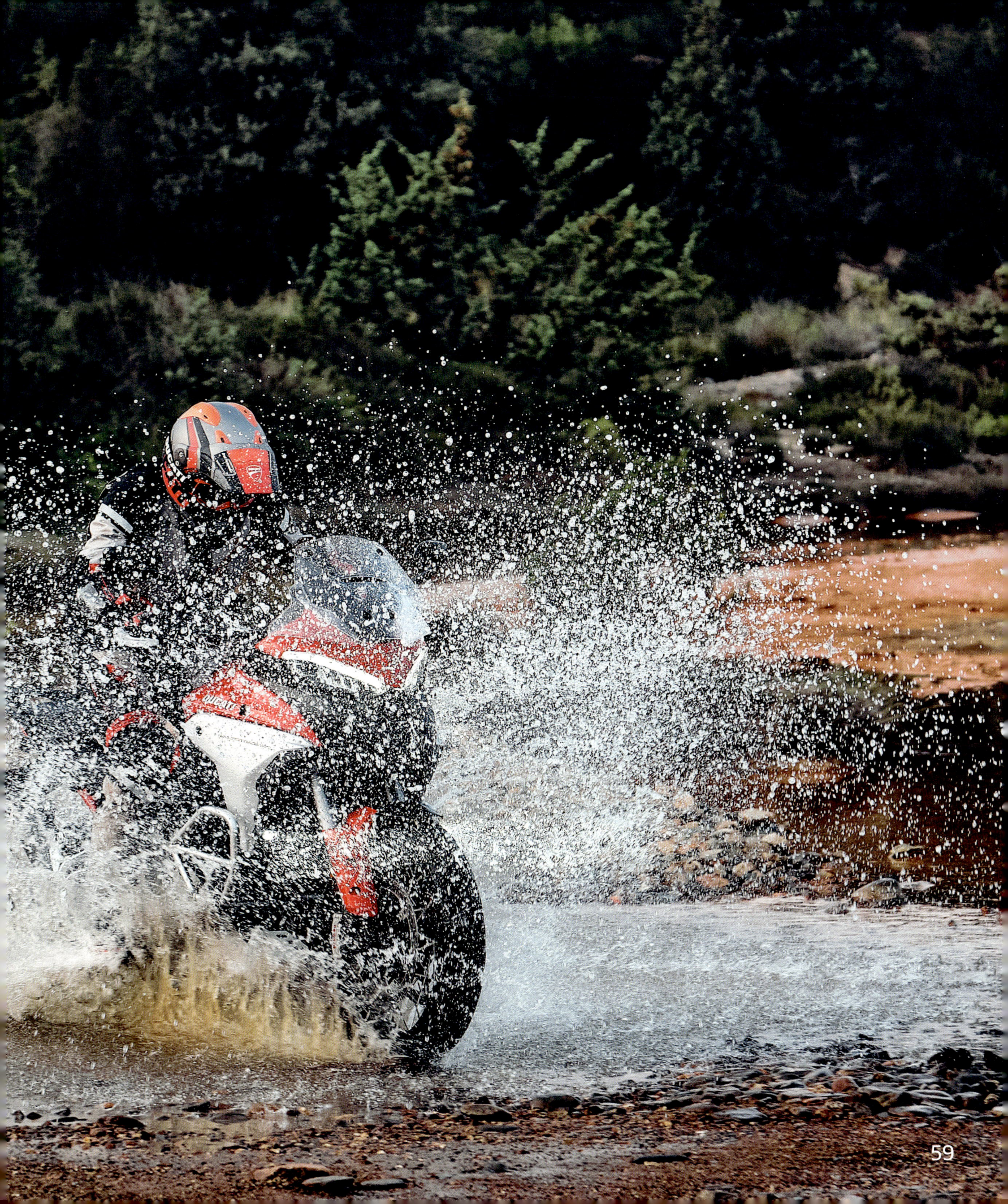

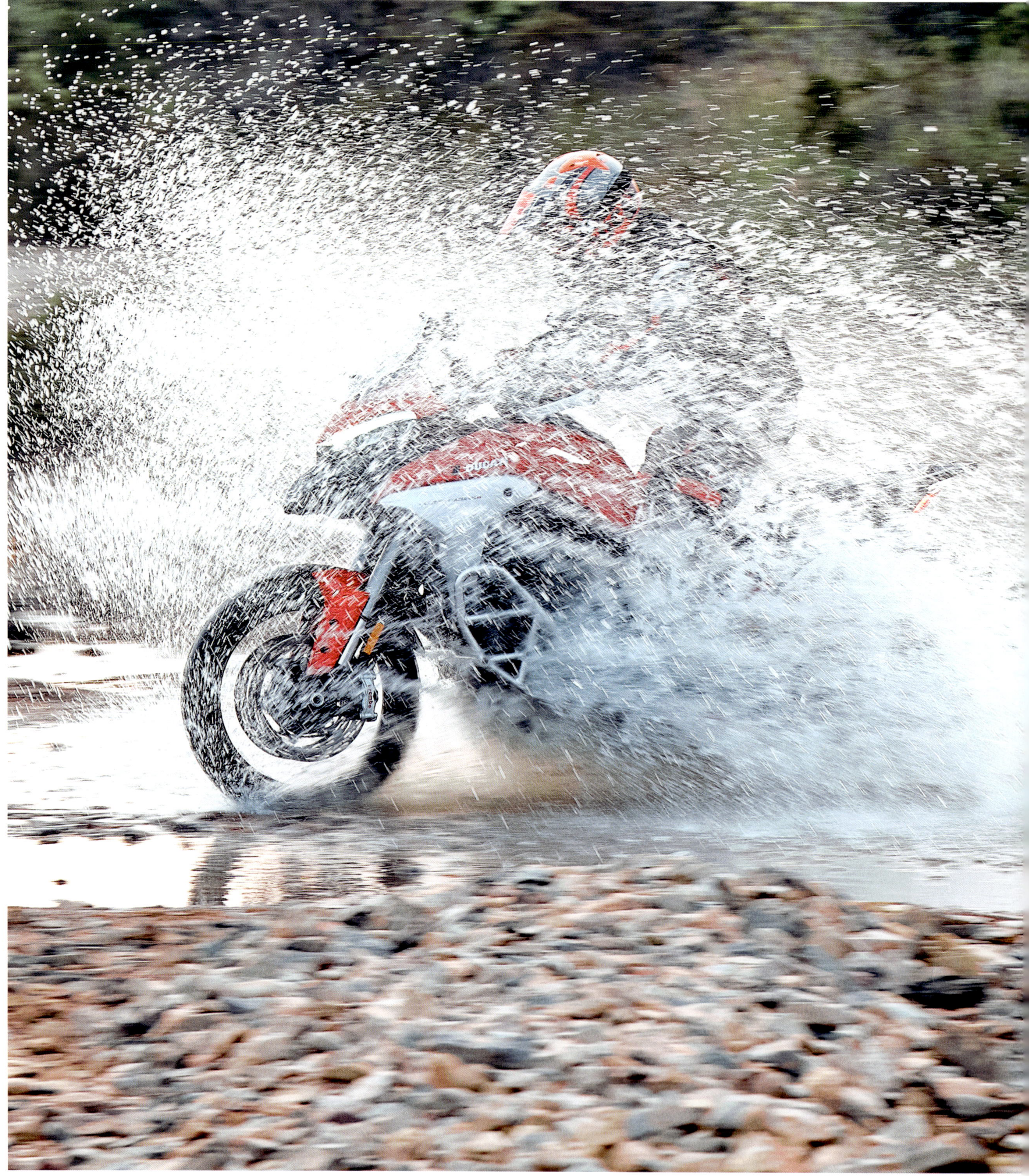

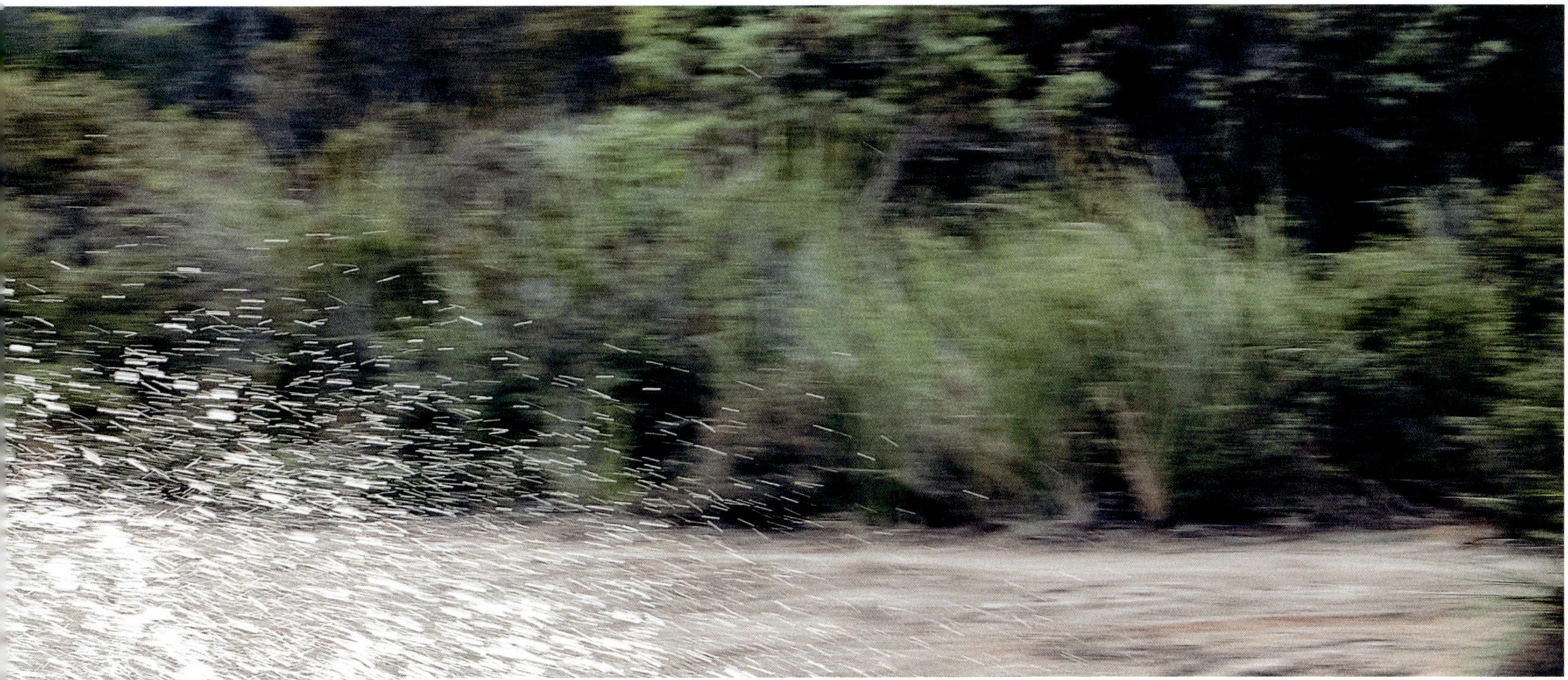

"Attraverso" è ancora la parola più importante di questo viaggio. Non c'è niente che ci fermi, non c'è strada e fuori-strada, ma solo un infinito territorio da esplorare, un vasto terreno di gioco in cui le nostre Multistrada V4 si divertono e ci fanno divertire. E non sembrano avere mai bisogno di riposarsi.

"Across" is again the most important word on this journey. Nothing can stop us, there is no 'road' and 'off-road', only an infinite land to explore, a vast playground in which our Multistrada V4 is entertained and entertains us. And never seems to feel the need to rest.

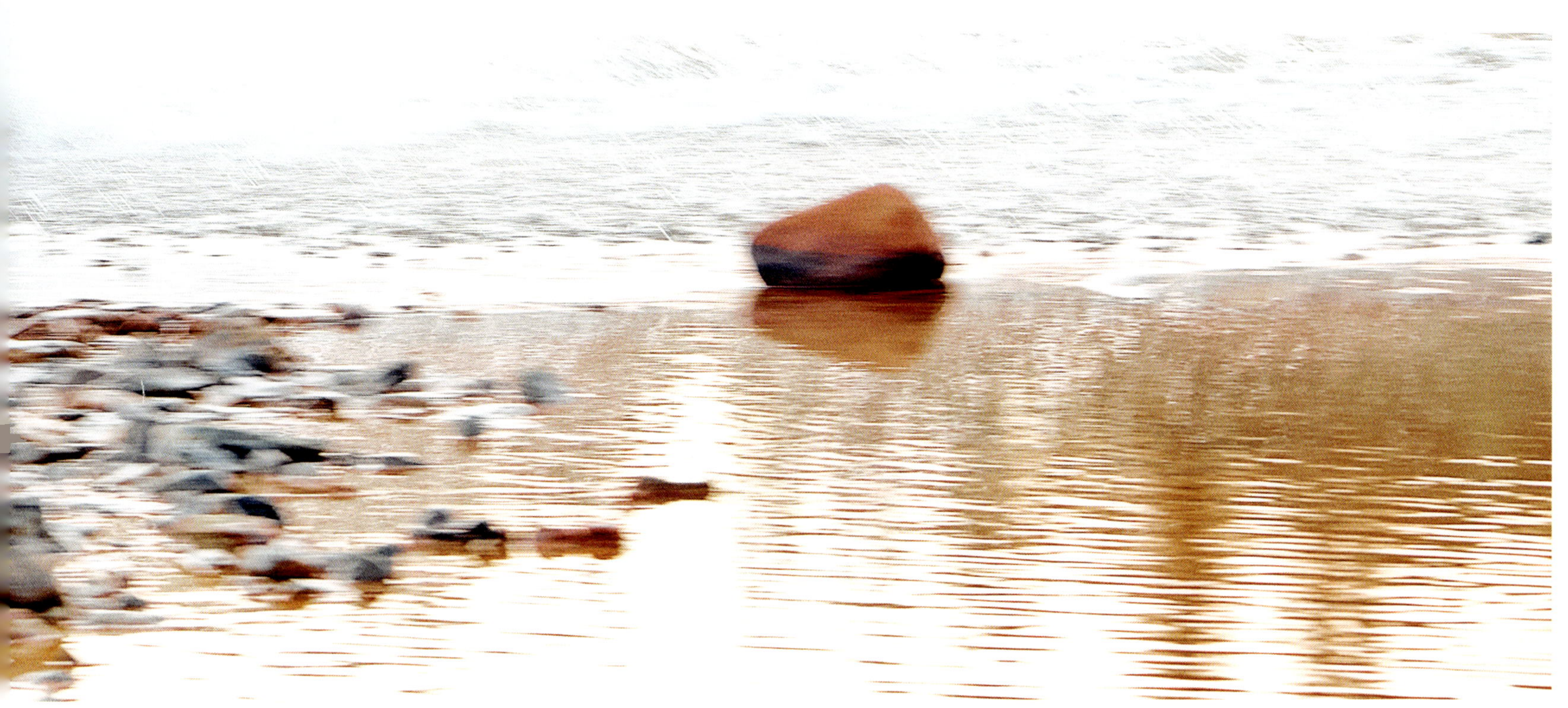

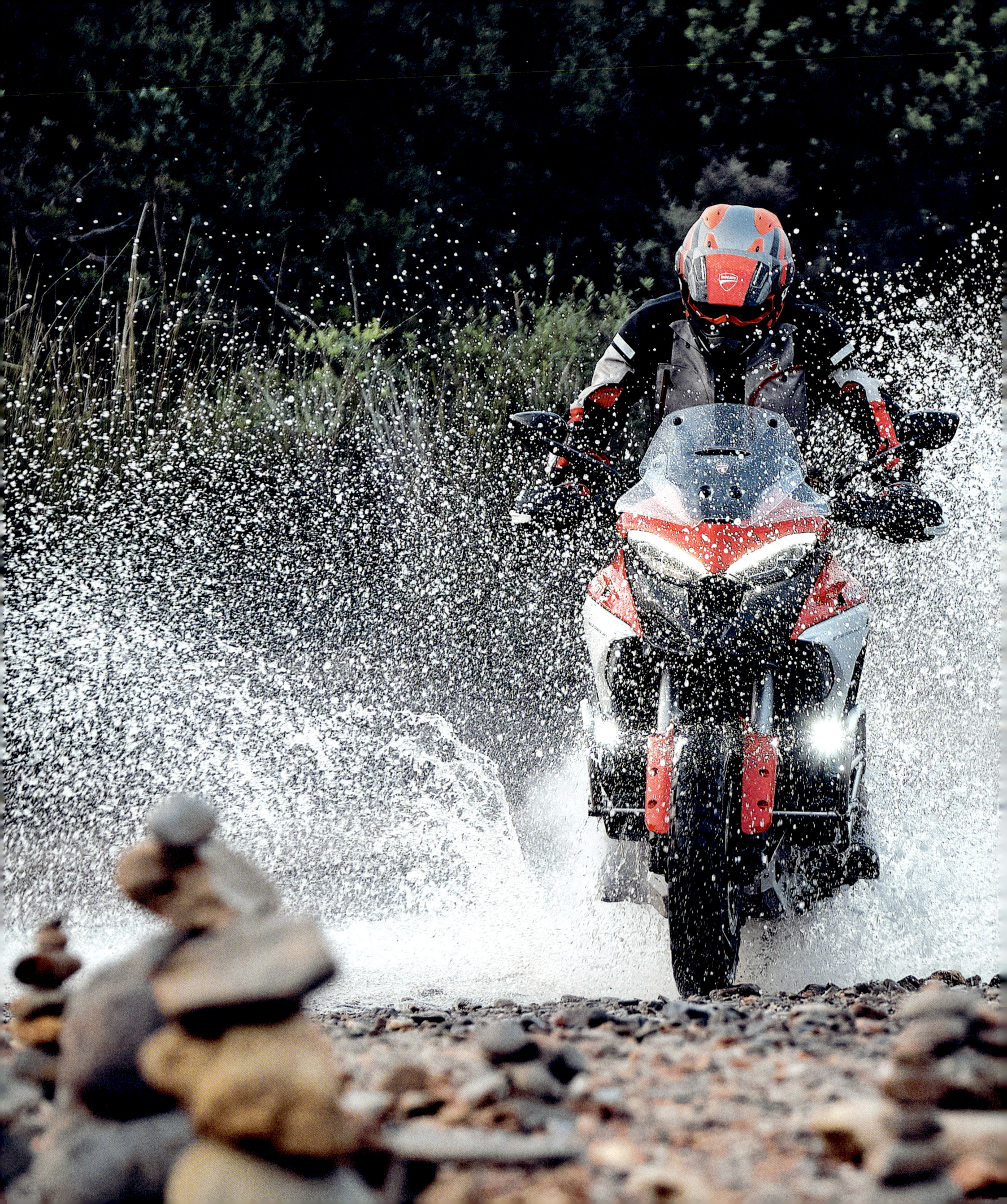

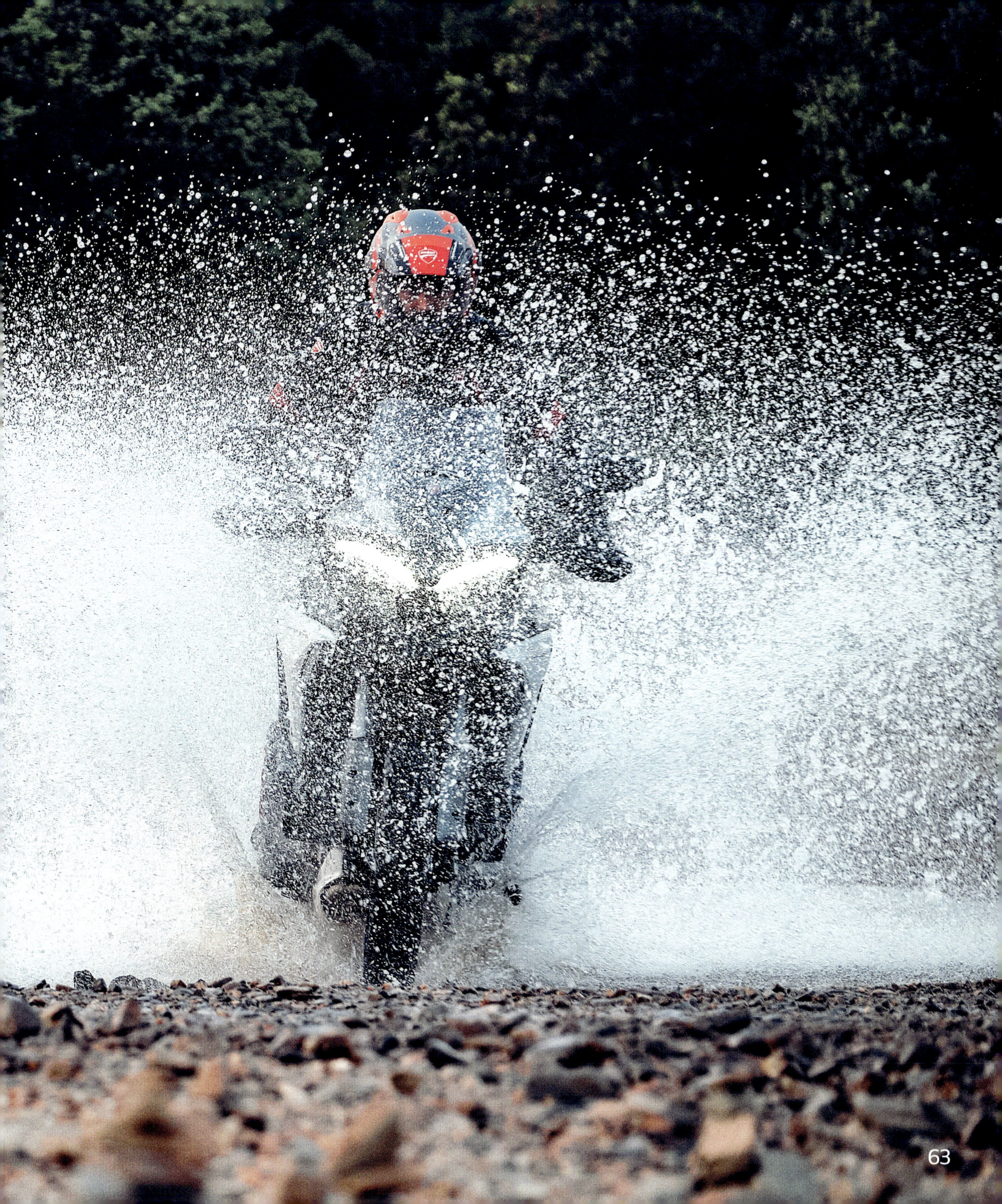

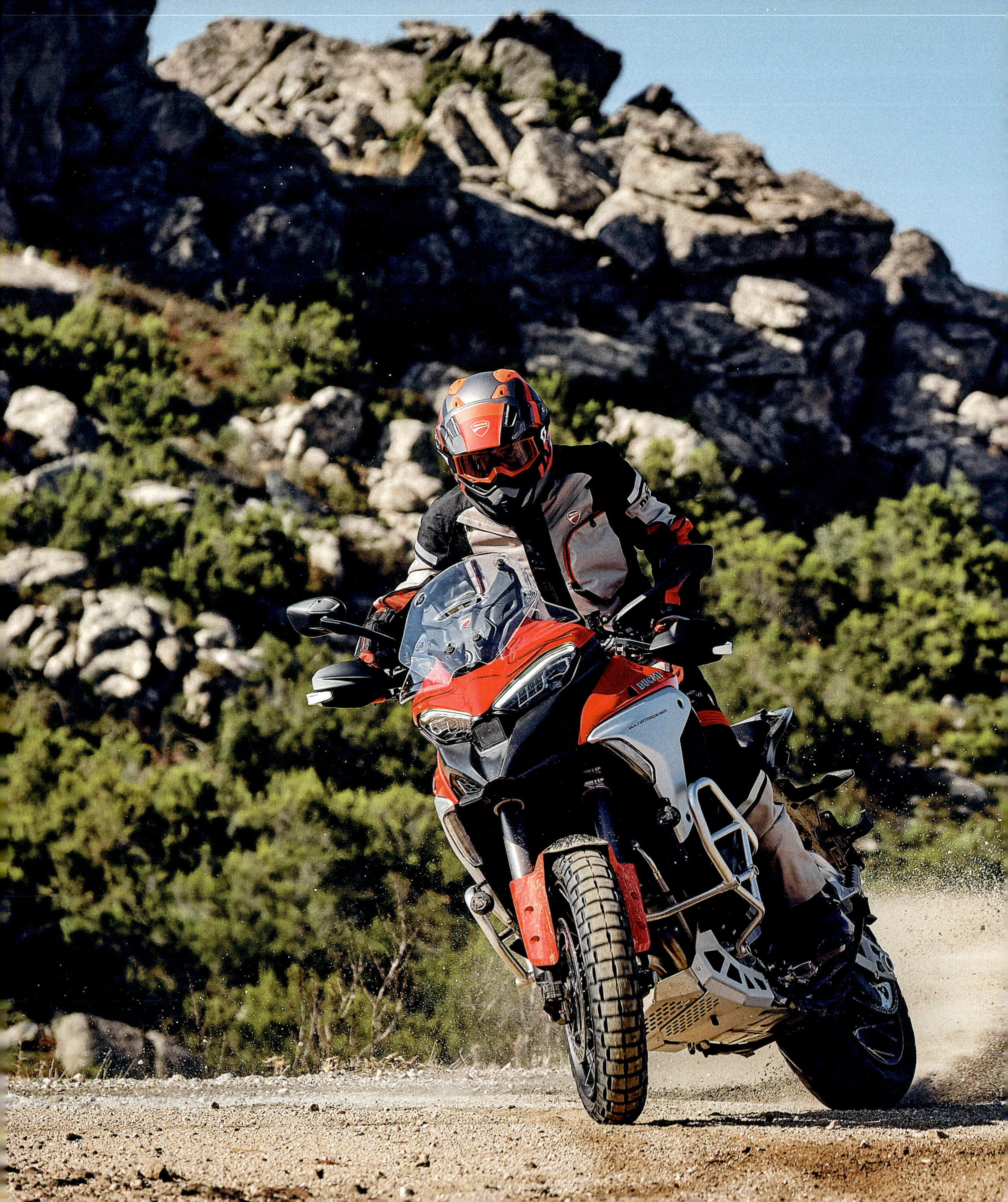

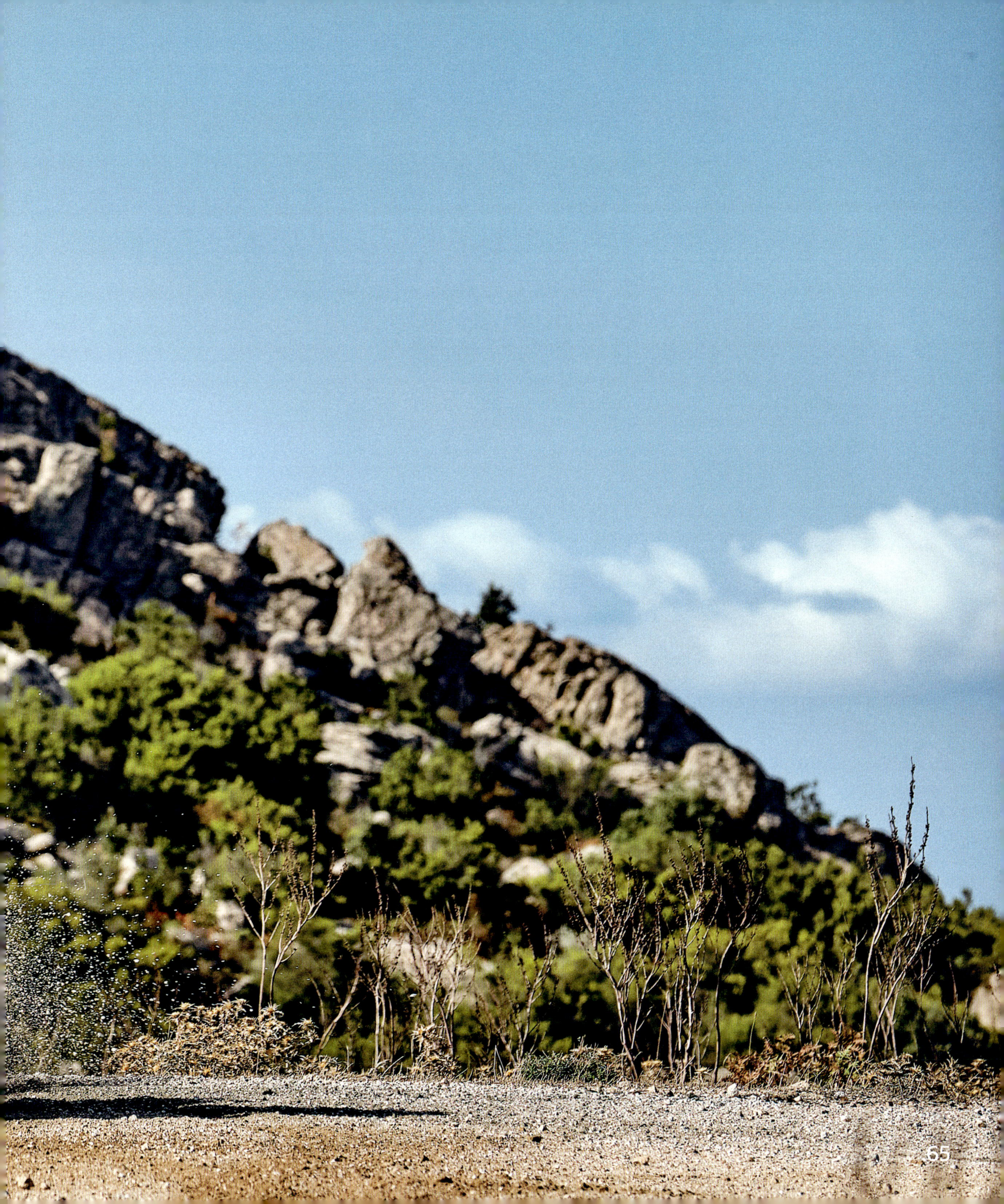

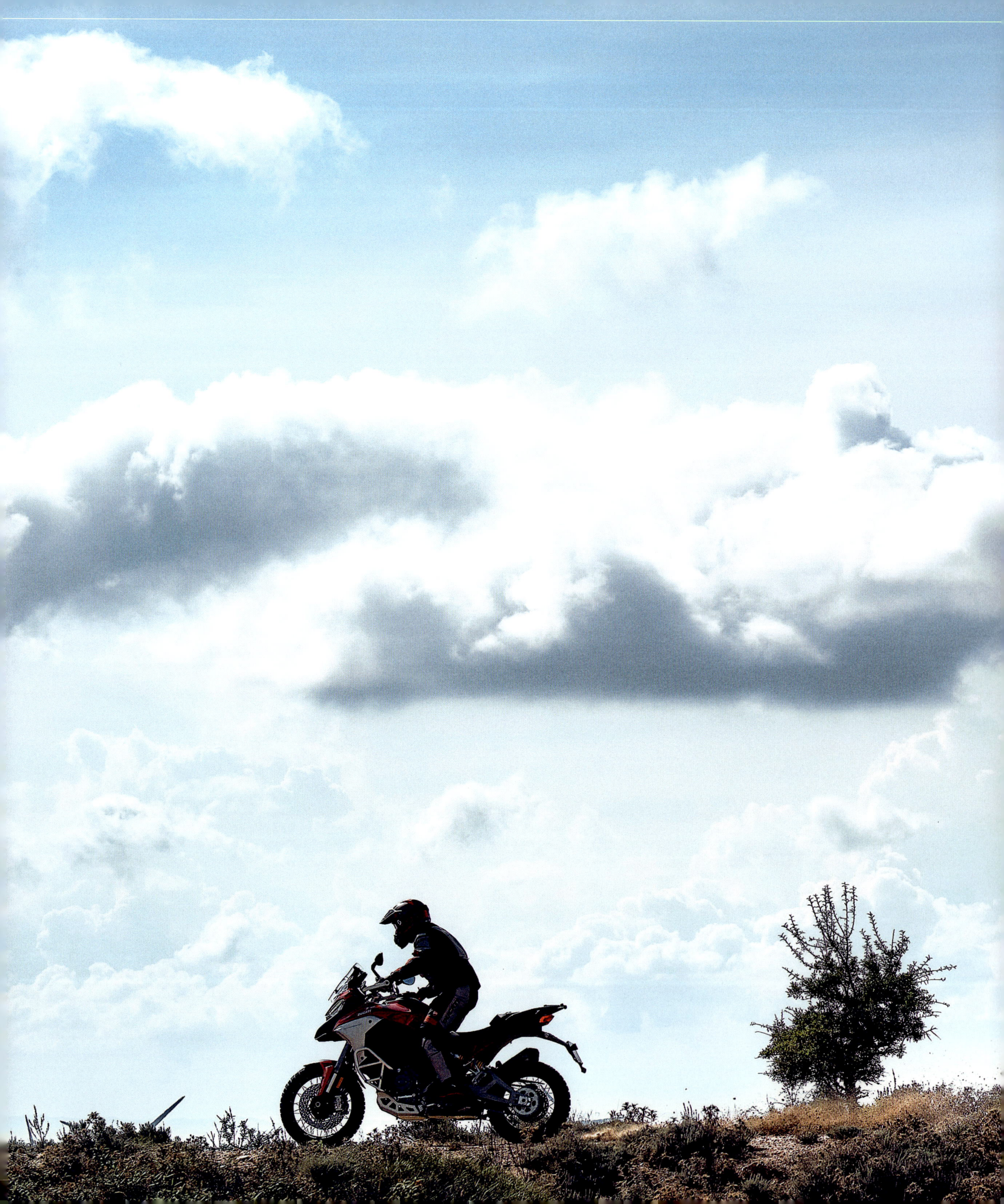

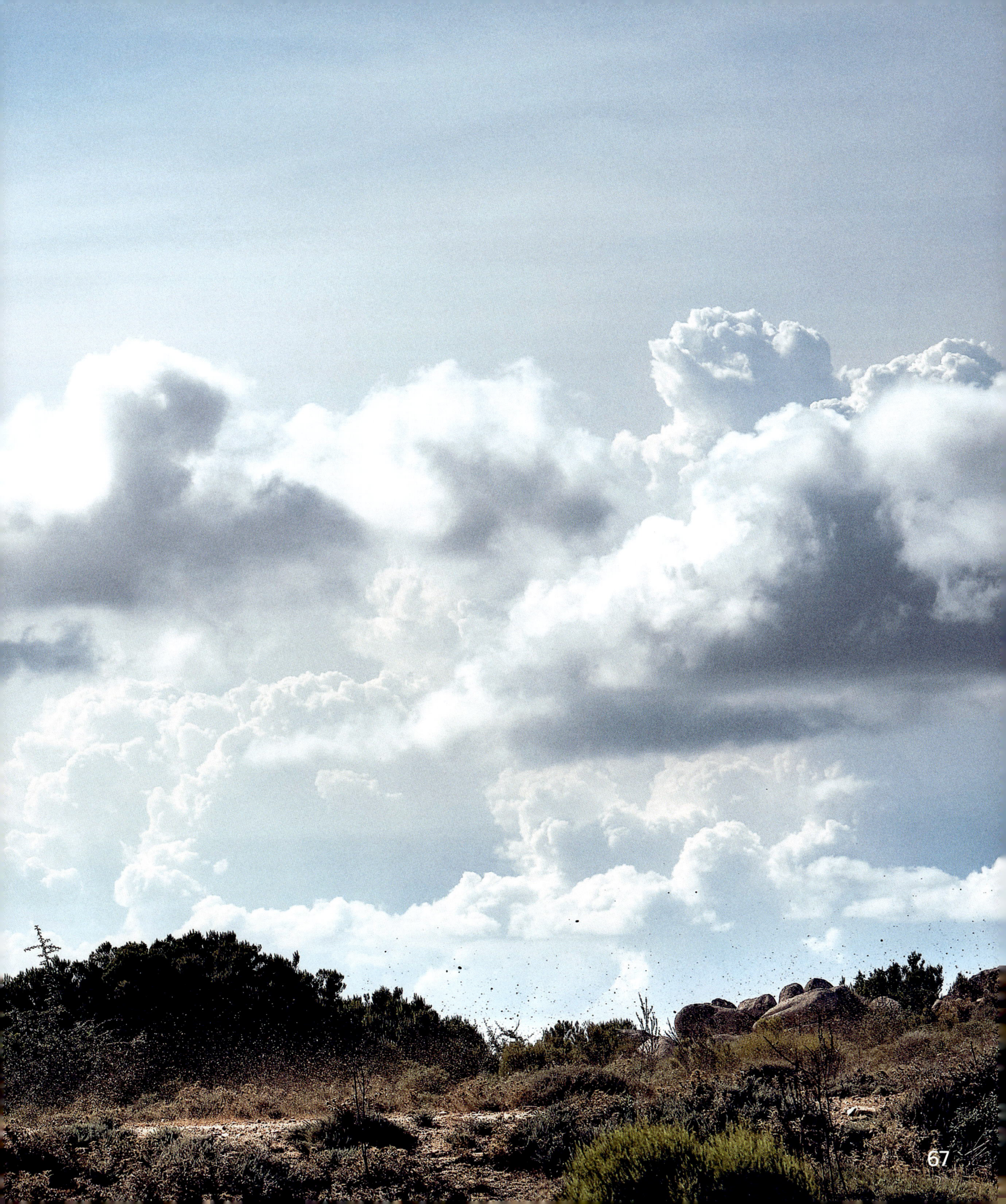

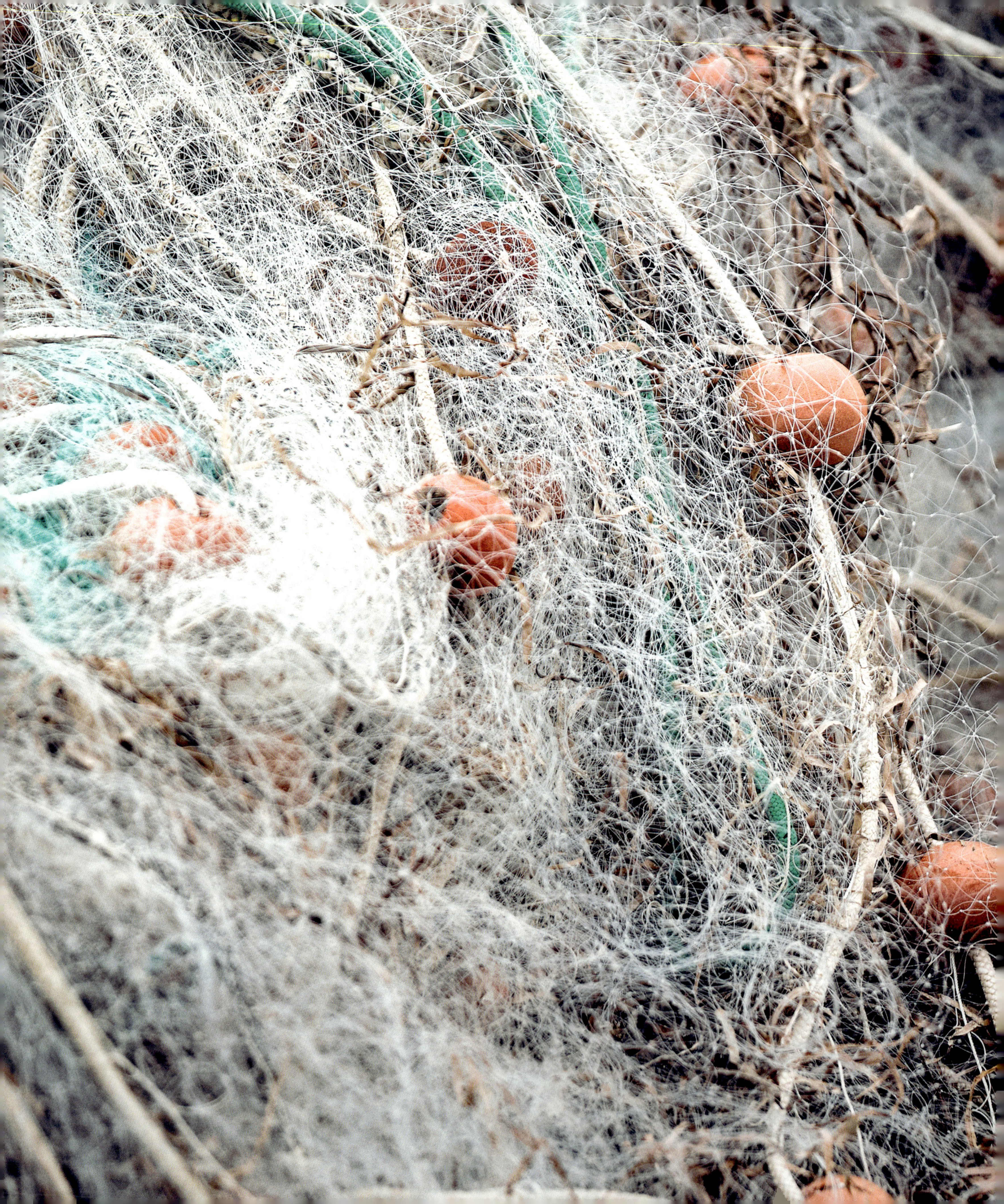

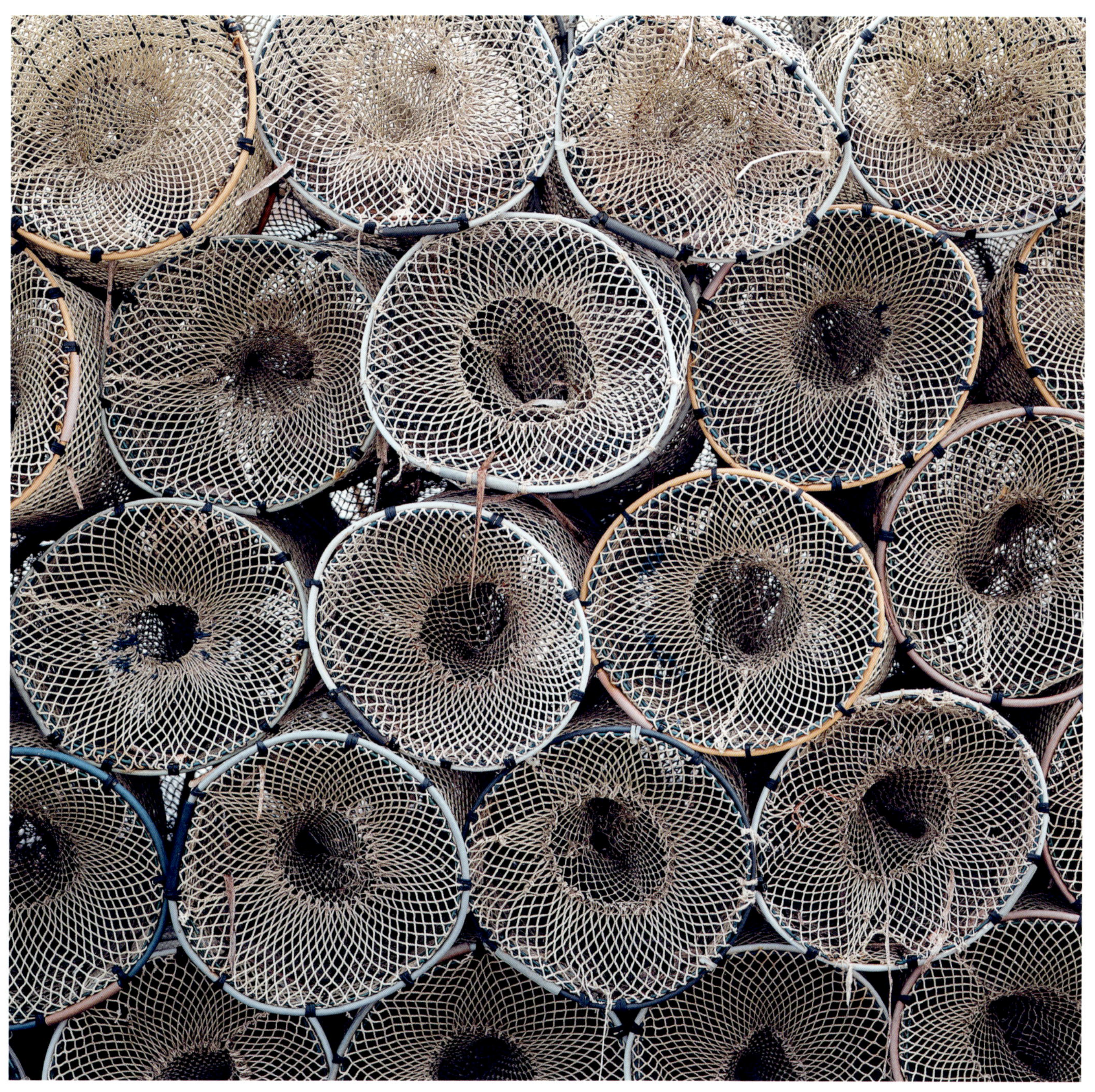

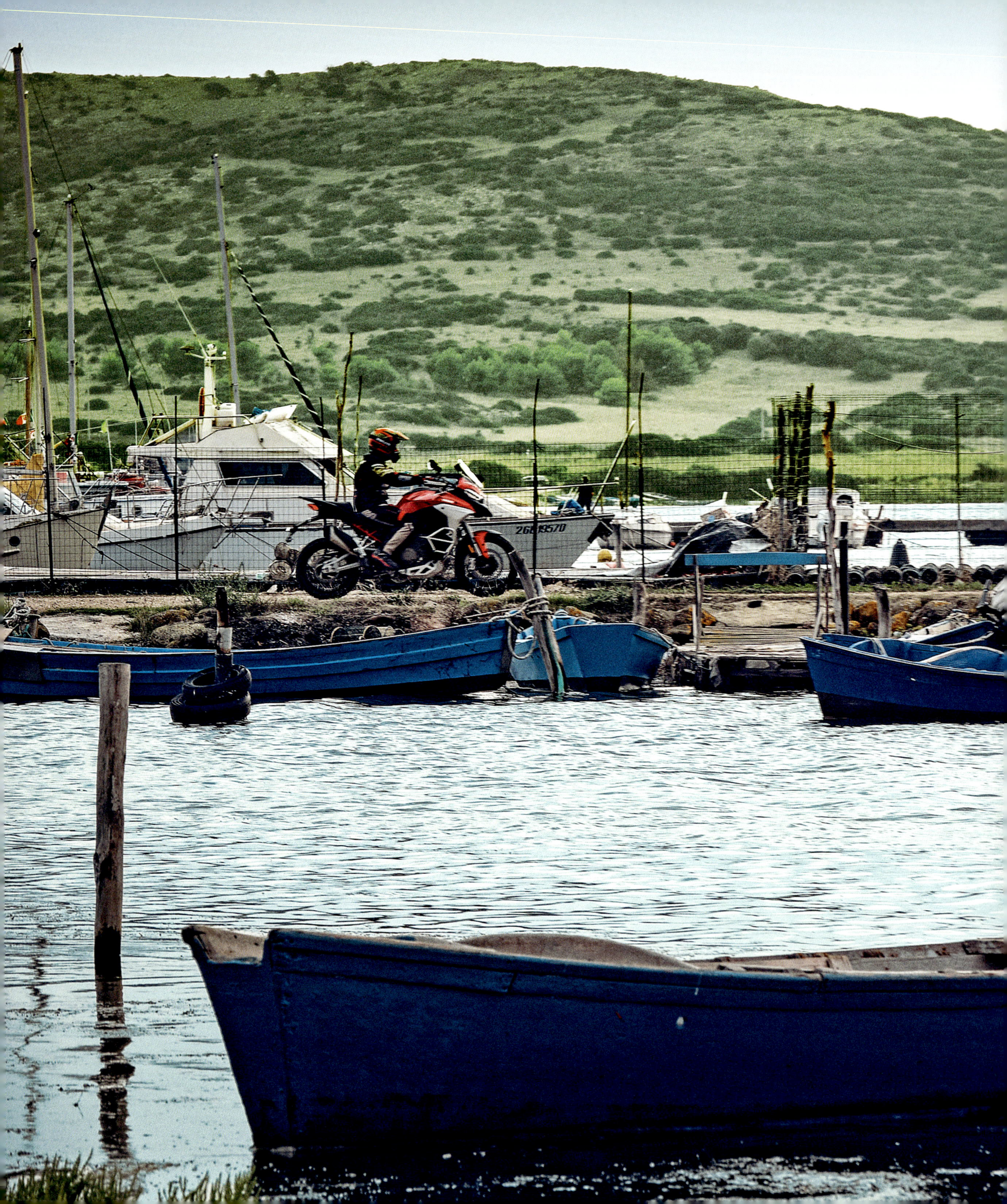

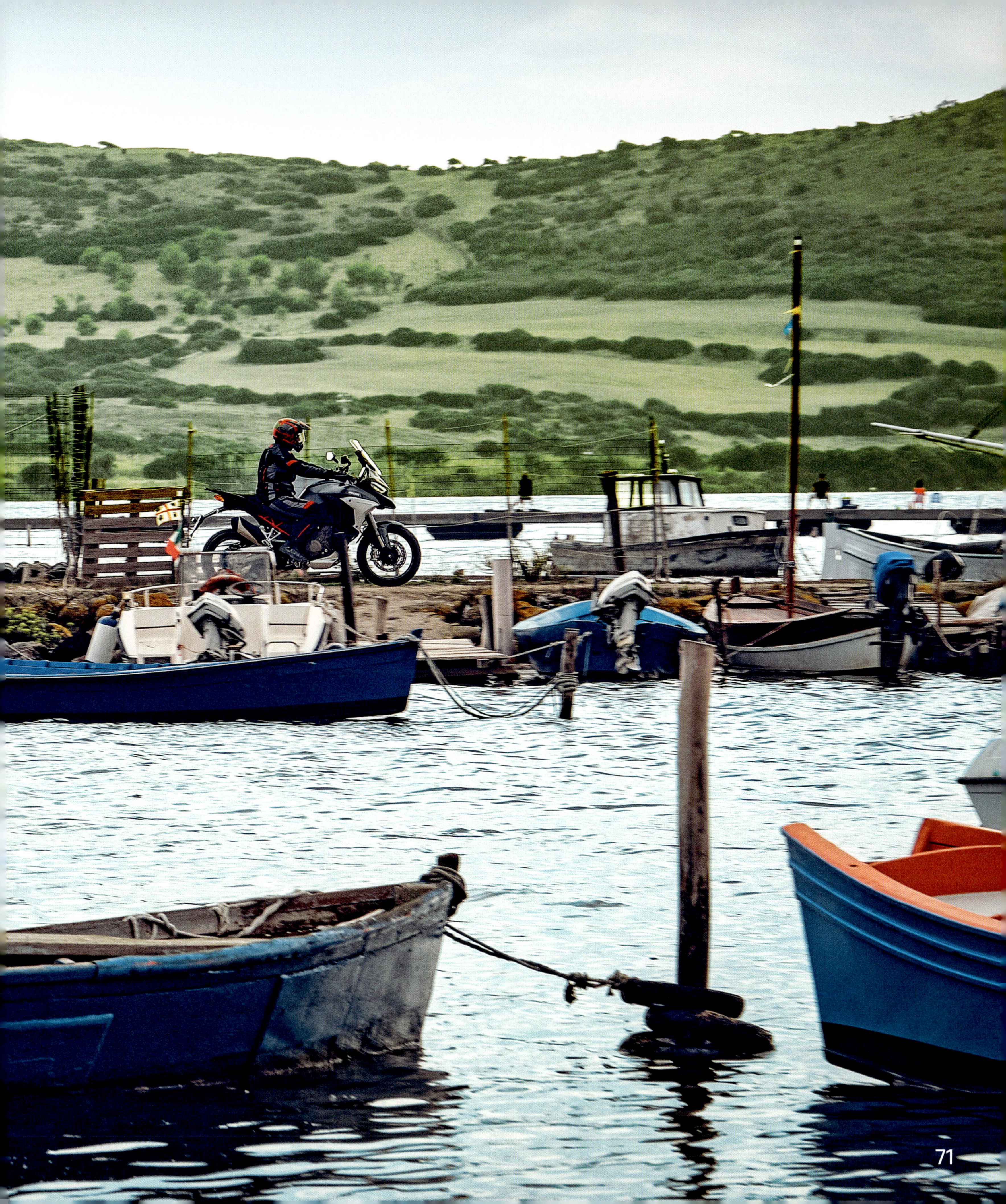

"Attraverso" significa anche incontrare, chiedere informazioni, usare il navigatore satellitare integrato, ma anche fermarsi a parlare con le persone, per scoprire la cultura dei luoghi rivolgersi a noi, passanti, viaggiatori e capire sempre un po' di più di questo magico territorio.

"Across" also means meeting up, seeking information, using the integrated navigation system, but also stopping to talk with people, so that we, as passers-by, travellers, can experience the culture of the places we visit and understand a little more about this magical land.

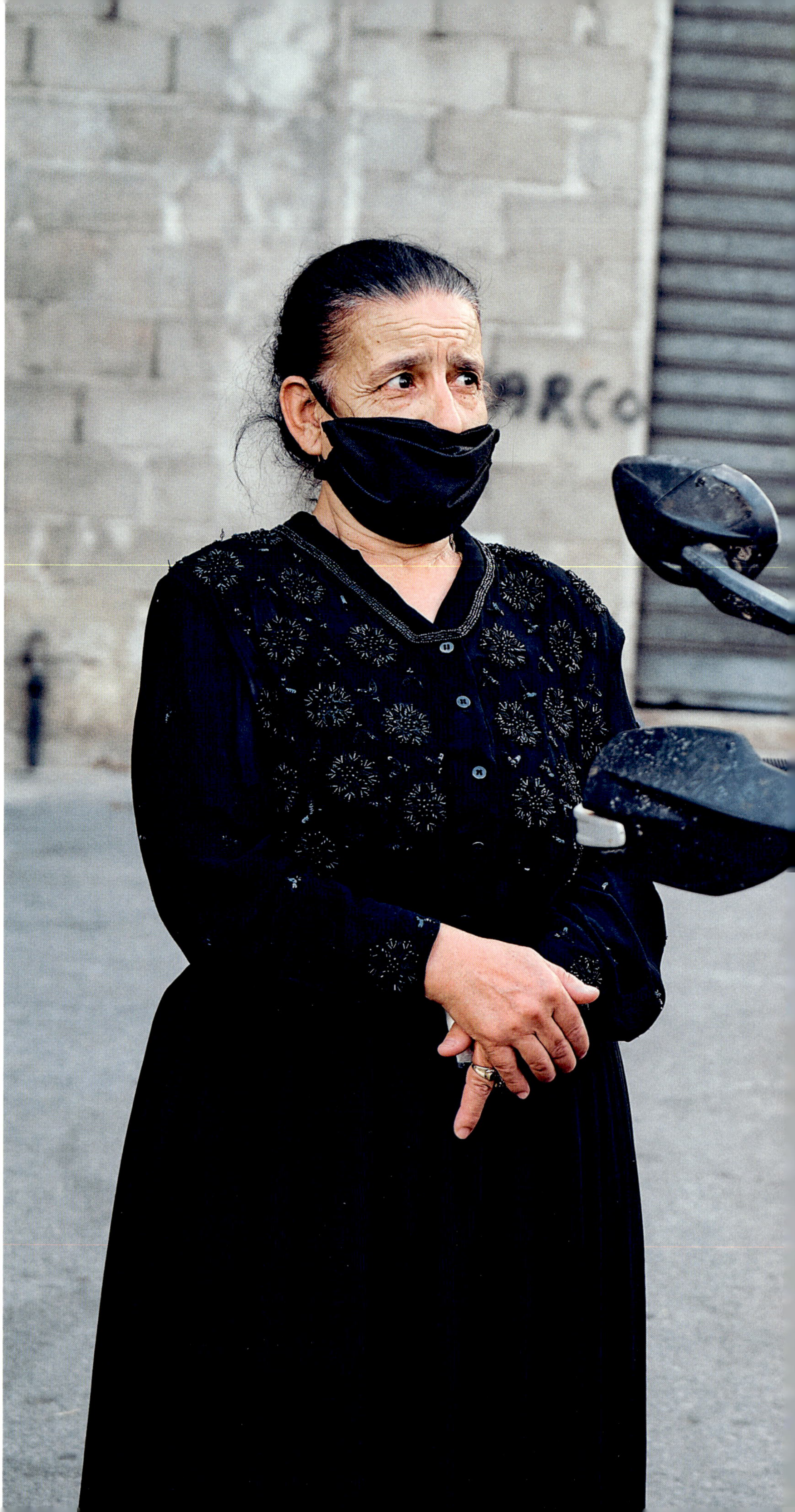

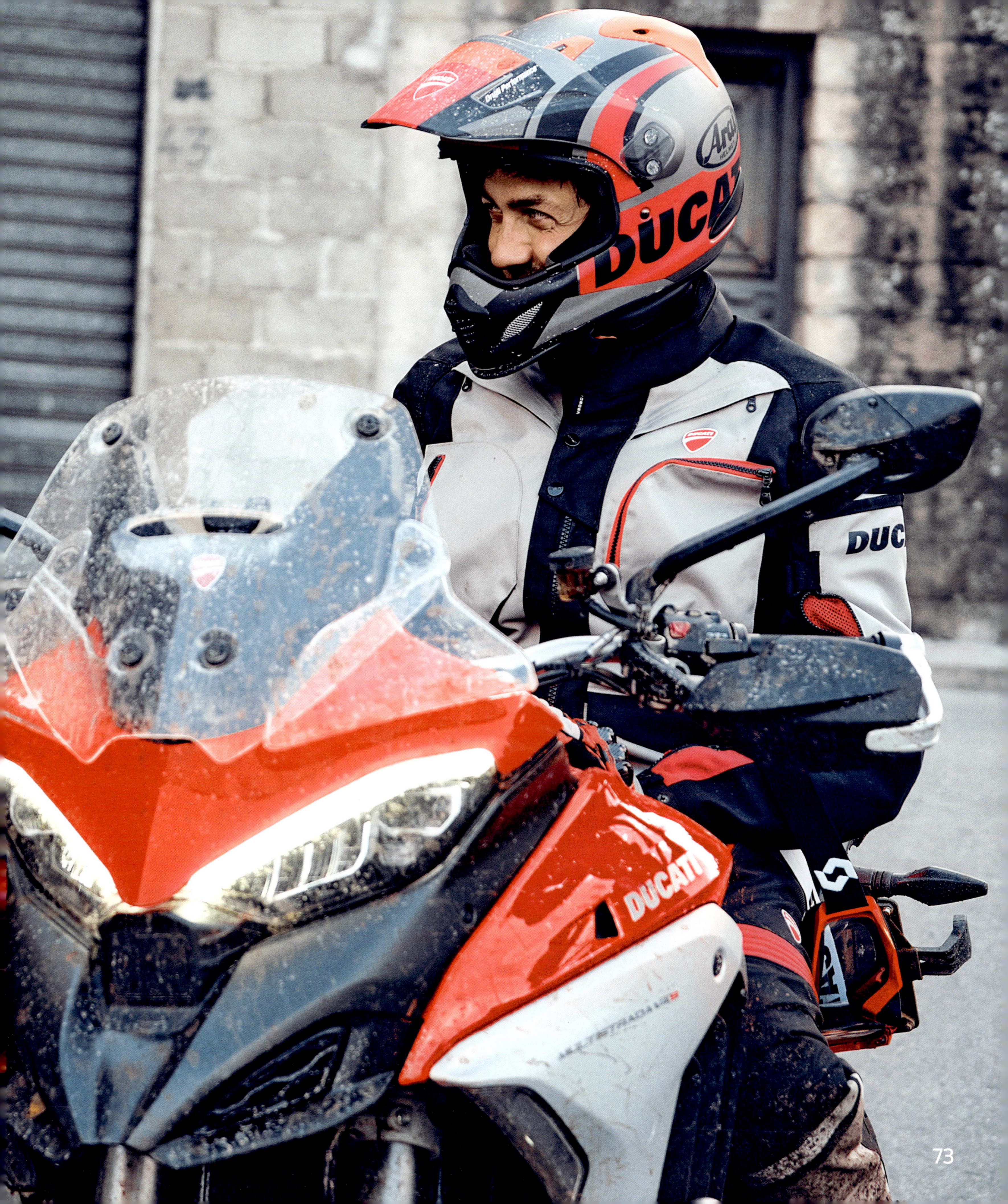
DUCATI

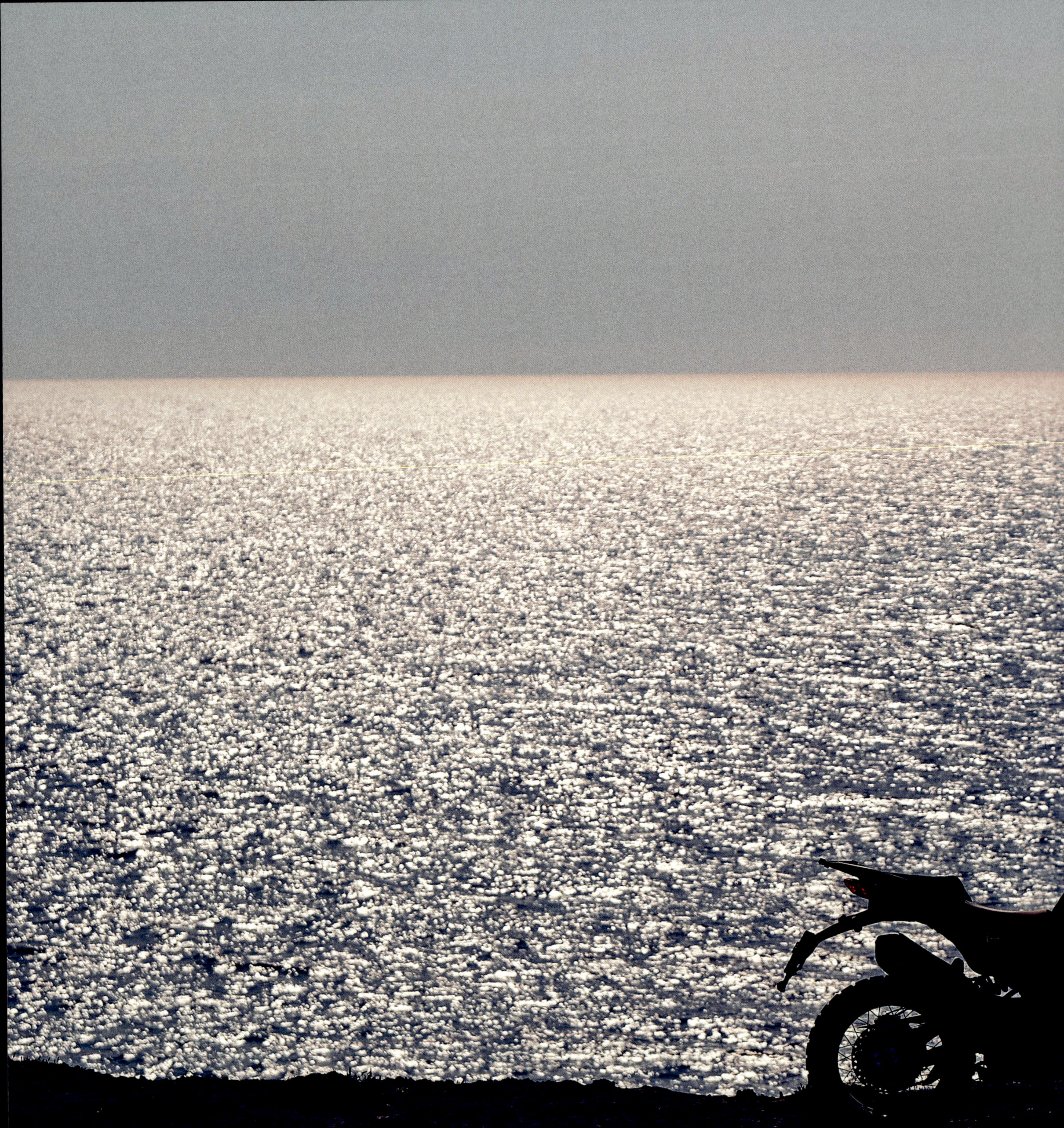

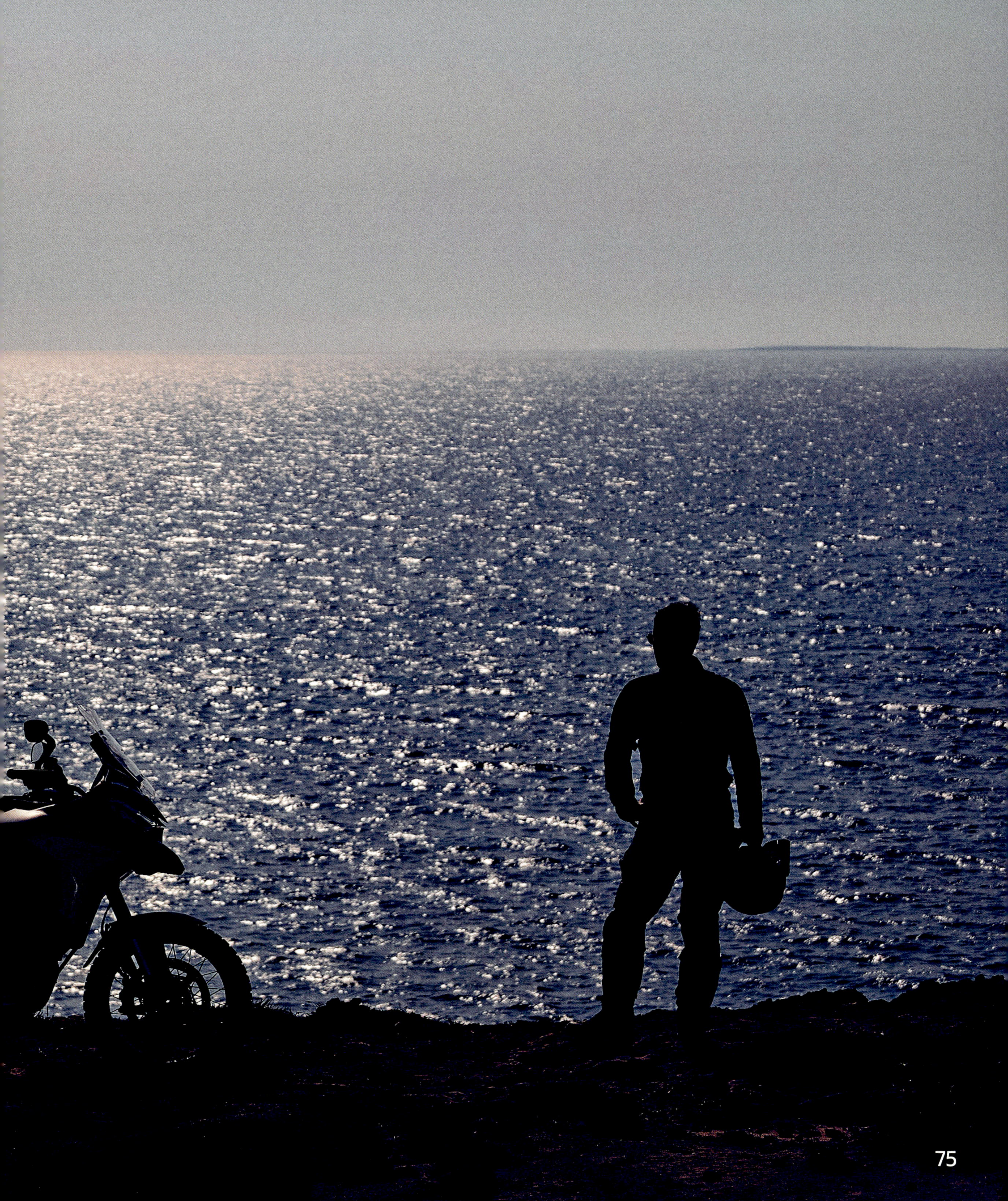

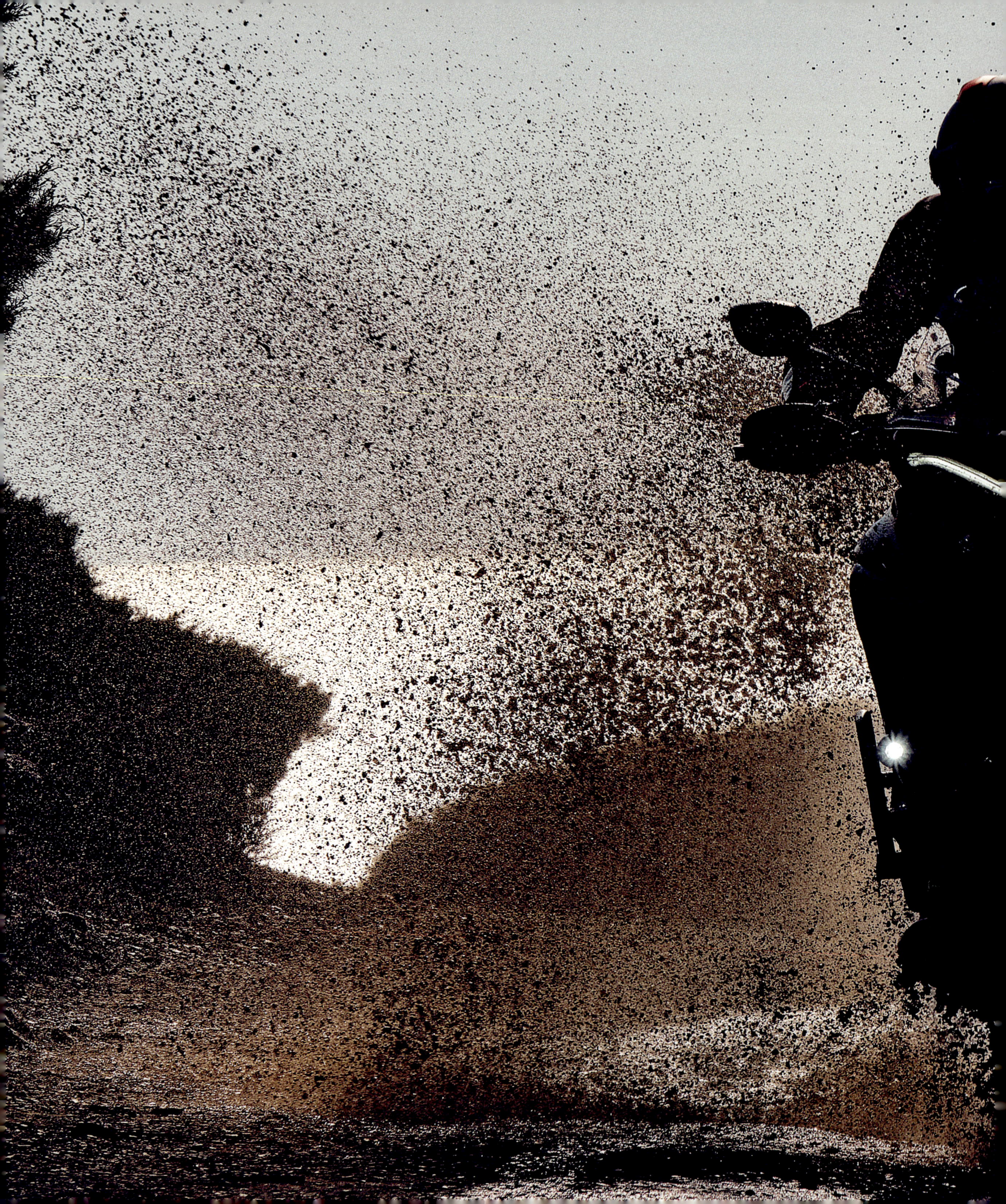

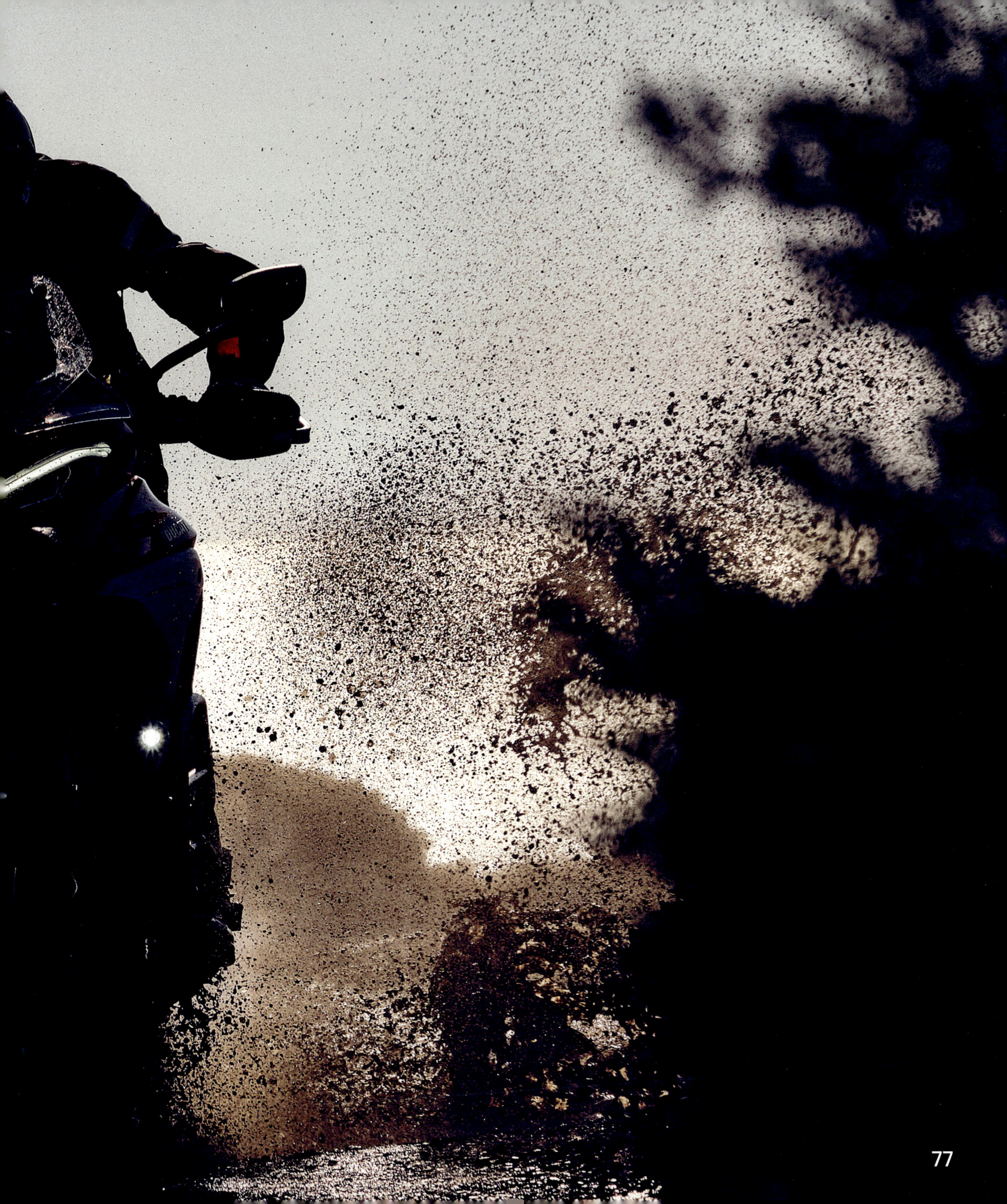

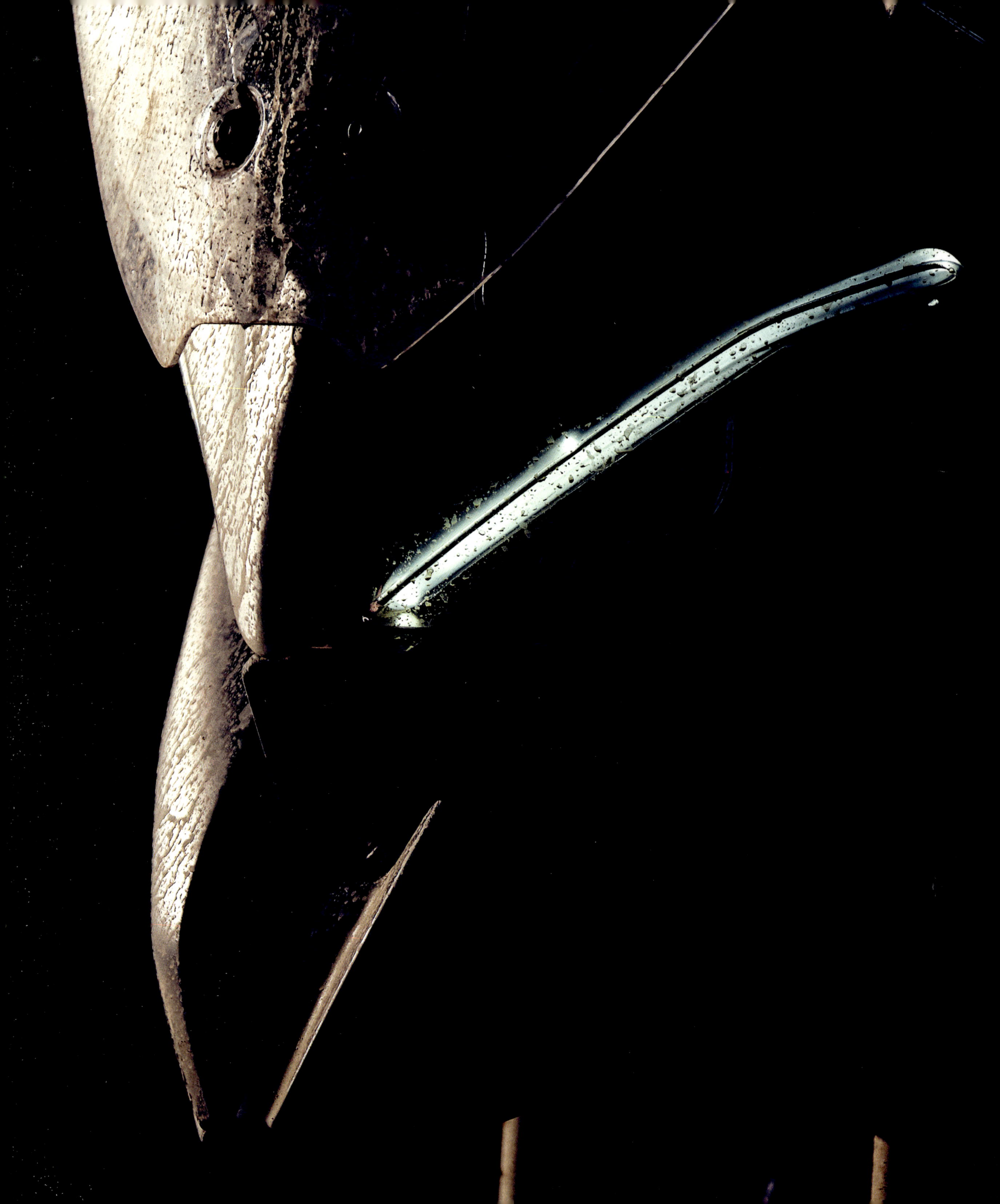

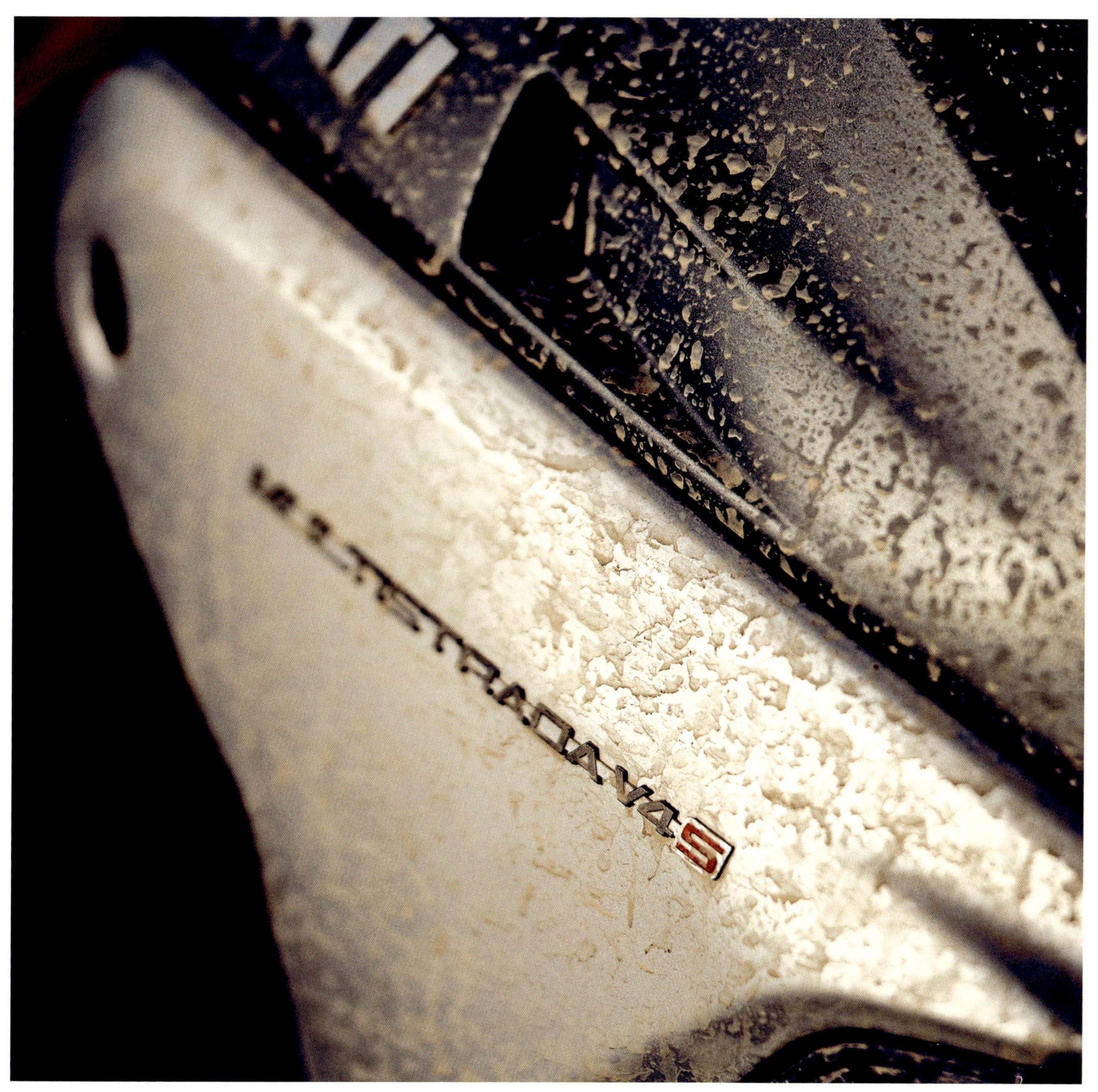
V4S

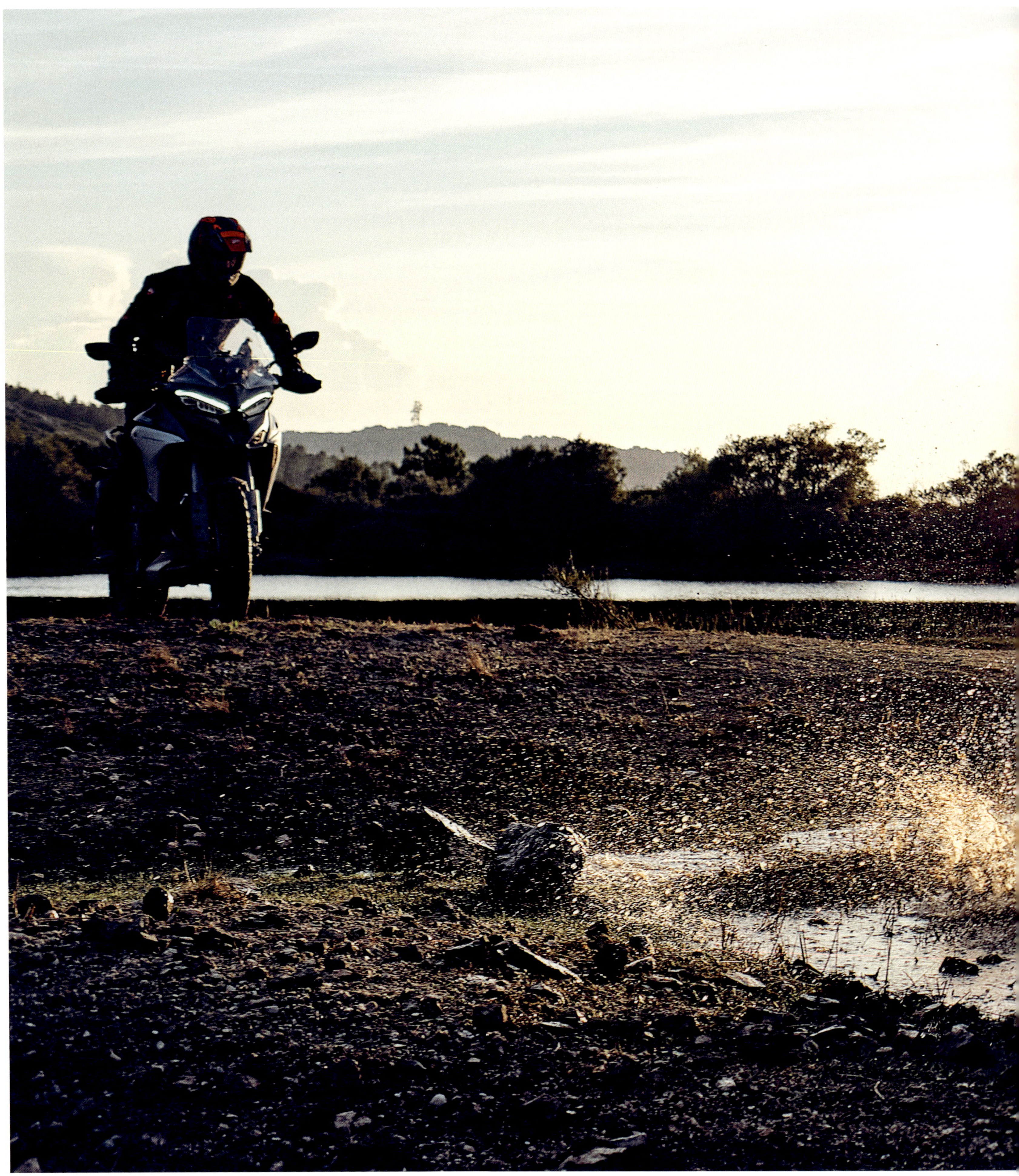

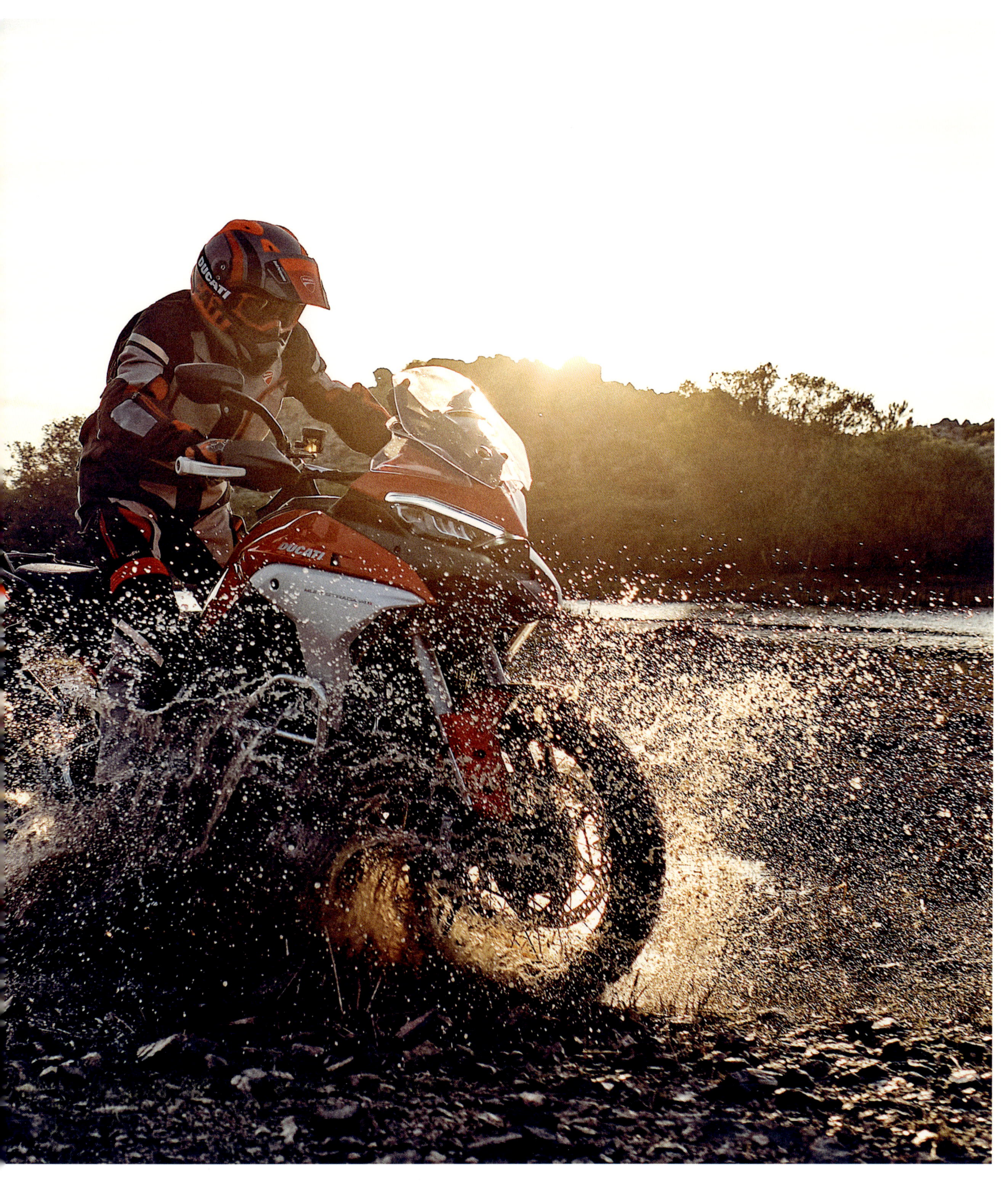
DUCATI
DUCATI

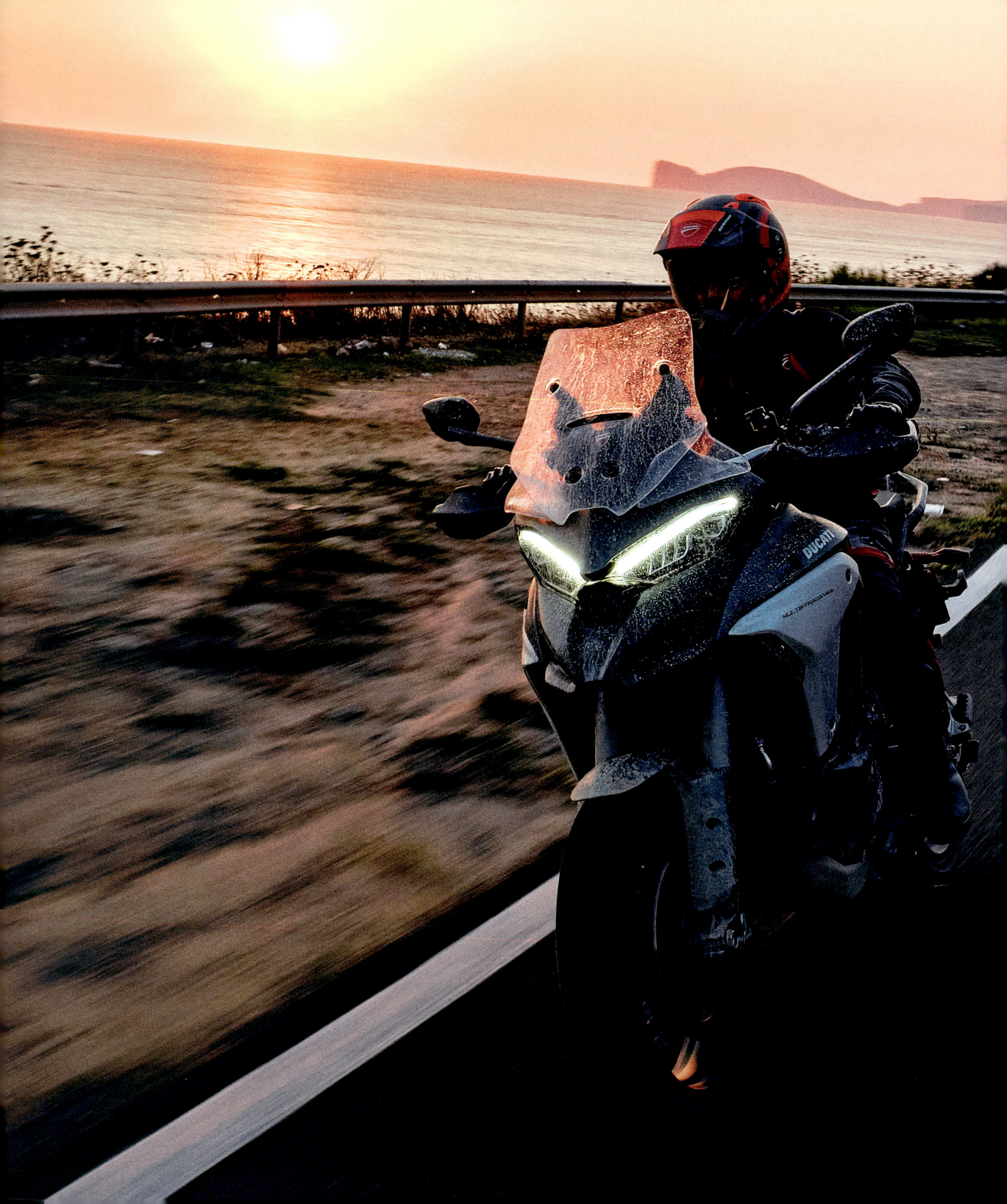
DUCATI

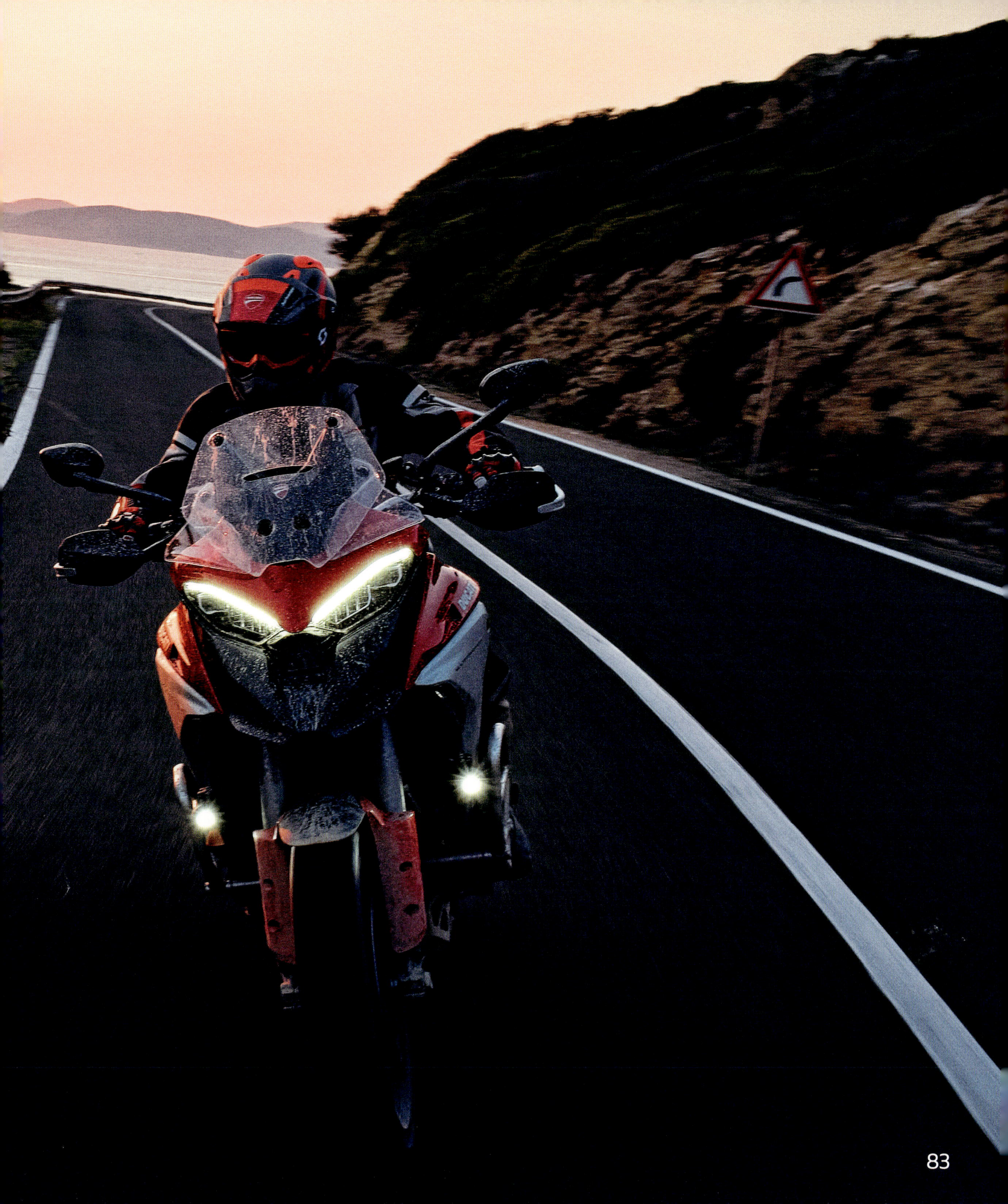

SICILIA

SITI **UNESCO**	KM DI **COSTE**	**PARCHI** REGIONALI	**RISERVE** NATURALI	ALTITUDINE **MONTE ETNA**
7	**1.639**	**4**	**76**	**3.326m**
UNESCO SITES	KM OF **COASTLINE**	REGIONAL **PARKS**	NATURAL **RESERVES**	**MONTE ETNA** ALTITUDE

I suoi panorami mozzafiato, sia costieri sia montani, i fondali marini incontaminati e uno straordinario patrimonio artistico, culturale e gastronomico, riflesso di secoli di incontri e scontri tra grandi civiltà: la Sicilia è una meta dal fascino irresistibile, tanto intrigante nella sua infinita bellezza quanto inafferrabile nella sua essenza più profonda.

Breath-taking coastal and mountain views, an unspoiled seabed and extraordinary artistic, cultural, and gastronomic patrimony, a reflection of centuries of encounters and clashes between great civilisations: Sicily is an irresistibly charming destination, as intriguing in its infinite beauty as it is elusive in its purest essence.

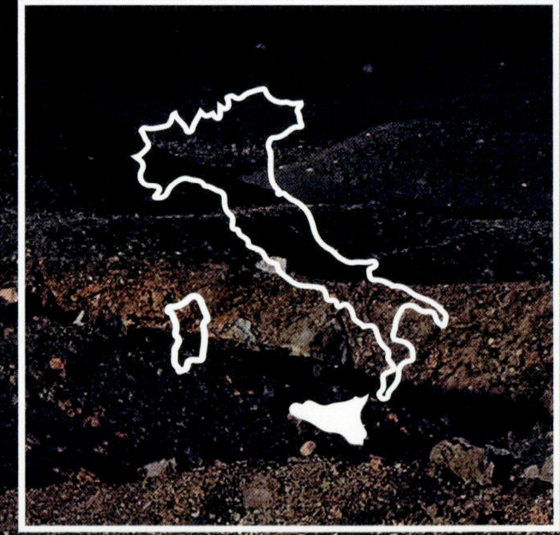

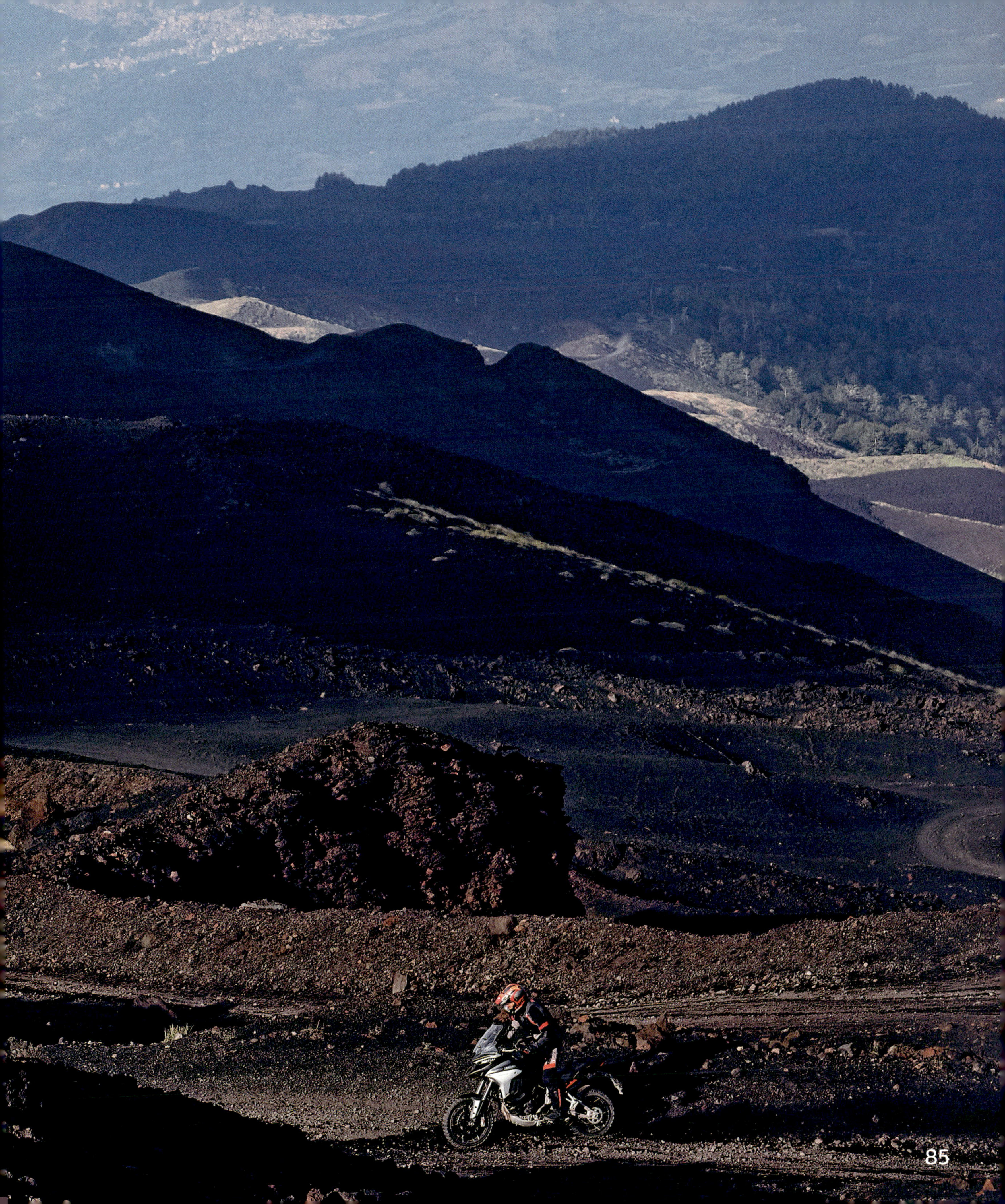

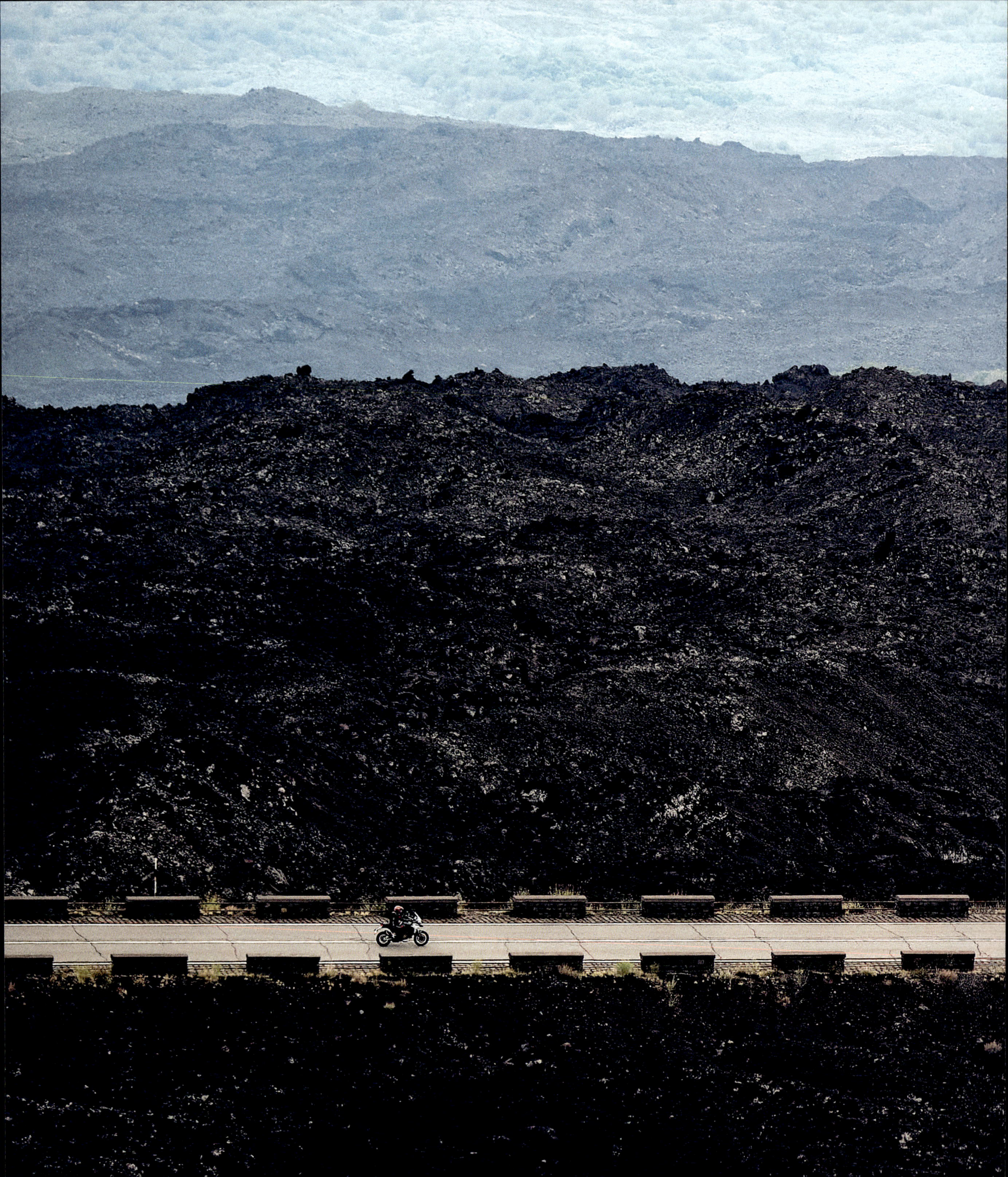

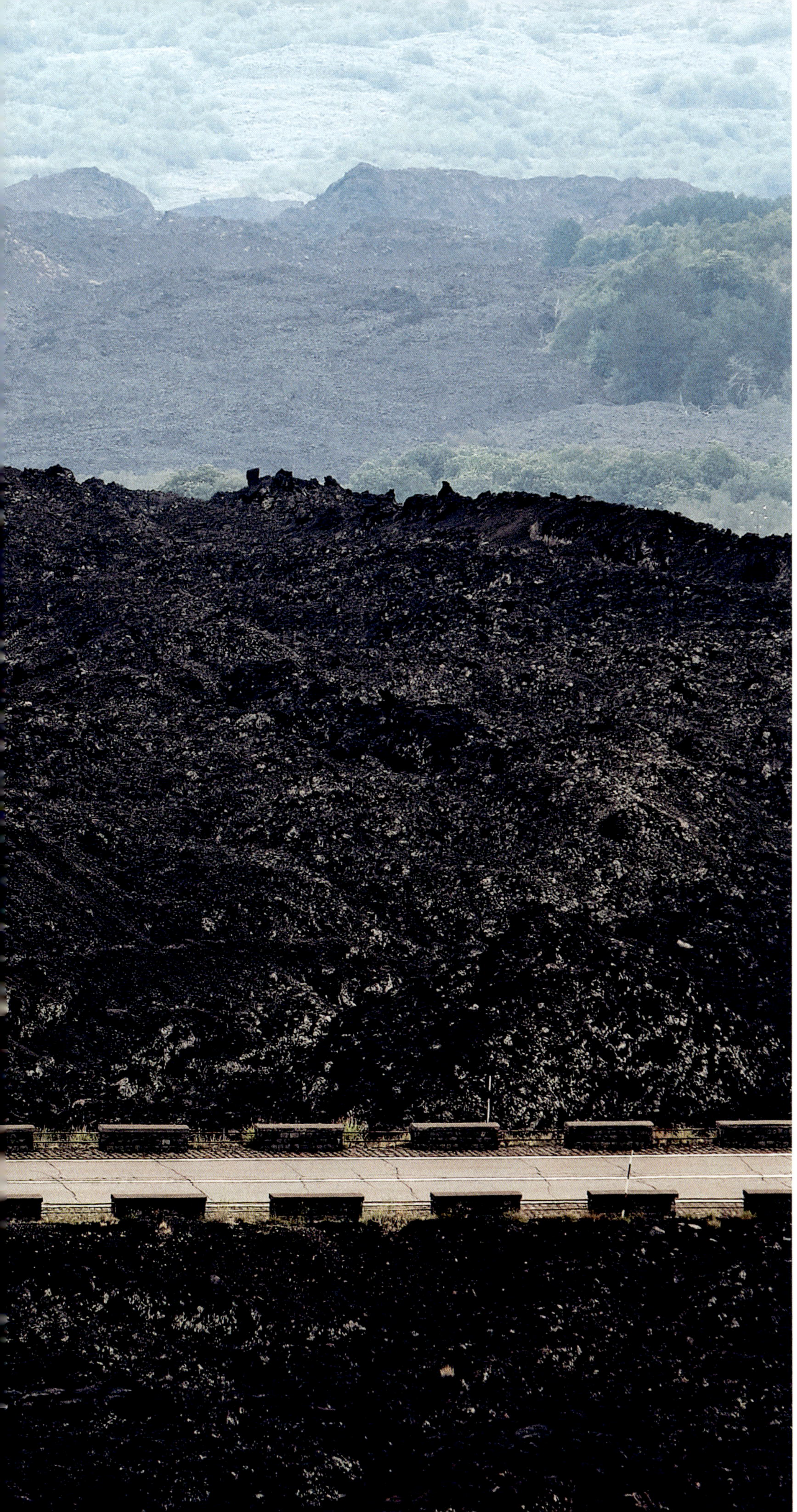

La strada che taglia la montagna.
"Attraverso" è una parola chiave che dice quasi tutto del senso del viaggio. In ogni viaggio è possibile fermarsi a godere del panorama.
Ma l'emozione vera deriva da poter percorrere e attraversare il territorio, per sentirsi parte, e non solo spettatore, della bellezza di ogni luogo.

The road that crosses the mountain.
"Across" is a key word that says so much about the true meaning of travel. As we journey, we can stop and enjoy the view, but the real emotion comes from being able to trace and cross the land, to feel a real part of the beauty of each place, rather than just a spectator.

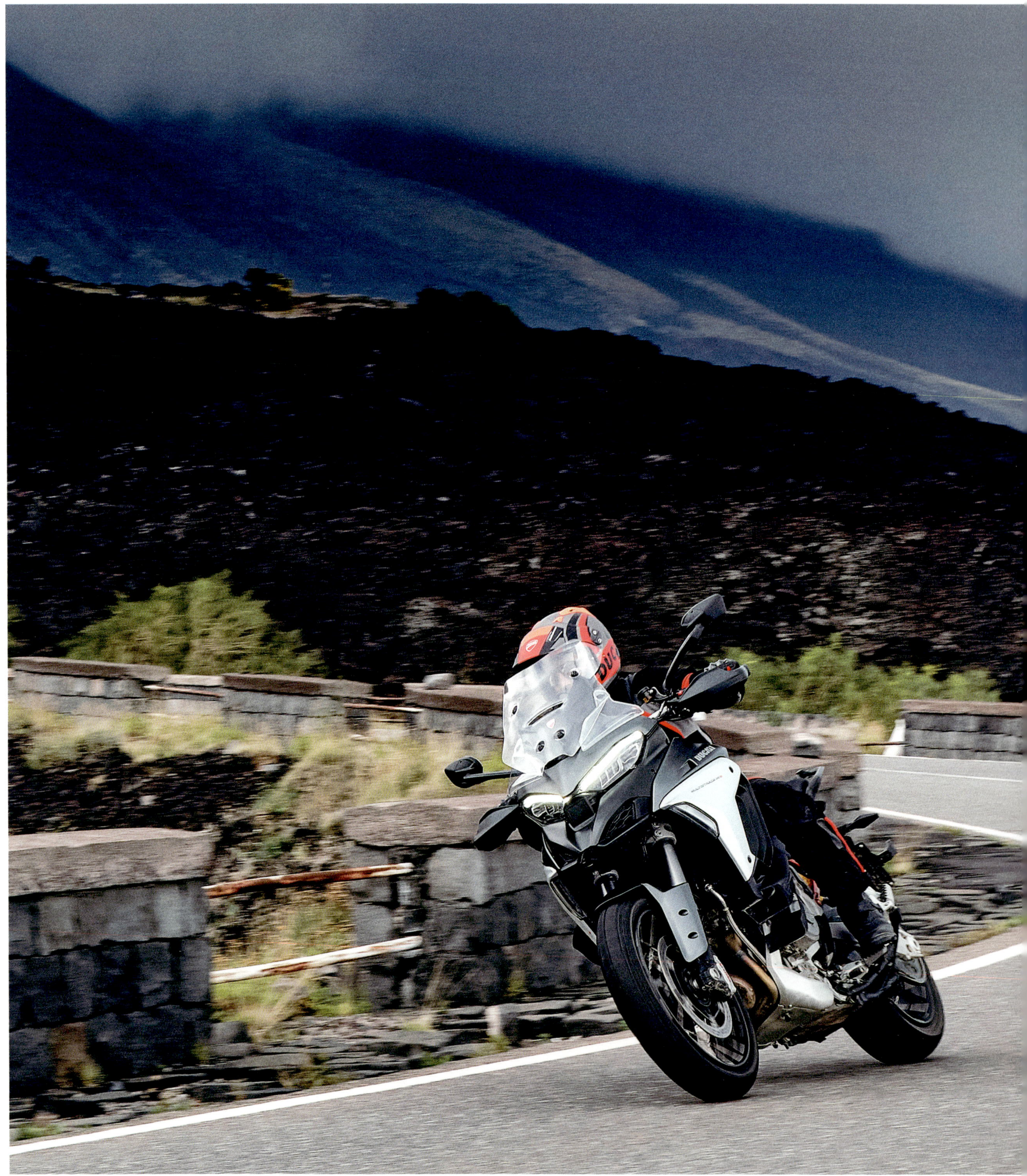

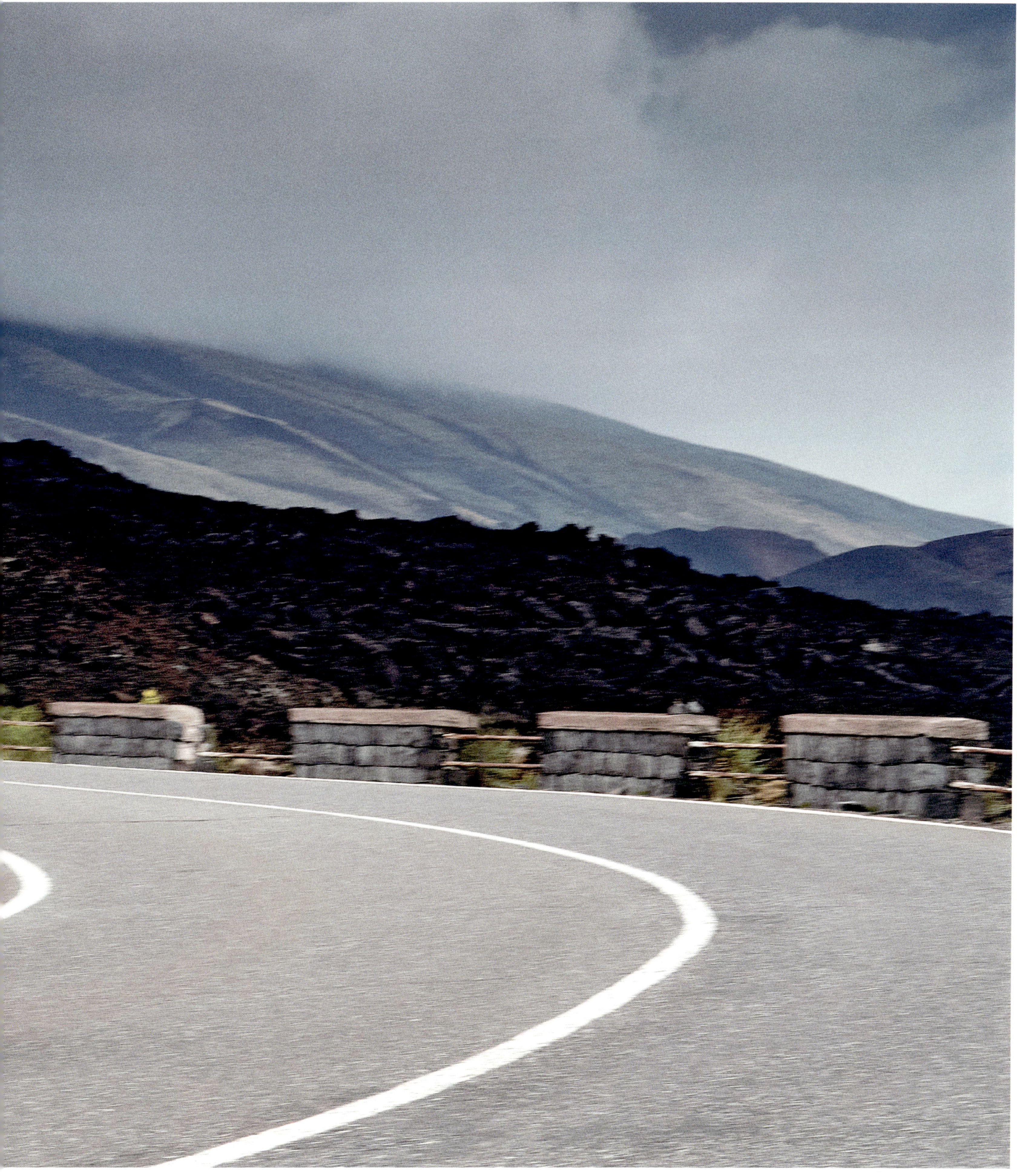

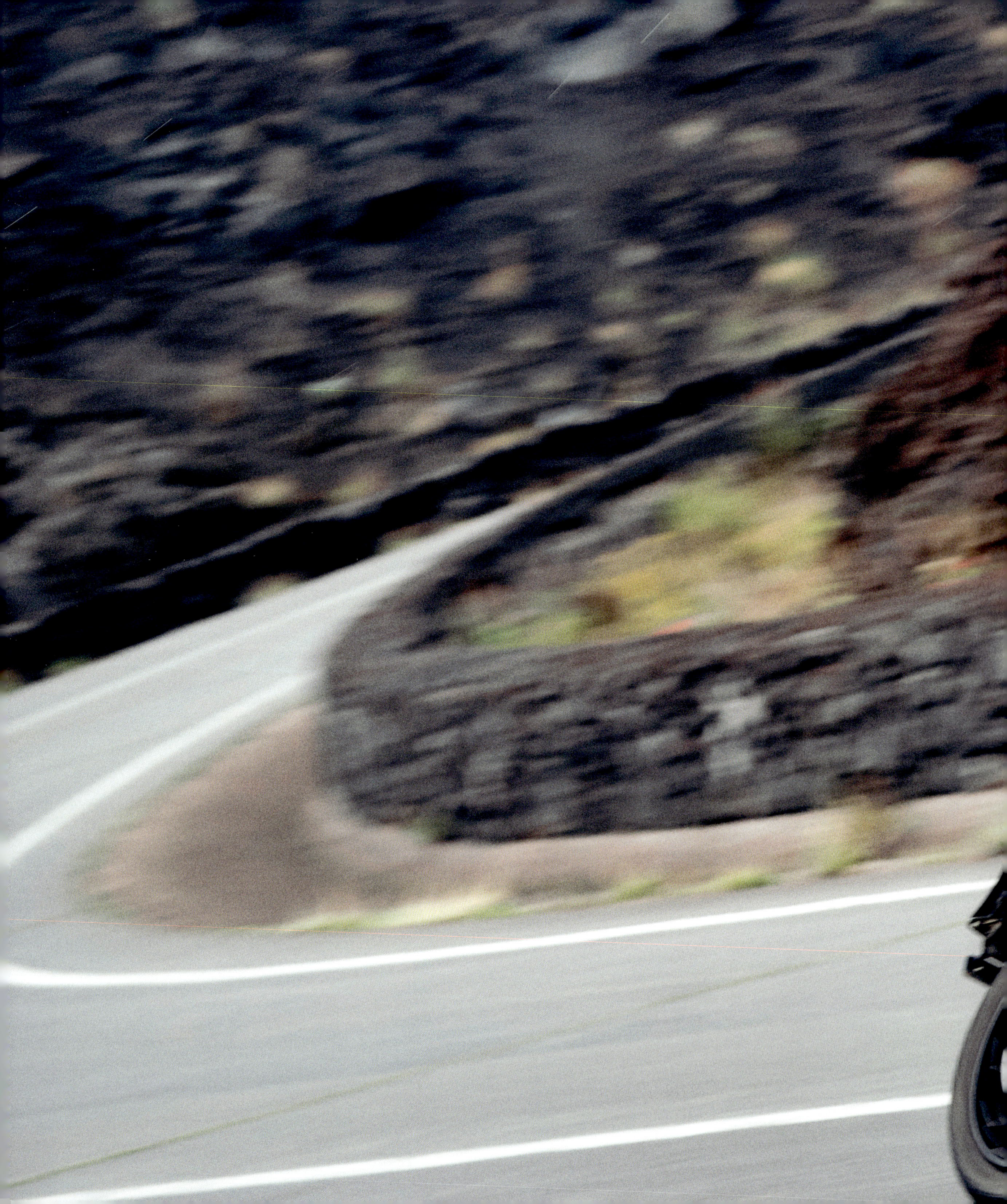

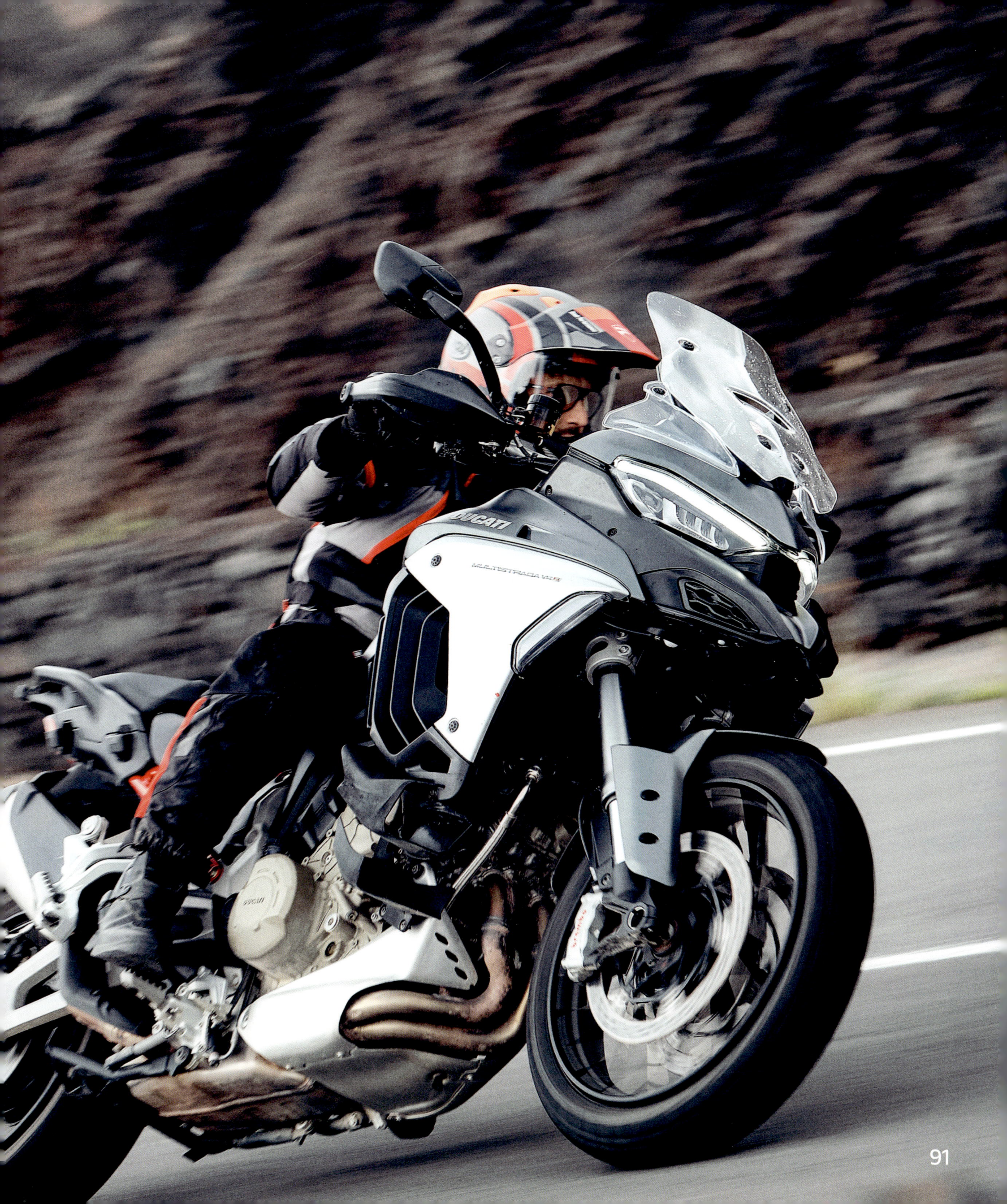
DUCATI
MULTISTRADA V4 S

La Strada Statale 120 dell'Etna e delle Madonie è unica nel suo genere. Un percorso di curve emozionanti che si inerpicano sul vulcano attivo più famoso d'Italia. Alzi gli occhi e vedi l'antica roccia nera che ti guarda: una sensazione da brivido, che però non può non strapparti un sorriso di gioia. La pura gioia del viaggio e della scoperta.

State highway 120 is a one of a kind. A series of thrilling turns that scale Italy's most famous active volcano. Look up and see the ancient black rock watching you. A spooky sensation yet one that has us smiling in joy. The sheer joy of travel and discovery.

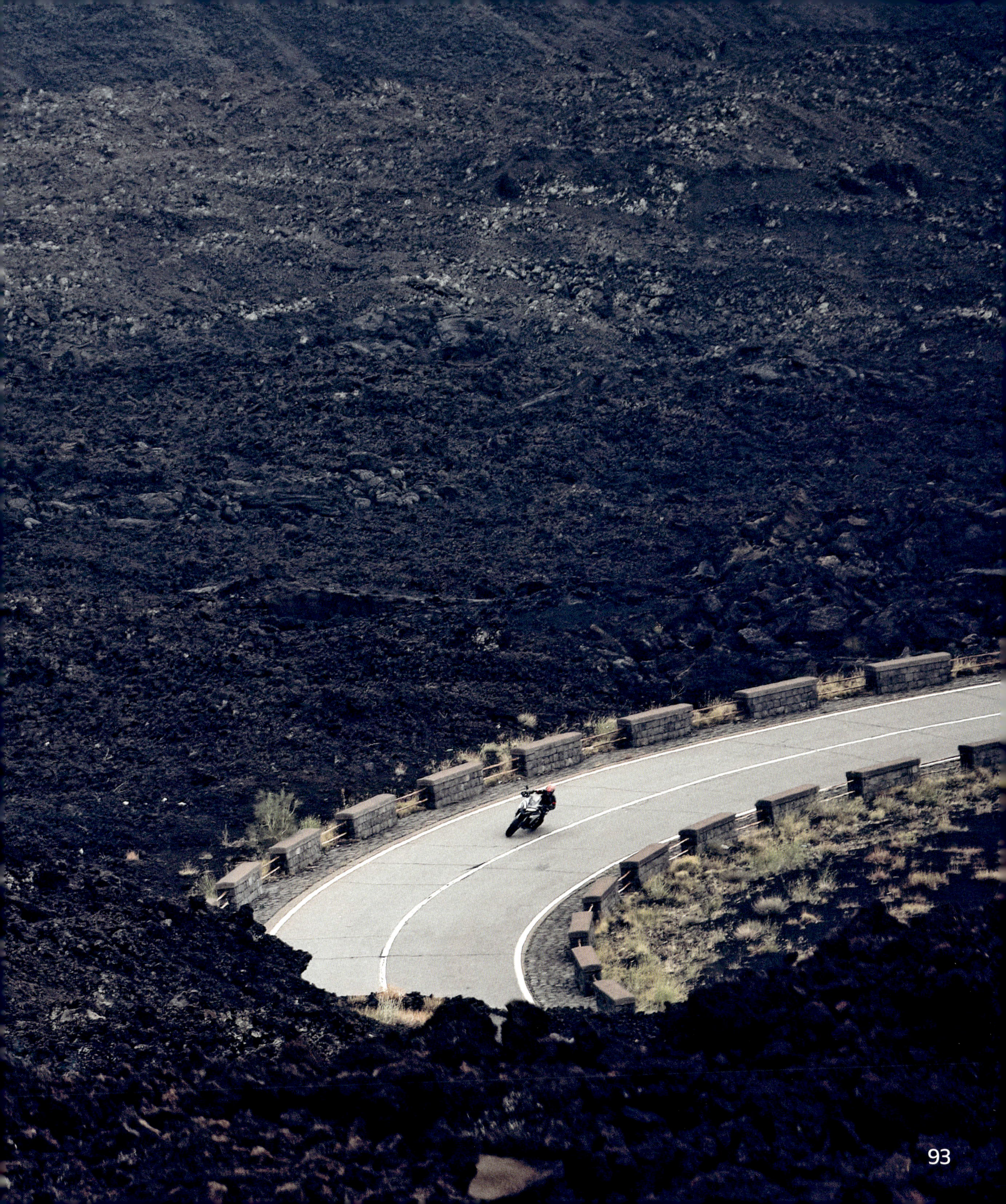

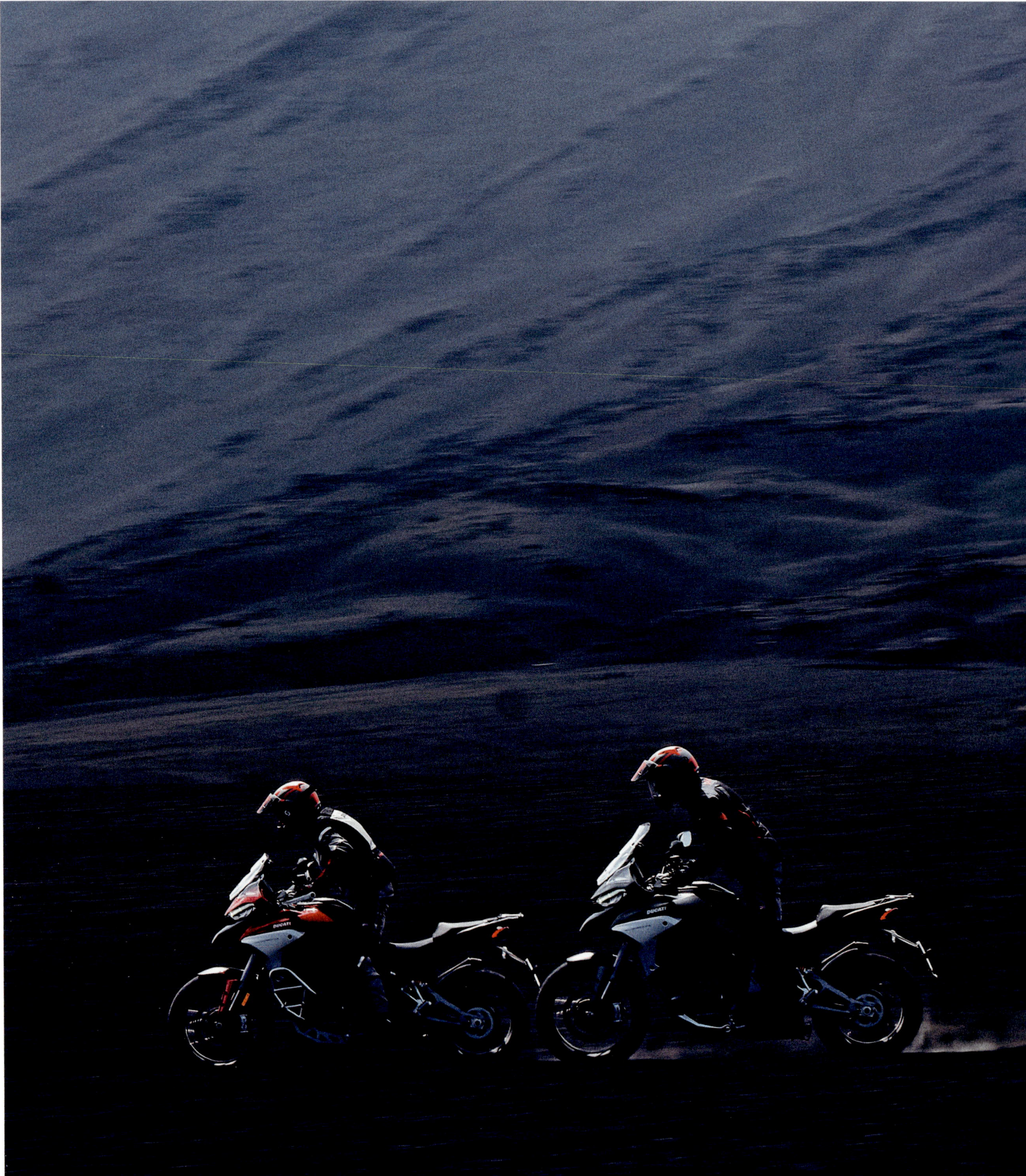
DUCATI
DUCATI

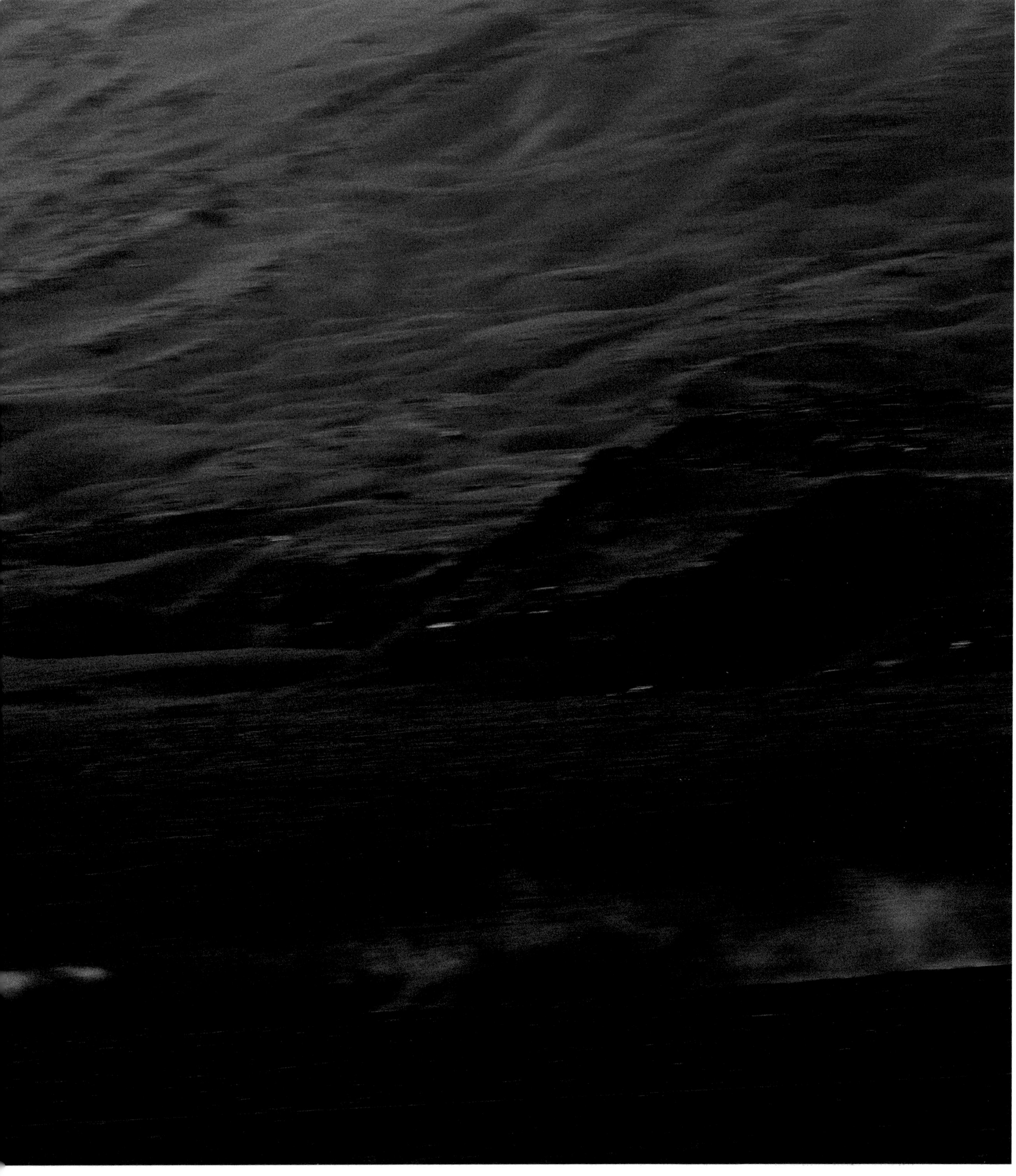

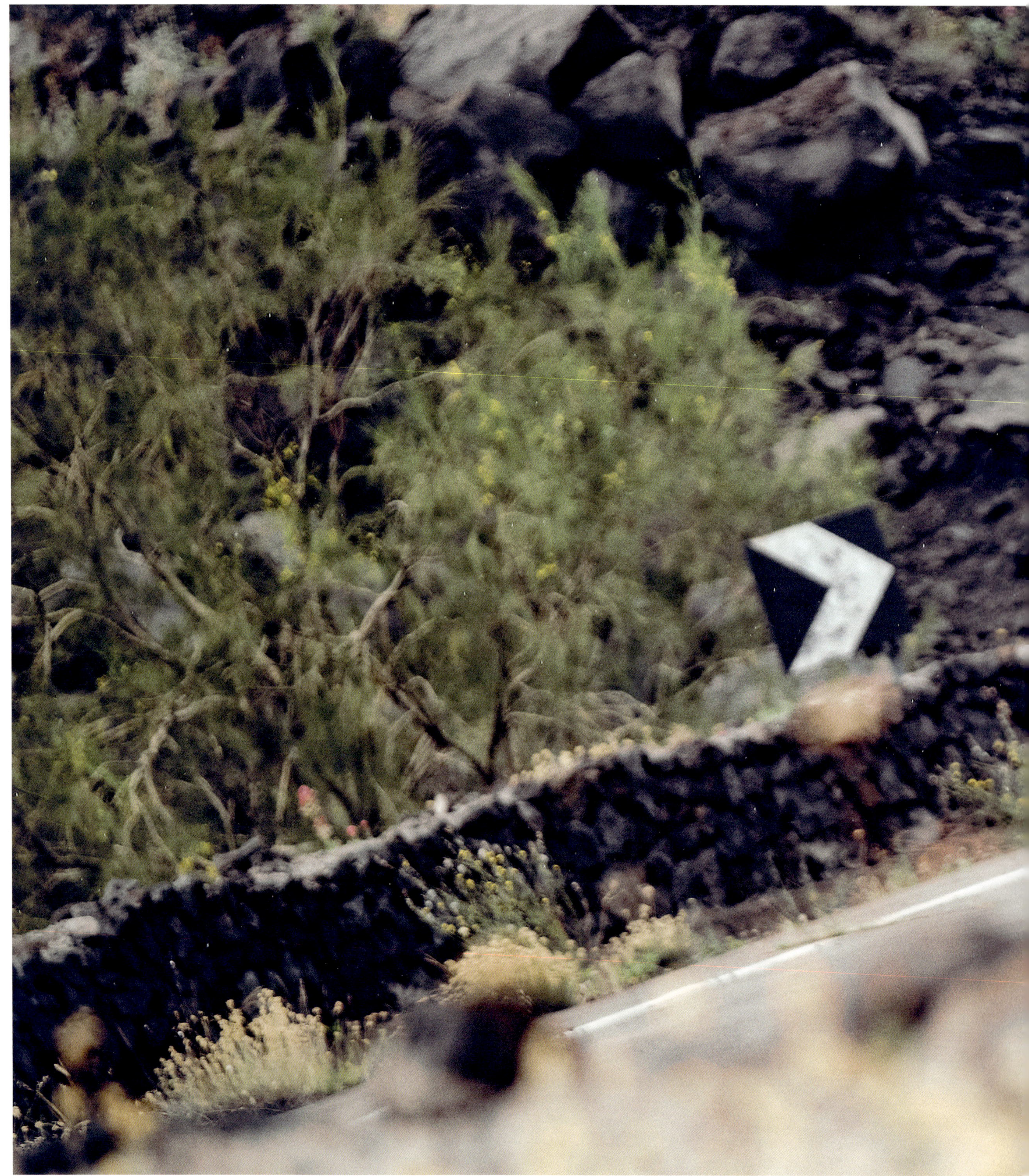

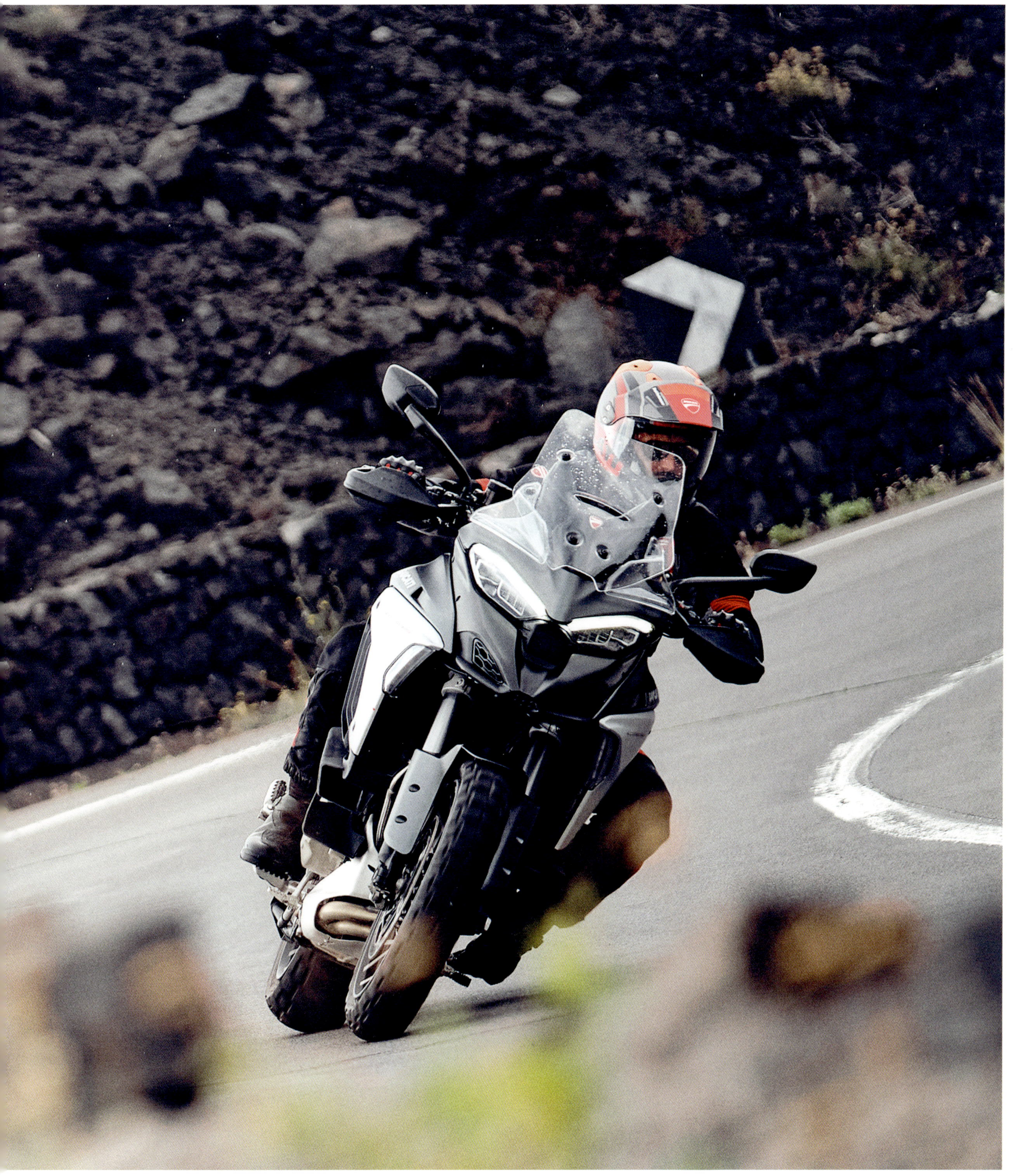

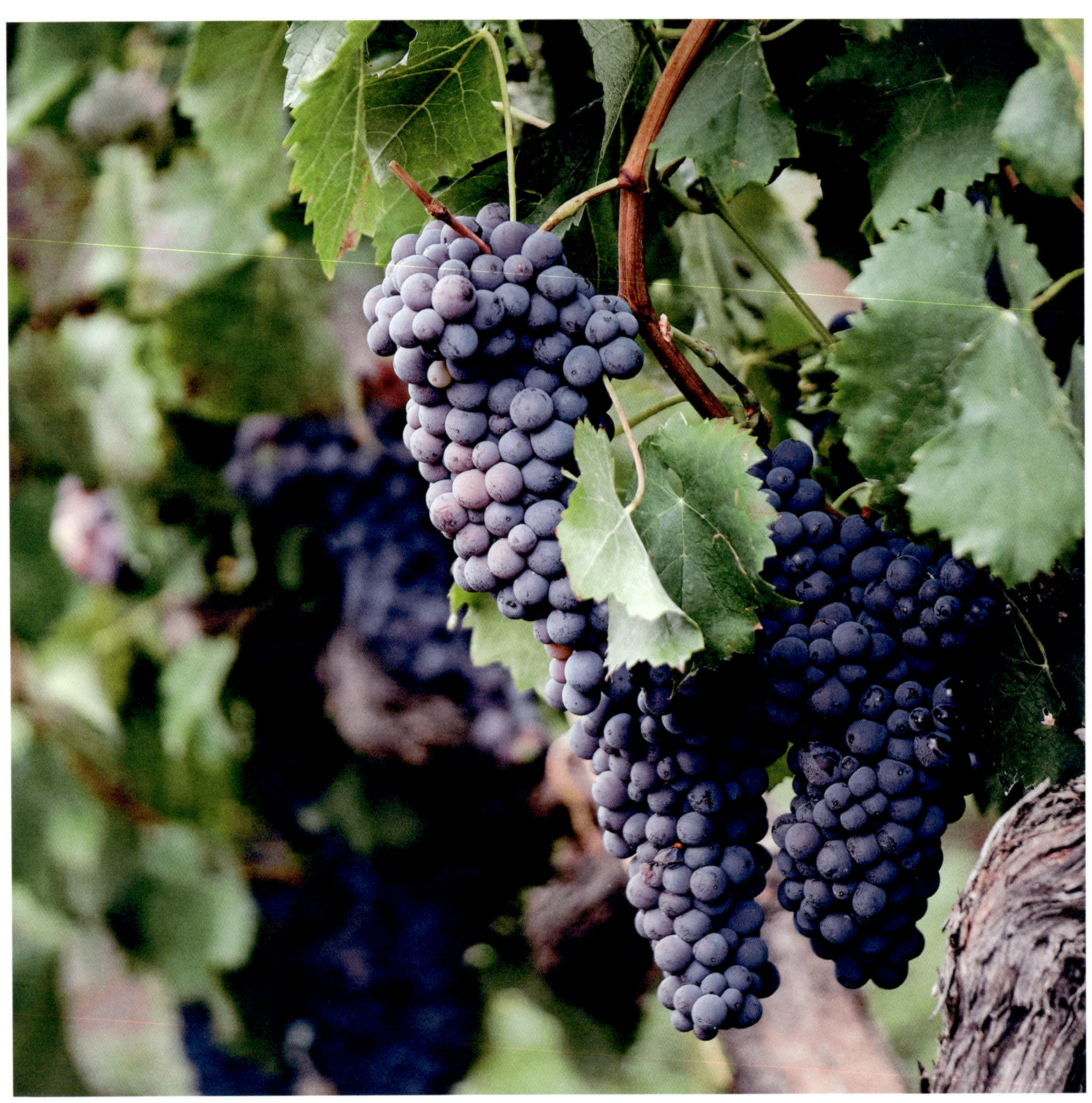

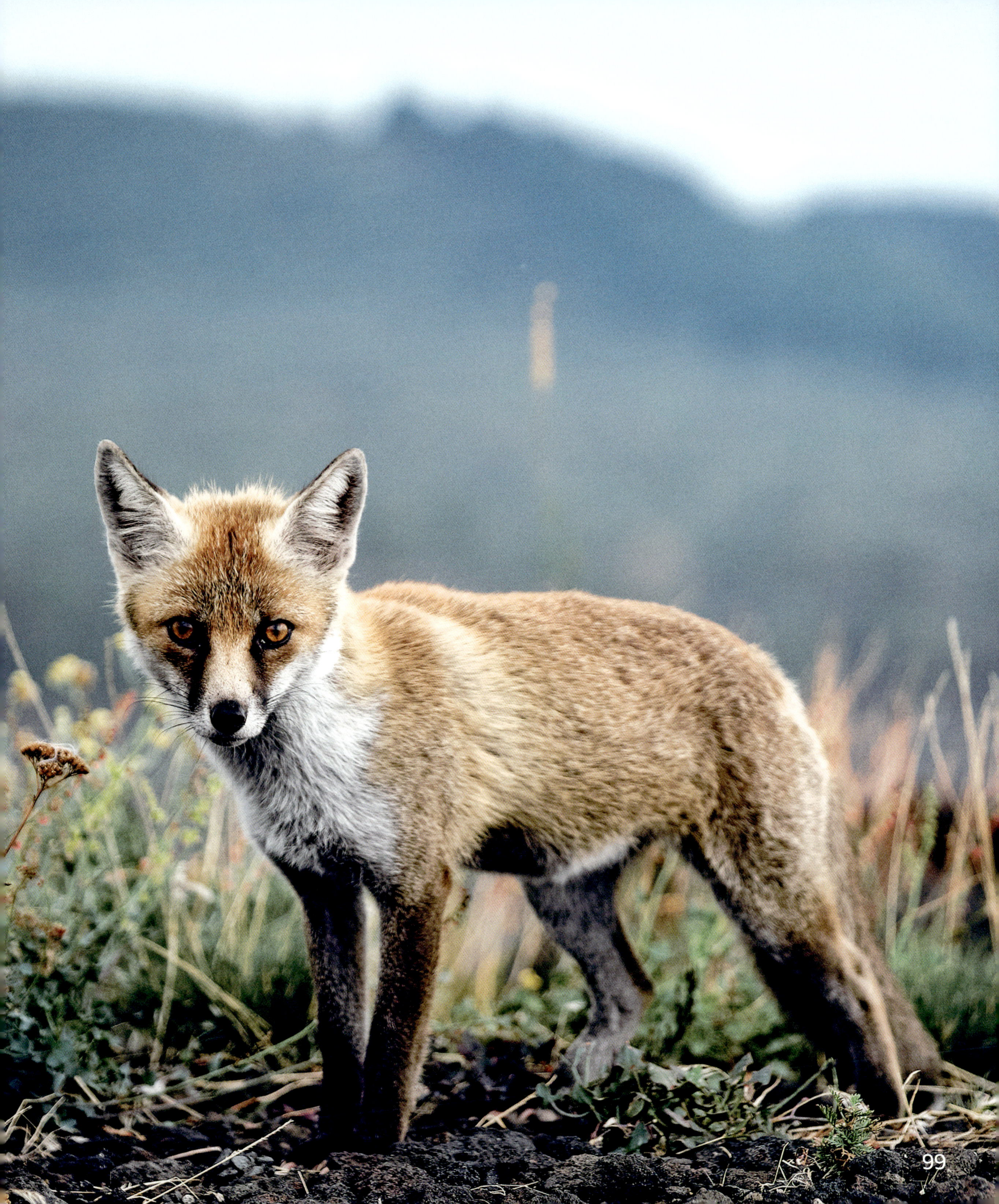

Sentirsi piccoli, quasi sopraffatti.
La sensazione più forte dell'attraversare e scalare questa montagna eterna. Eppure ti senti forte e inarrestabile, come se il vulcano ti trasferisse la sua potenza e la sua sicurezza a ogni curva.

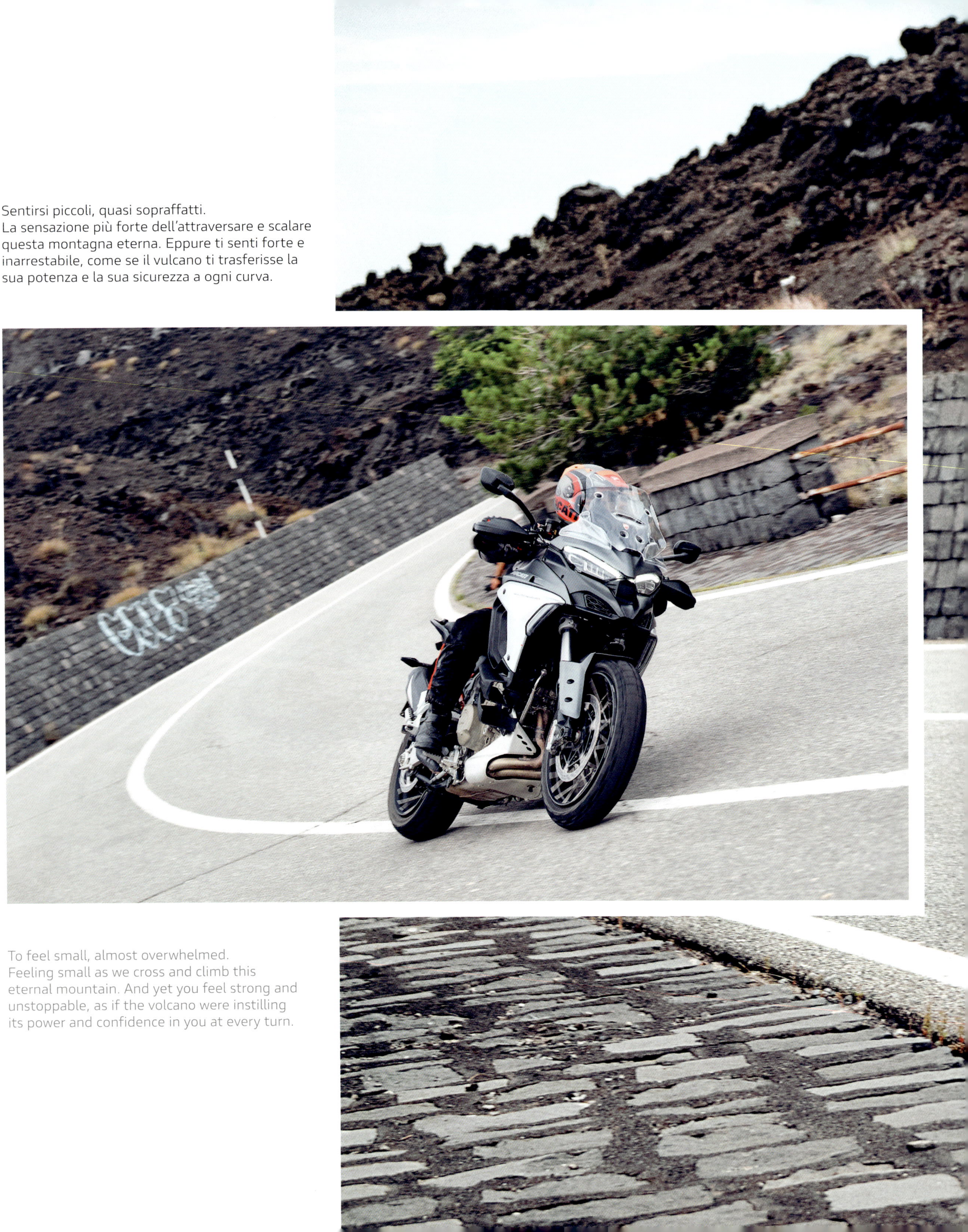

To feel small, almost overwhelmed.
Feeling small as we cross and climb this eternal mountain. And yet you feel strong and unstoppable, as if the volcano were instilling its power and confidence in you at every turn.

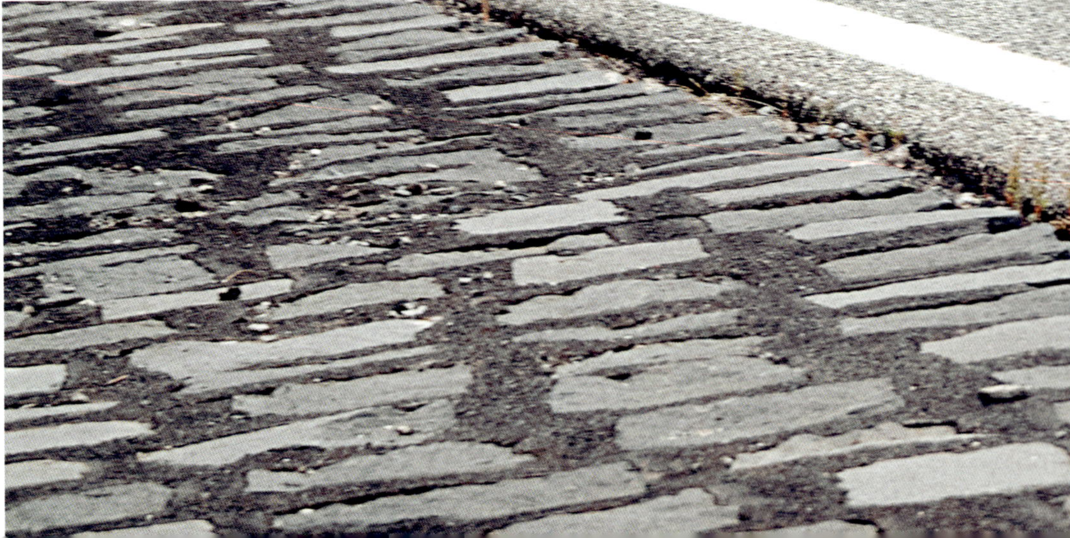

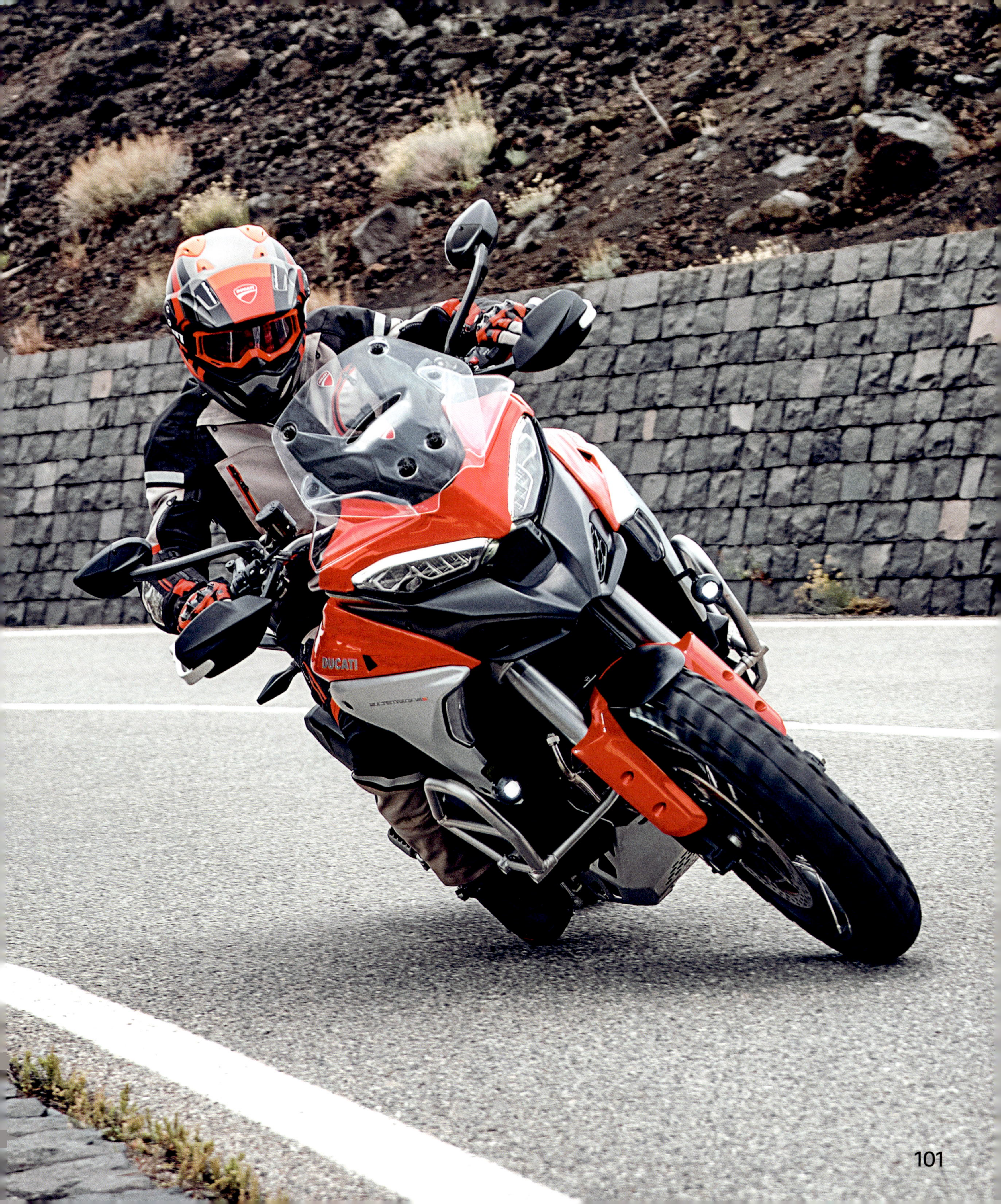
DUCATI

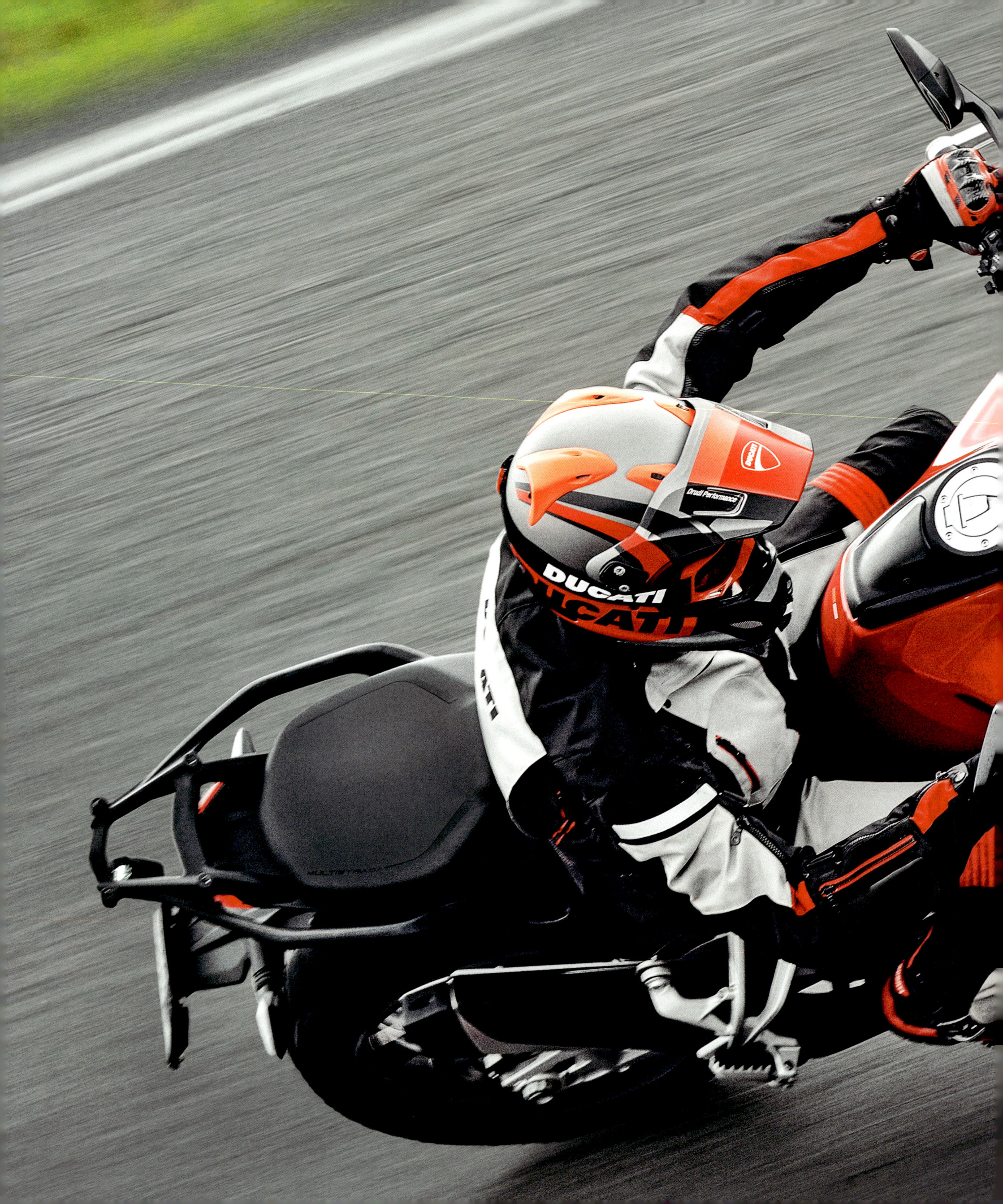
DUCATI

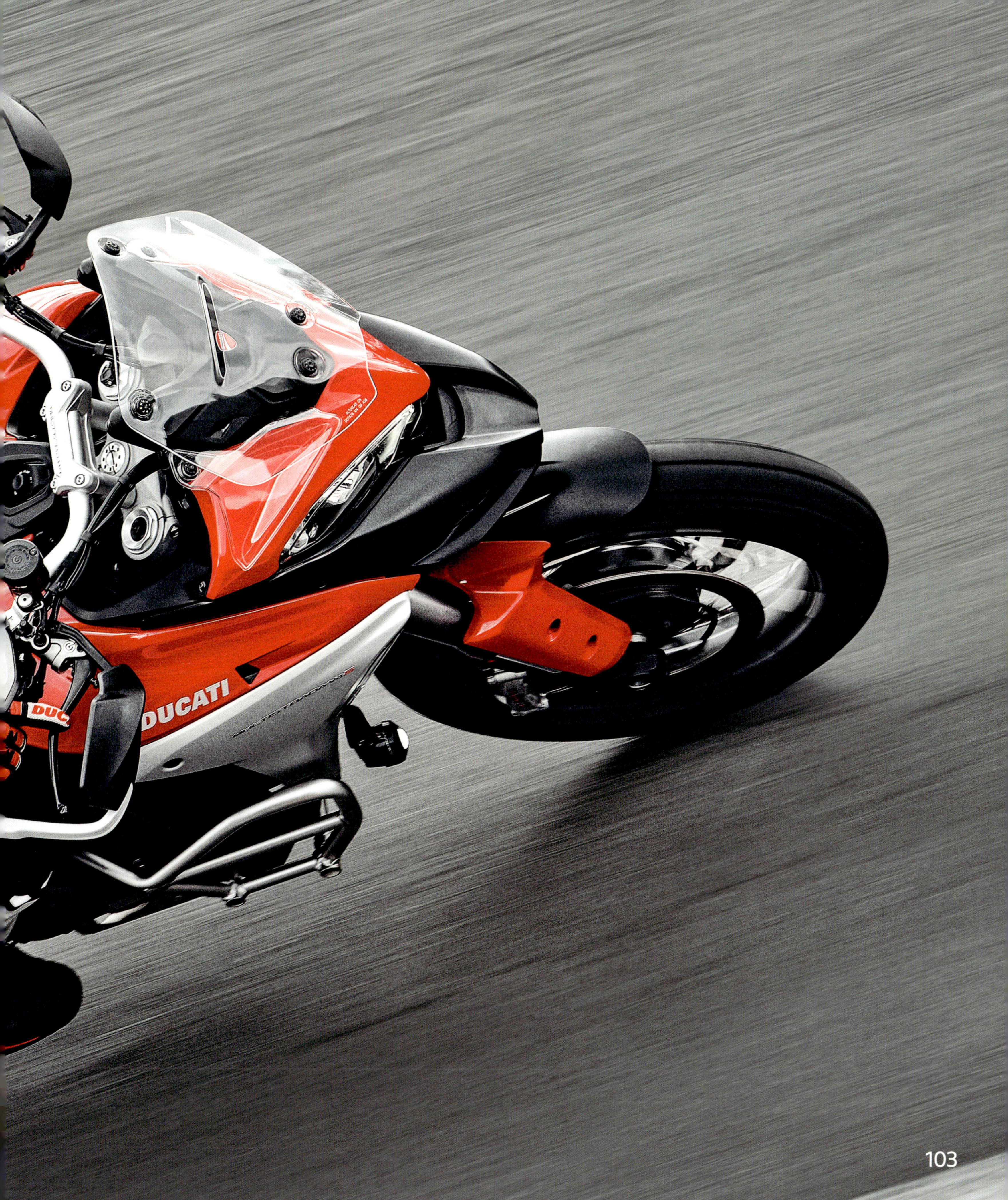
DUCATI

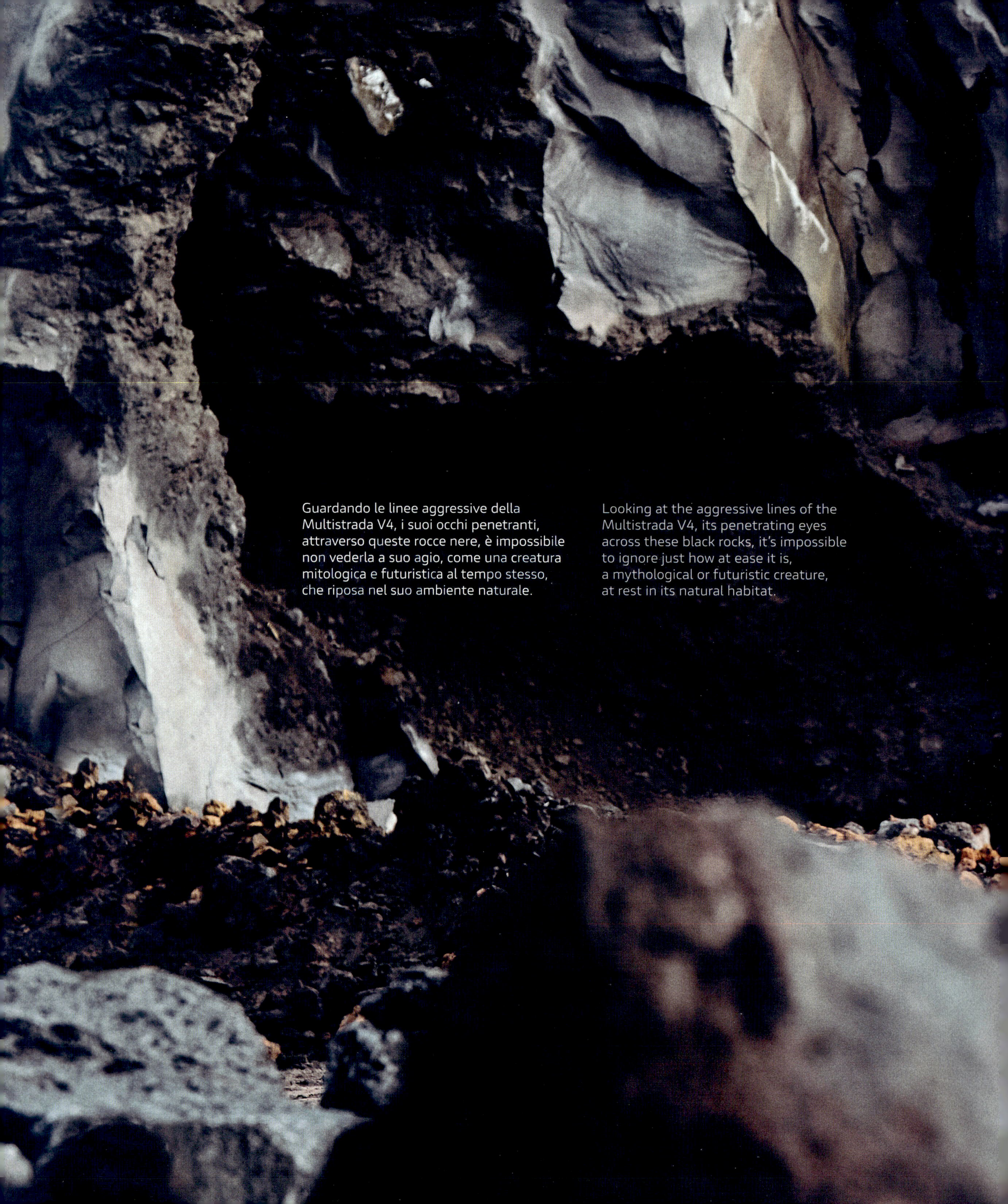

Guardando le linee aggressive della Multistrada V4, i suoi occhi penetranti, attraverso queste rocce nere, è impossibile non vederla a suo agio, come una creatura mitologica e futuristica al tempo stesso, che riposa nel suo ambiente naturale.

Looking at the aggressive lines of the Multistrada V4, its penetrating eyes across these black rocks, it's impossible to ignore just how at ease it is, a mythological or futuristic creature, at rest in its natural habitat.

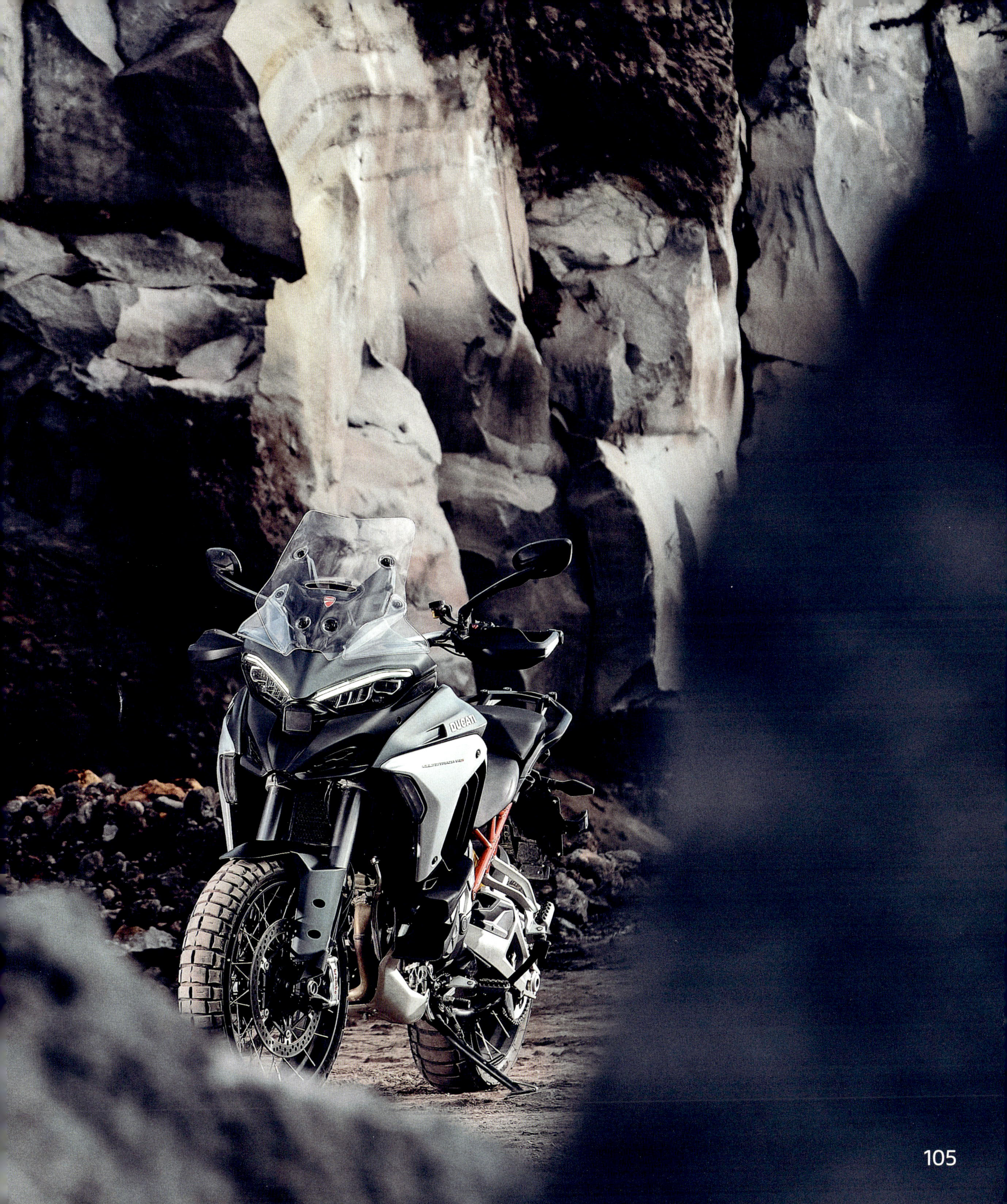
DUCATI

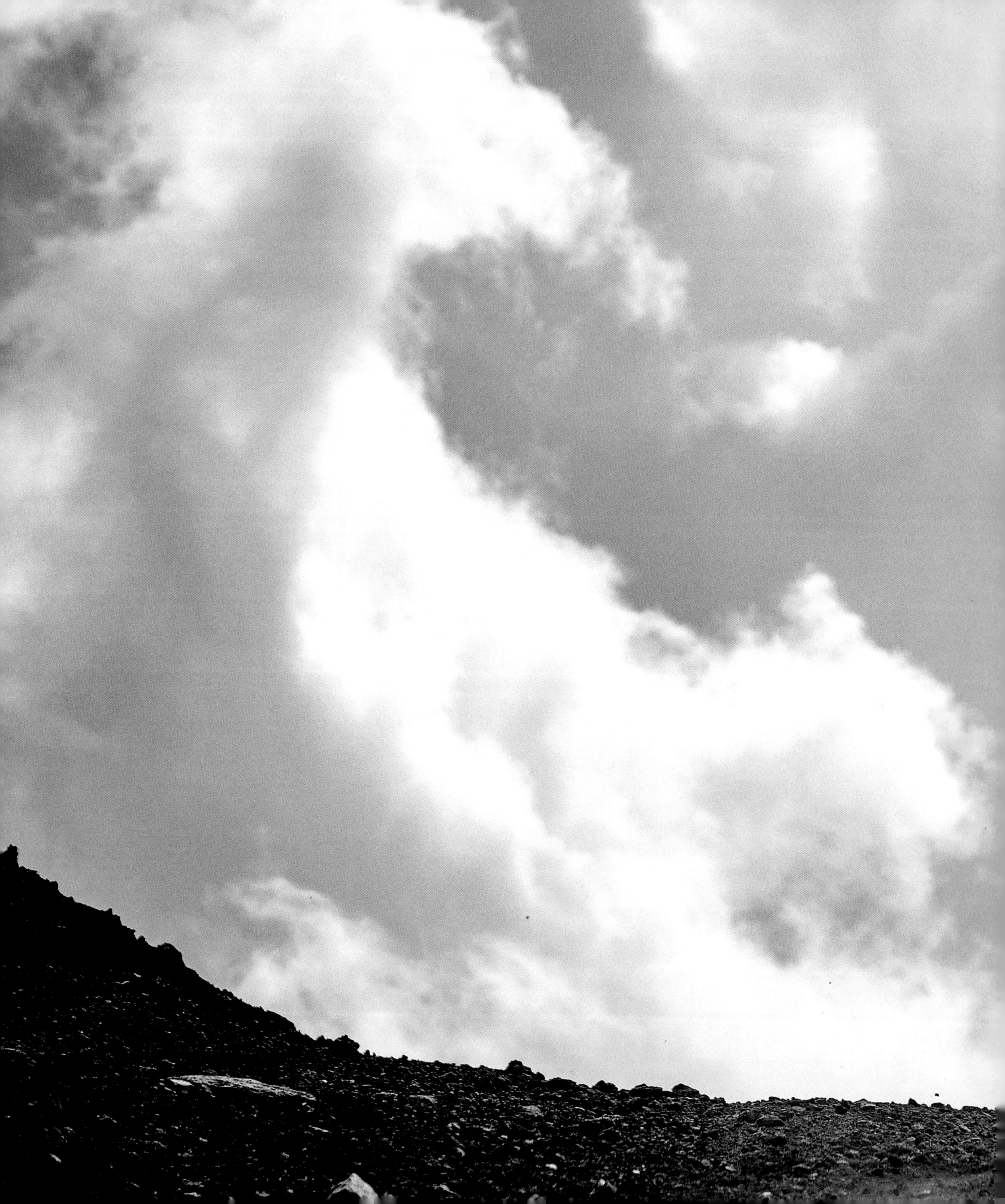

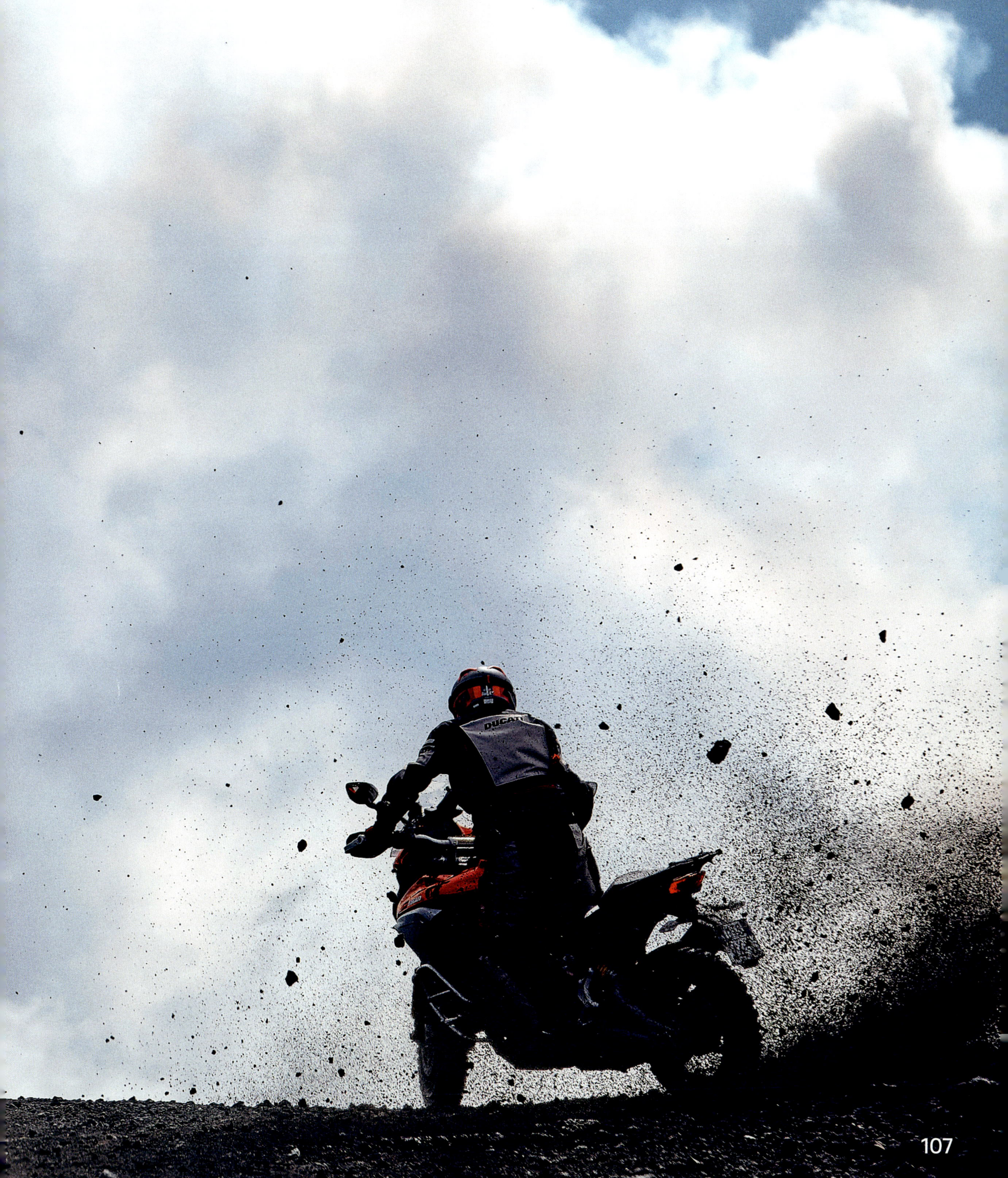

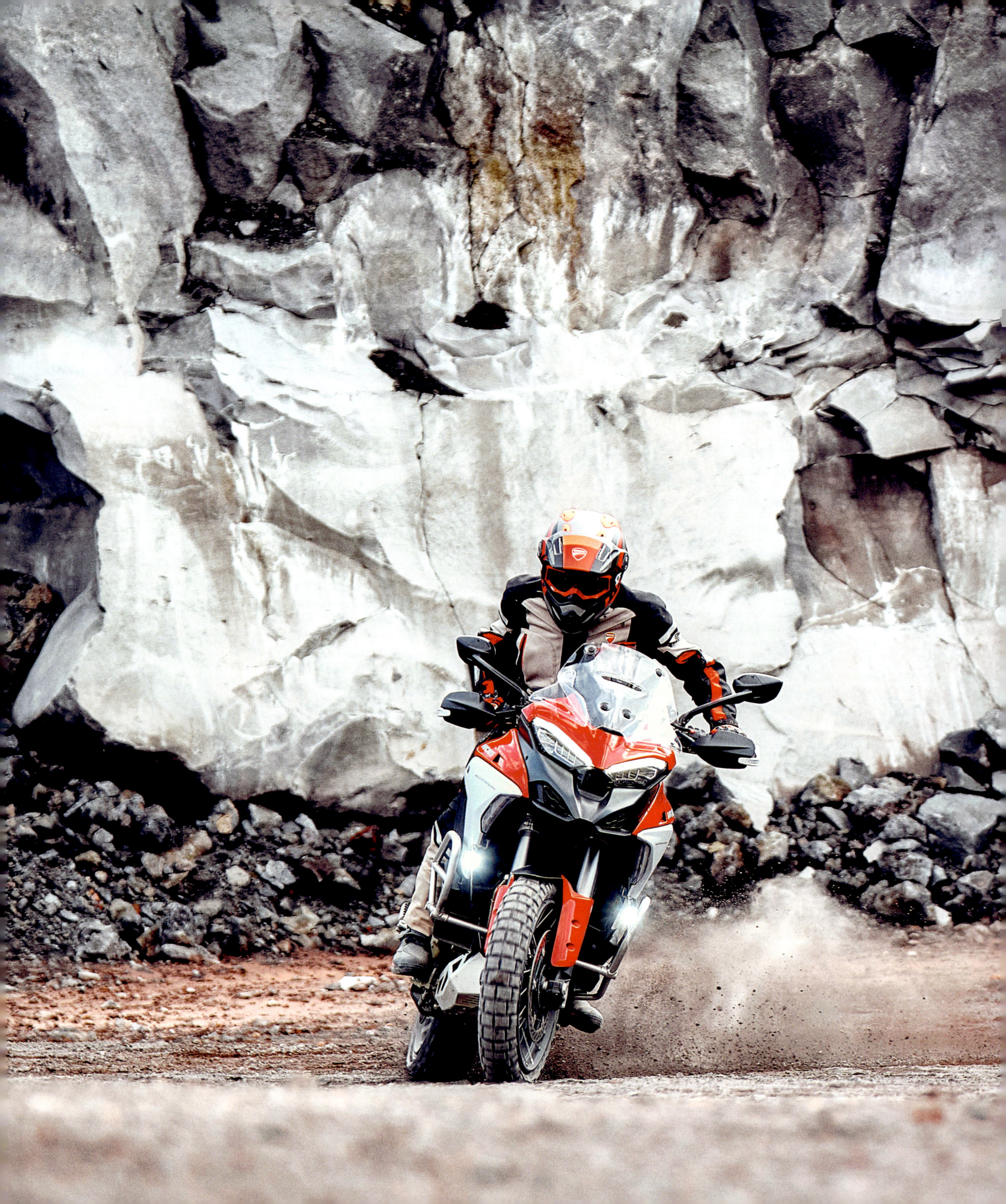

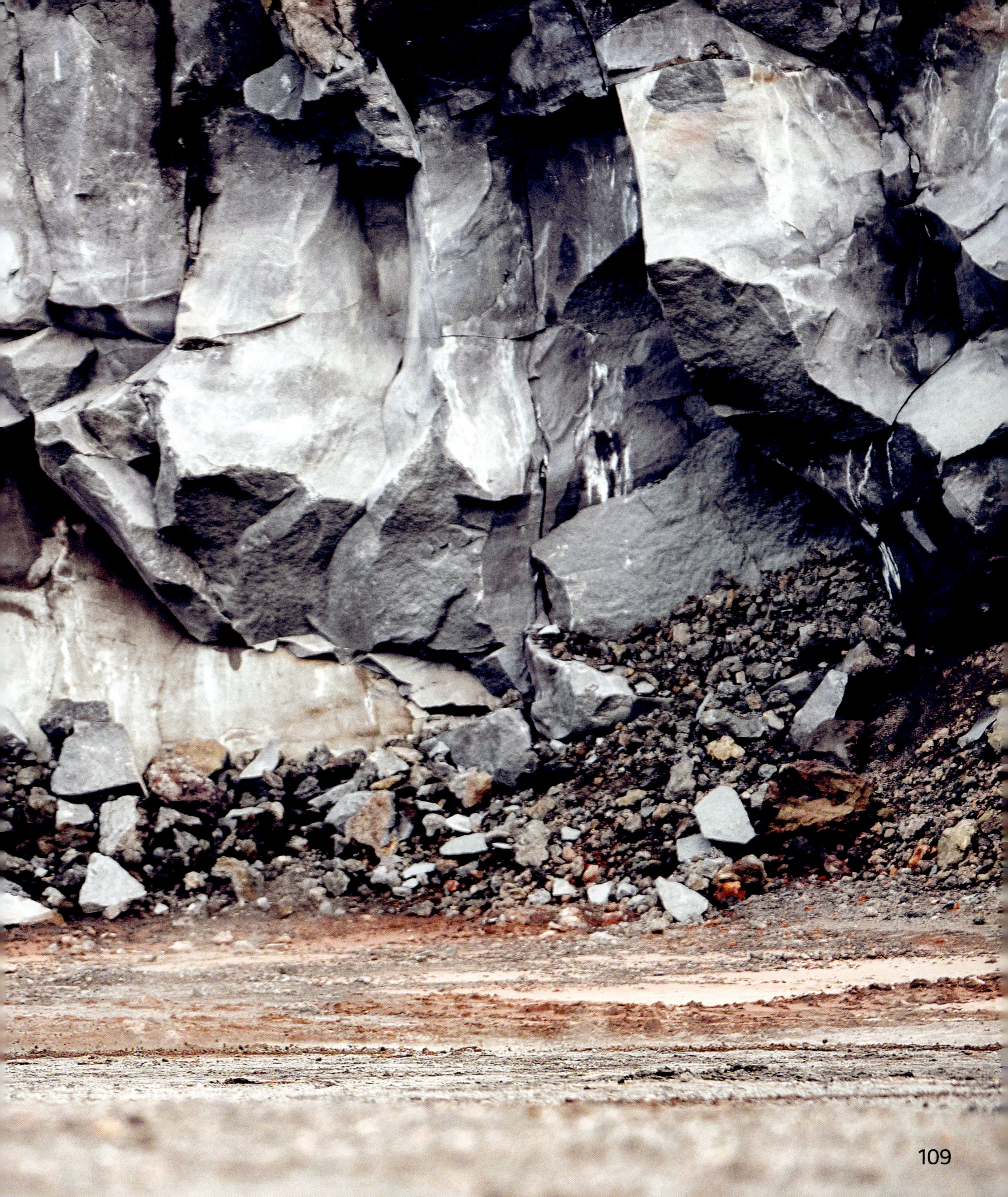

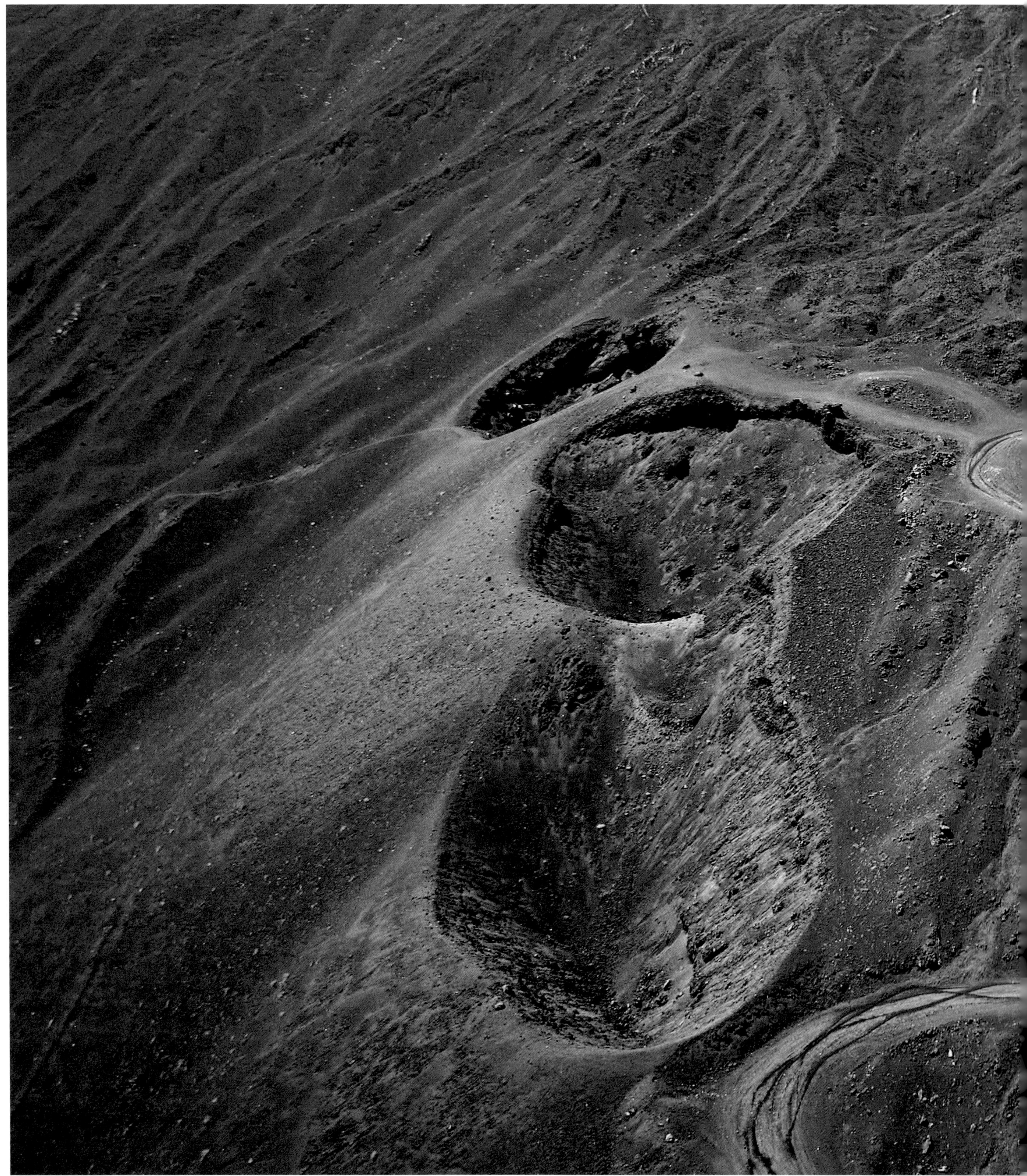

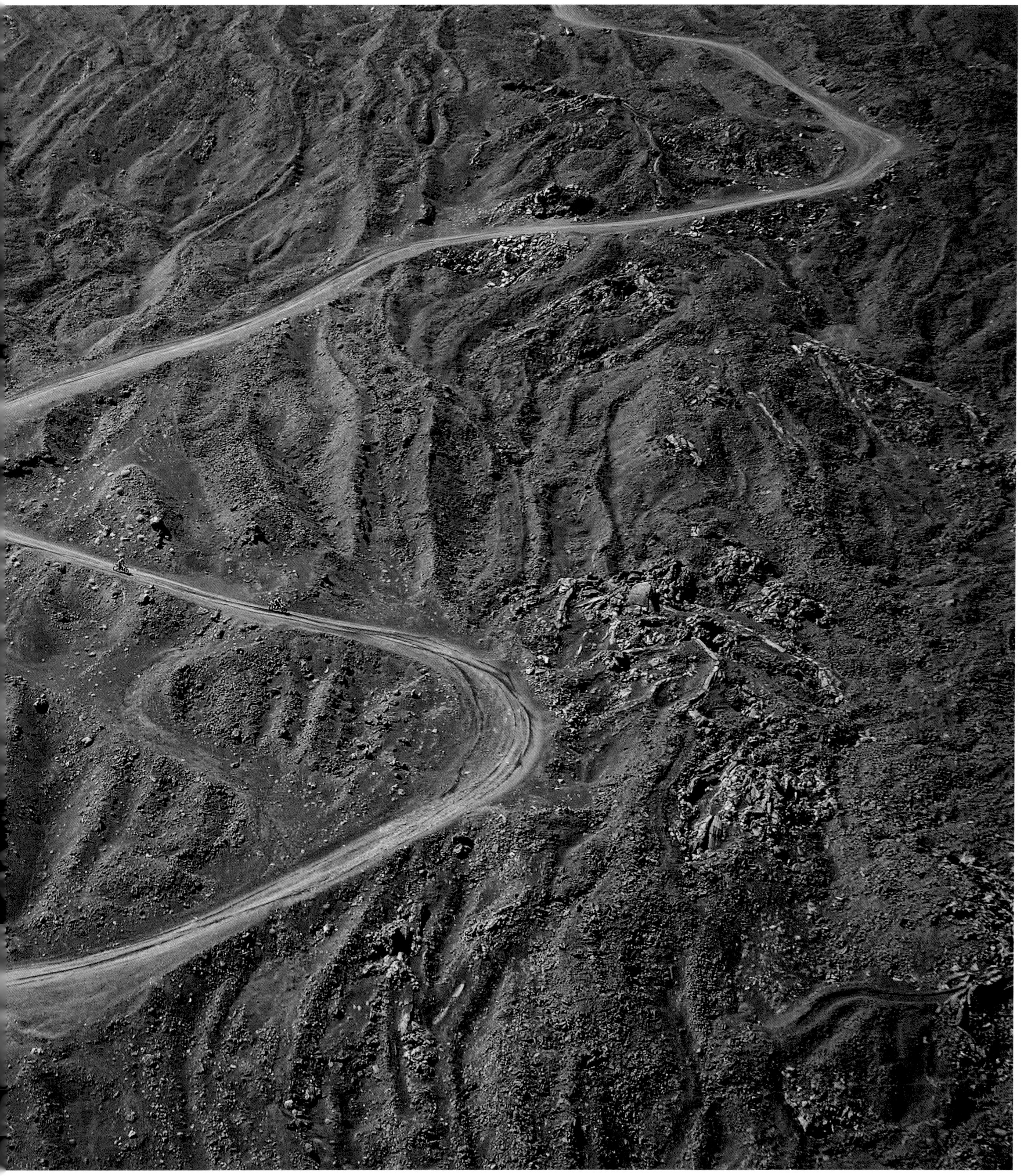

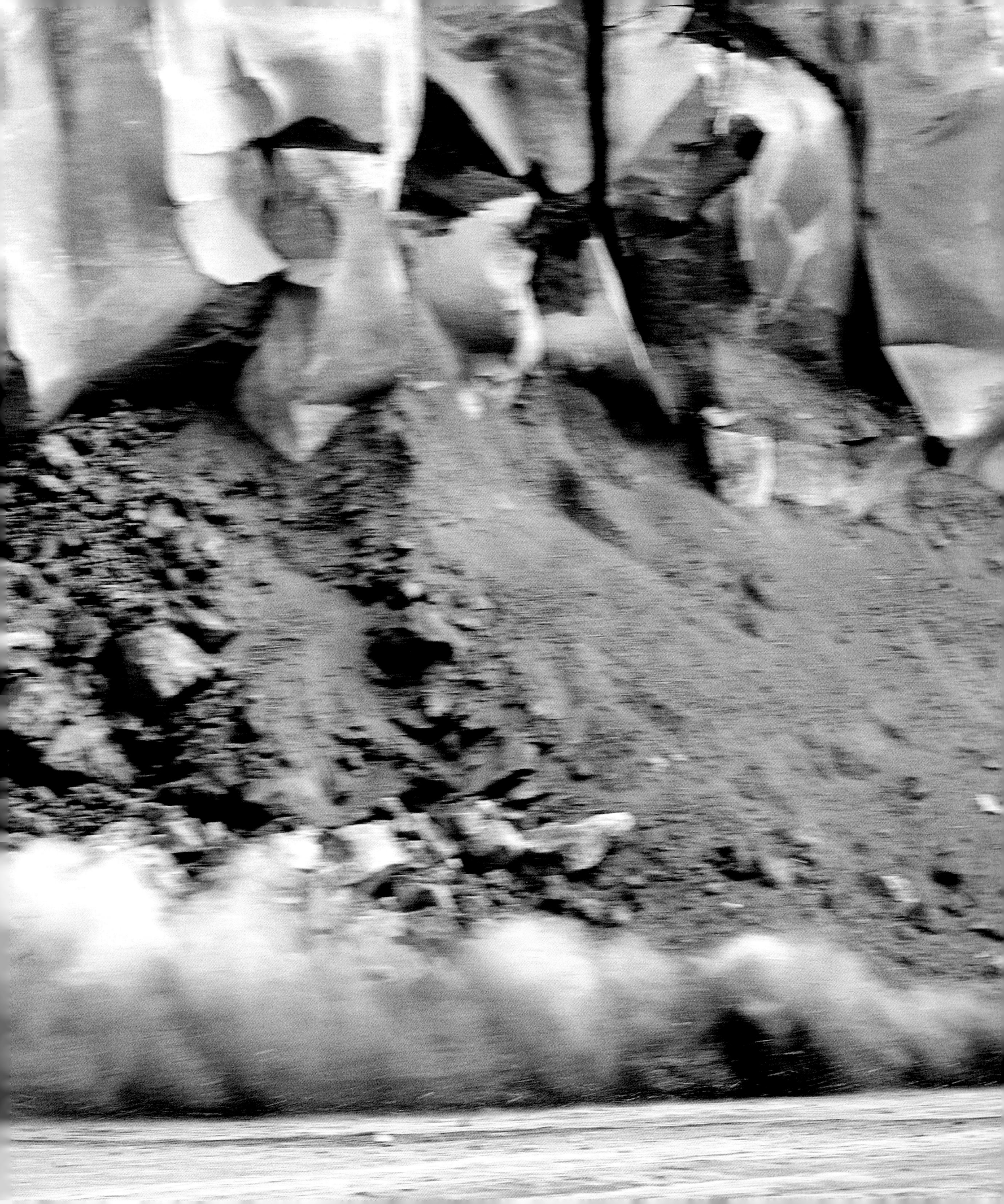

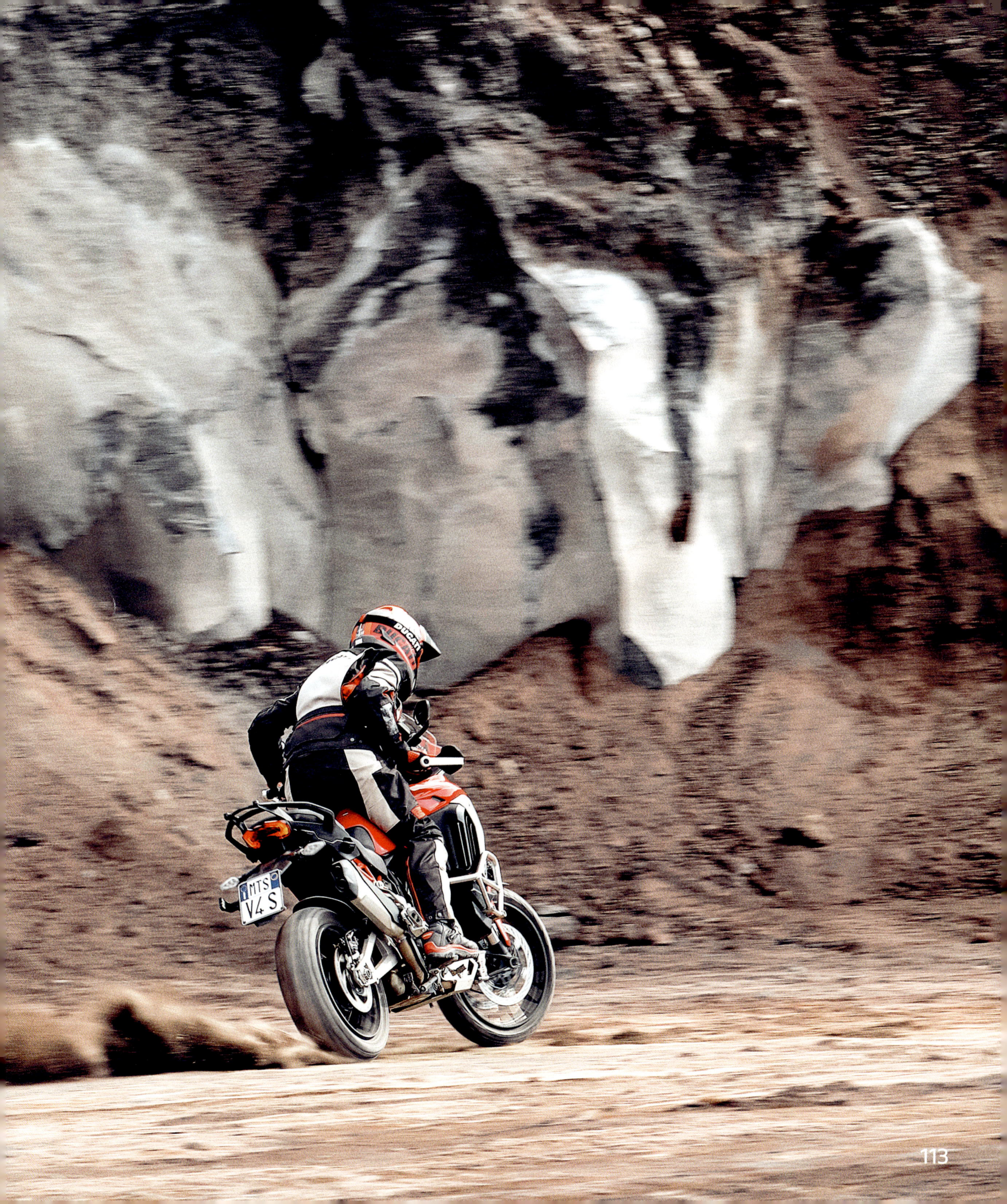
MTS
V4 S

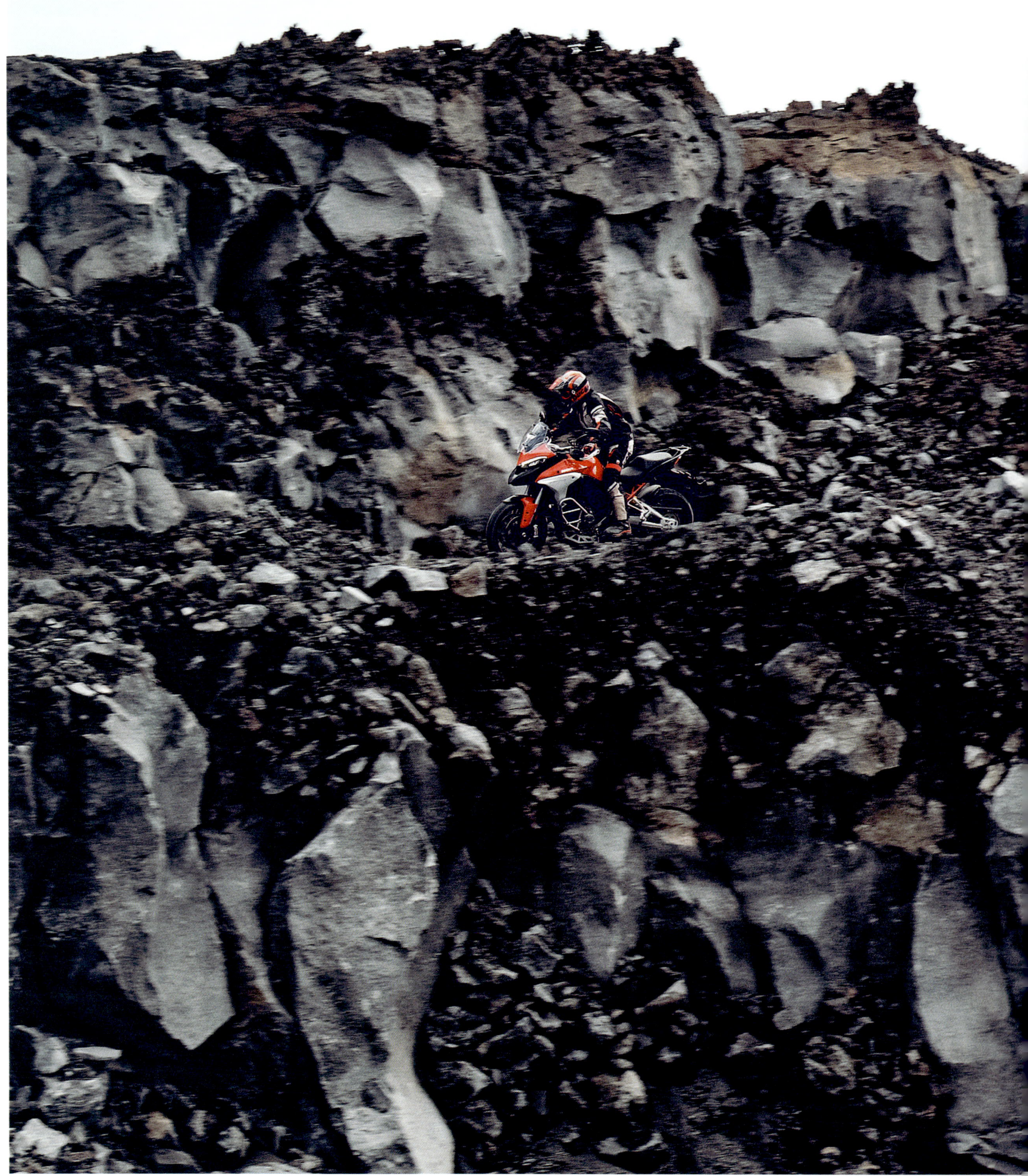

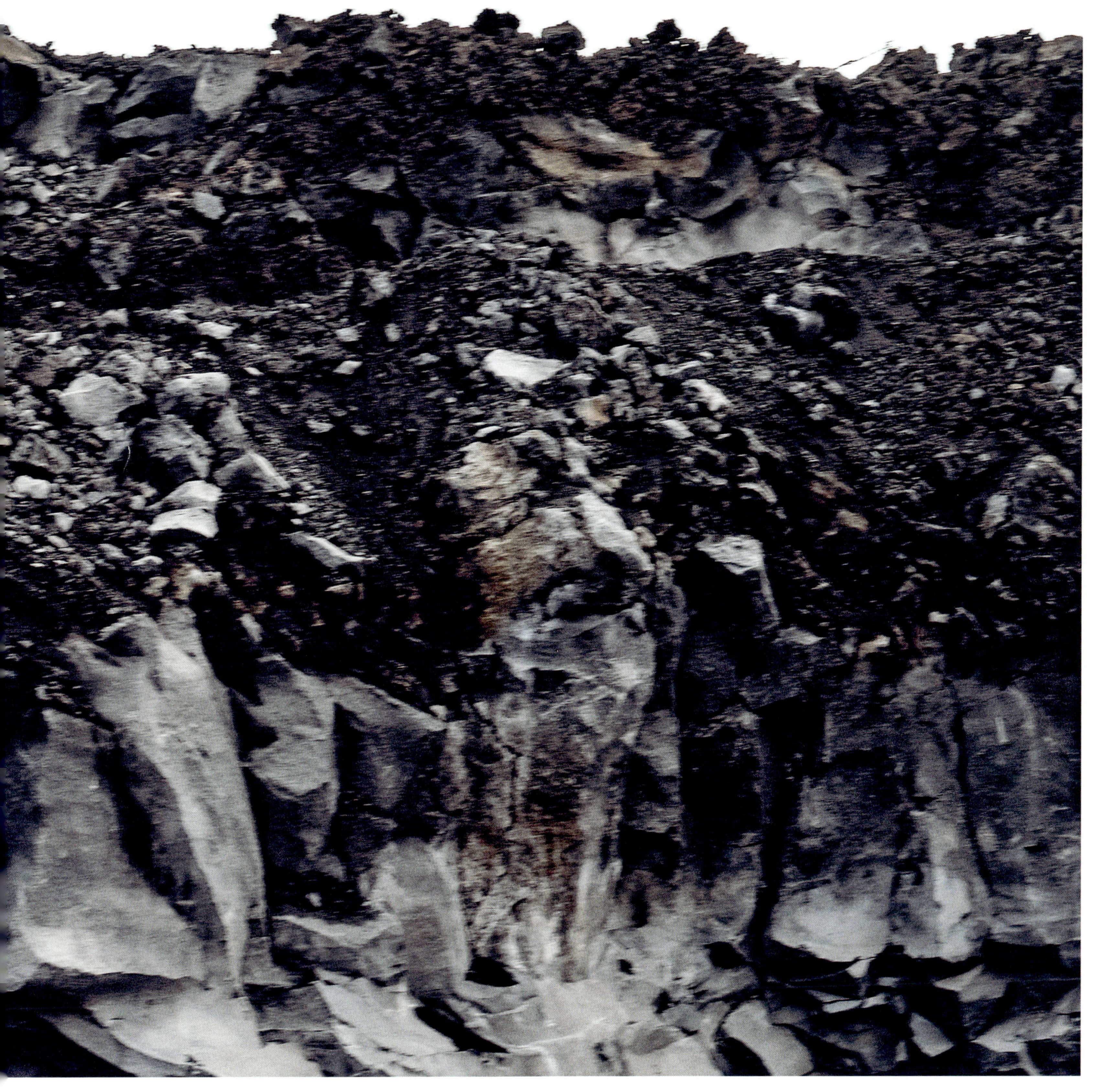

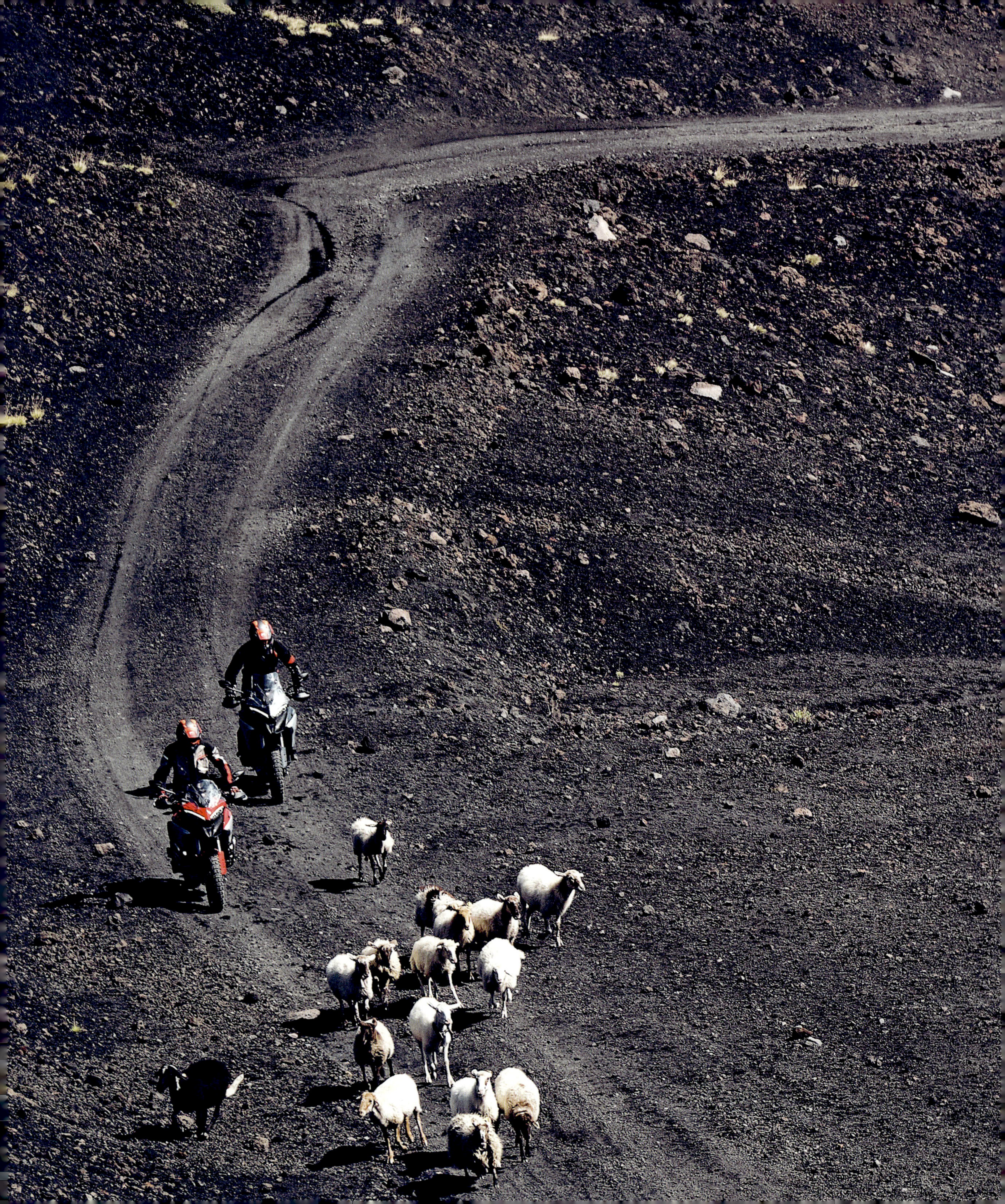

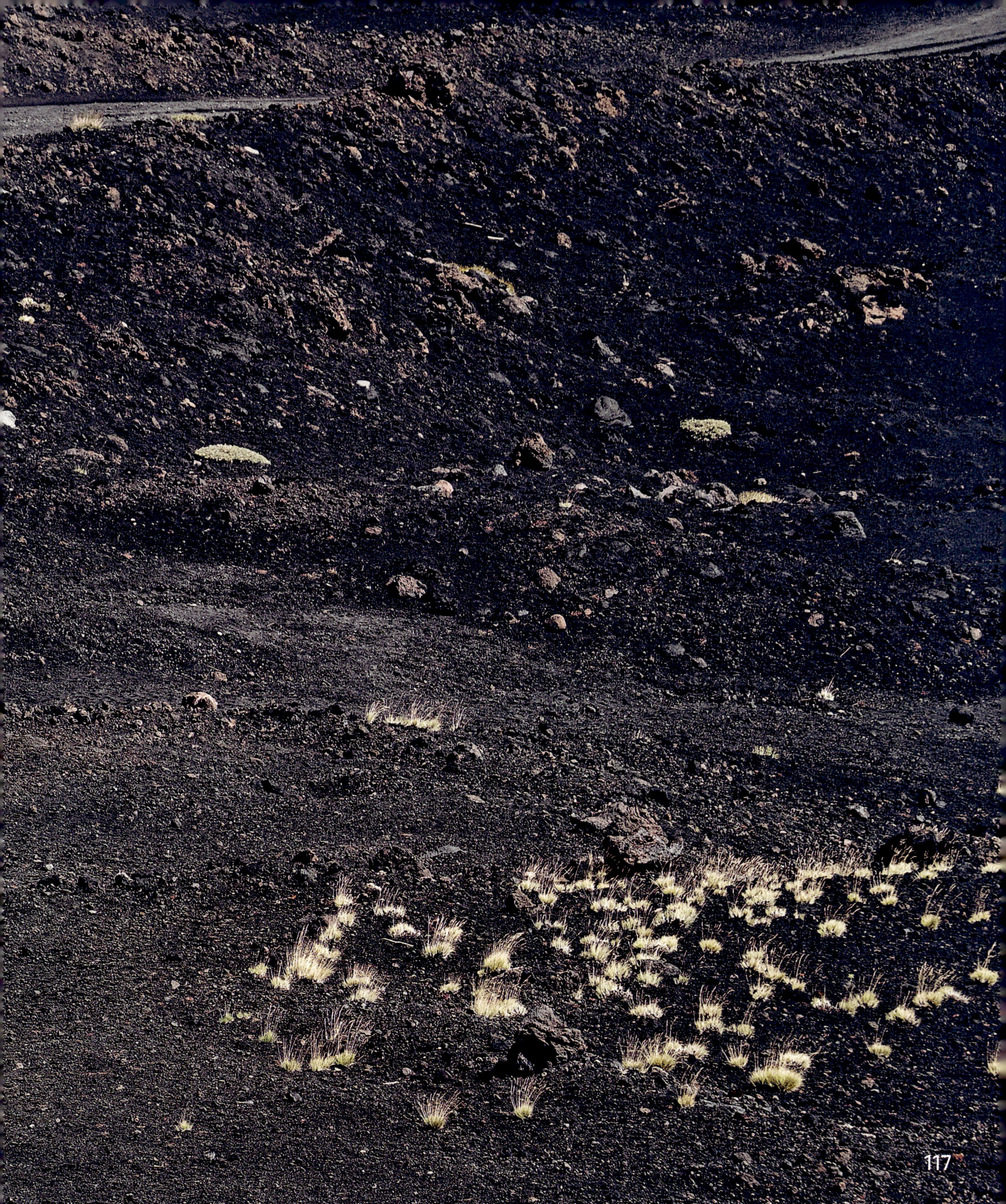

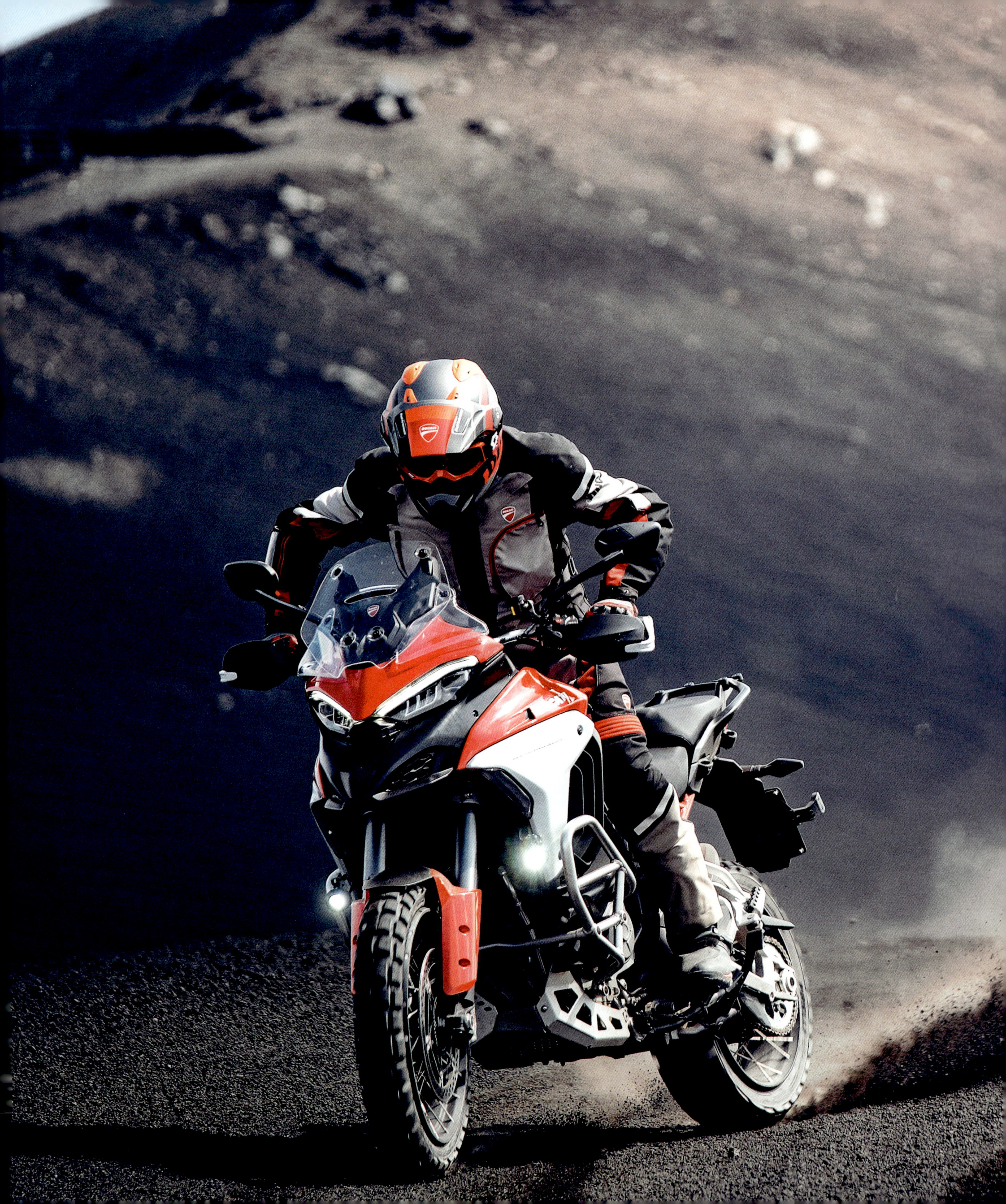

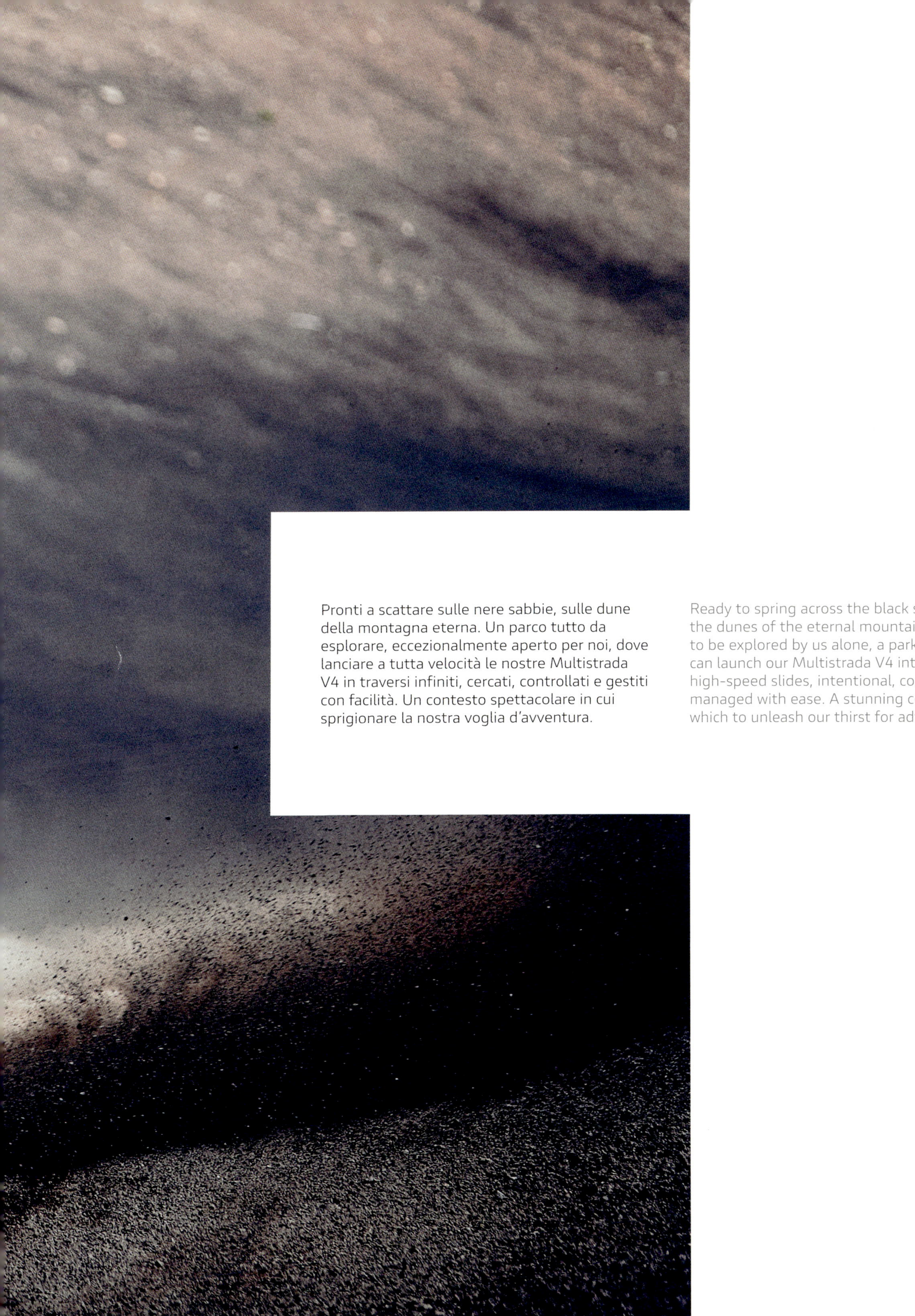

Pronti a scattare sulle nere sabbie, sulle dune della montagna eterna. Un parco tutto da esplorare, eccezionalmente aperto per noi, dove lanciare a tutta velocità le nostre Multistrada V4 in traversi infiniti, cercati, controllati e gestiti con facilità. Un contesto spettacolare in cui sprigionare la nostra voglia d'avventura.

Ready to spring across the black sands, the dunes of the eternal mountain. A park to be explored by us alone, a park where we can launch our Multistrada V4 into infinite high-speed slides, intentional, controlled and managed with ease. A stunning context in which to unleash our thirst for adventure.

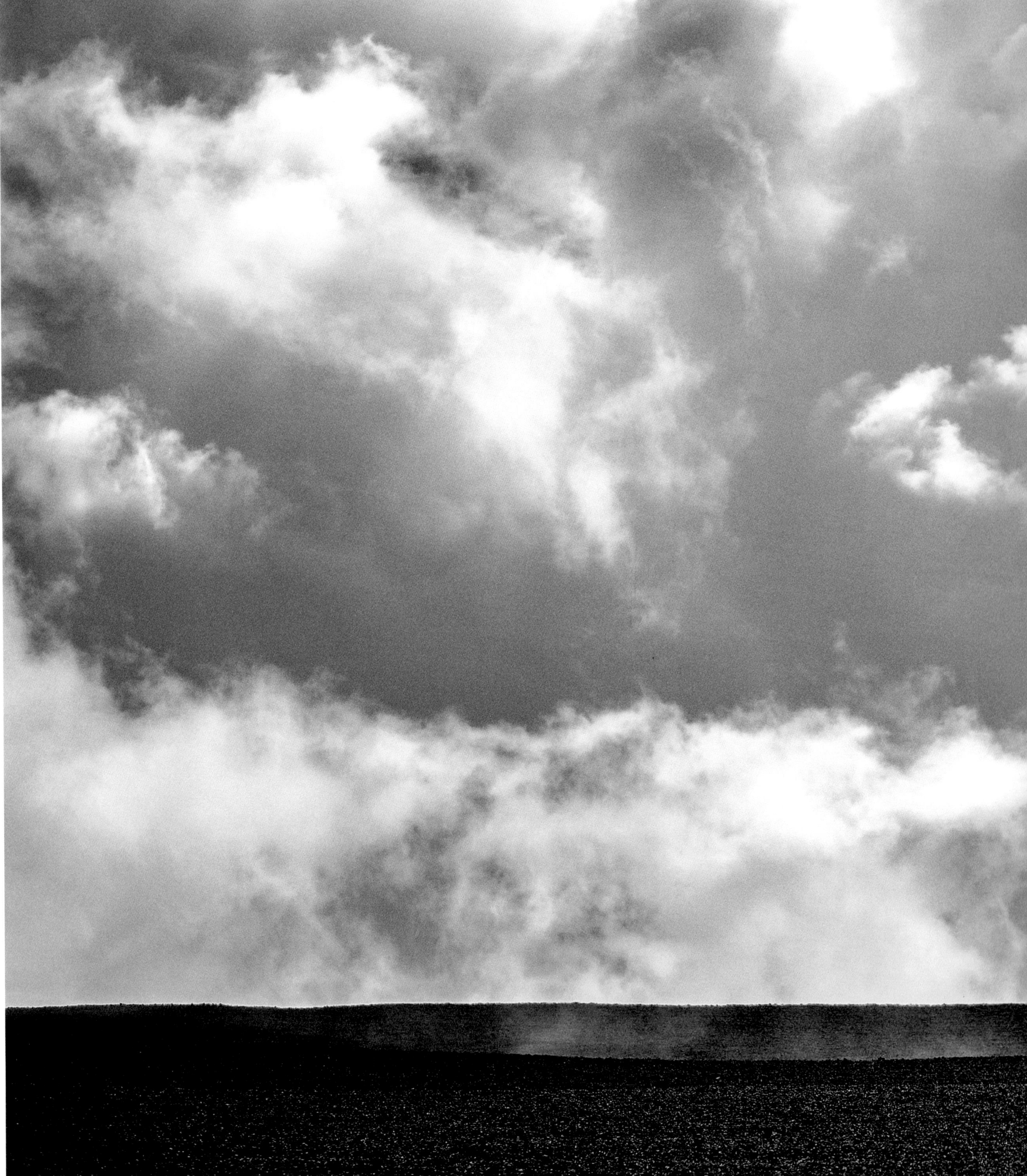

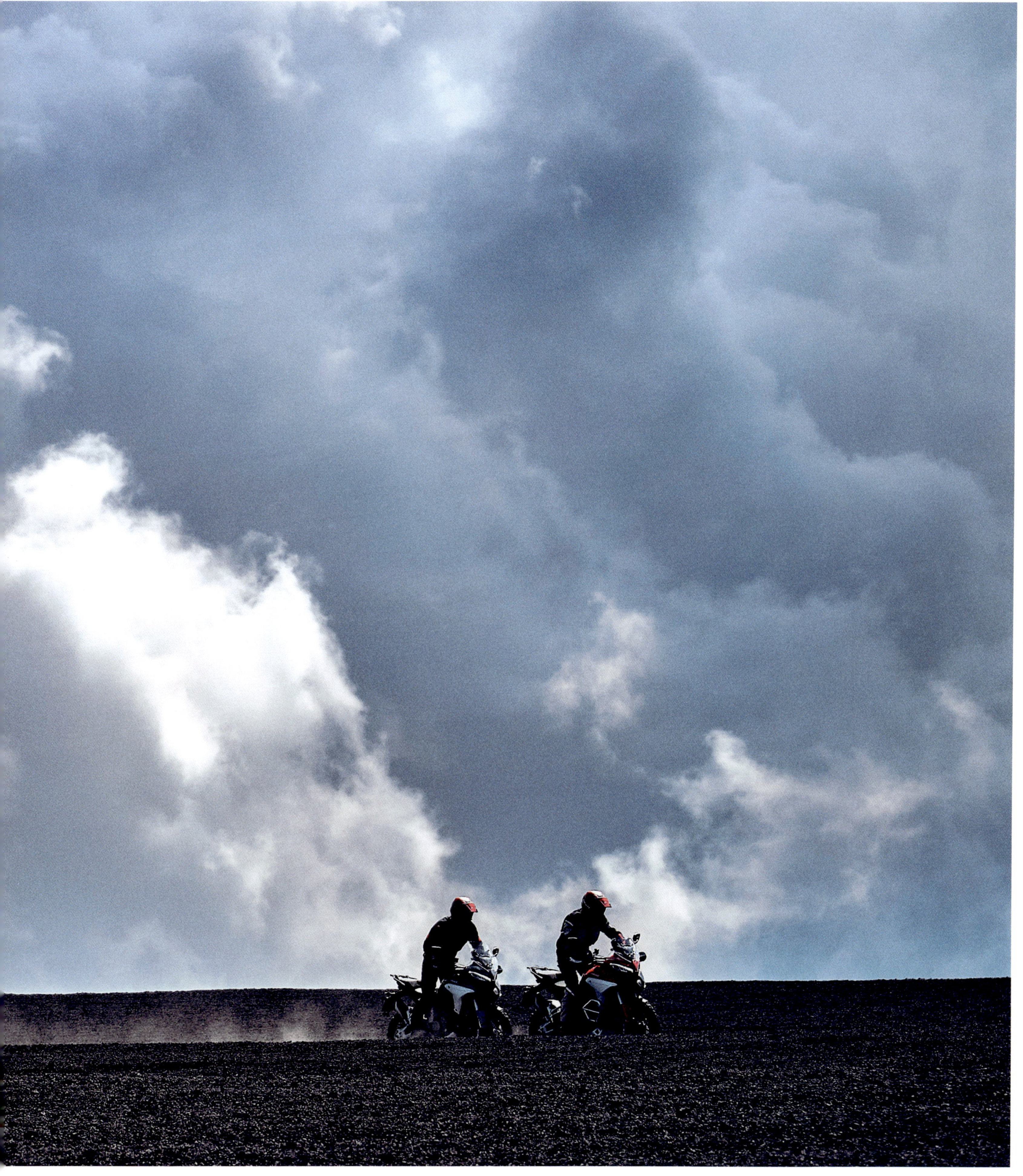

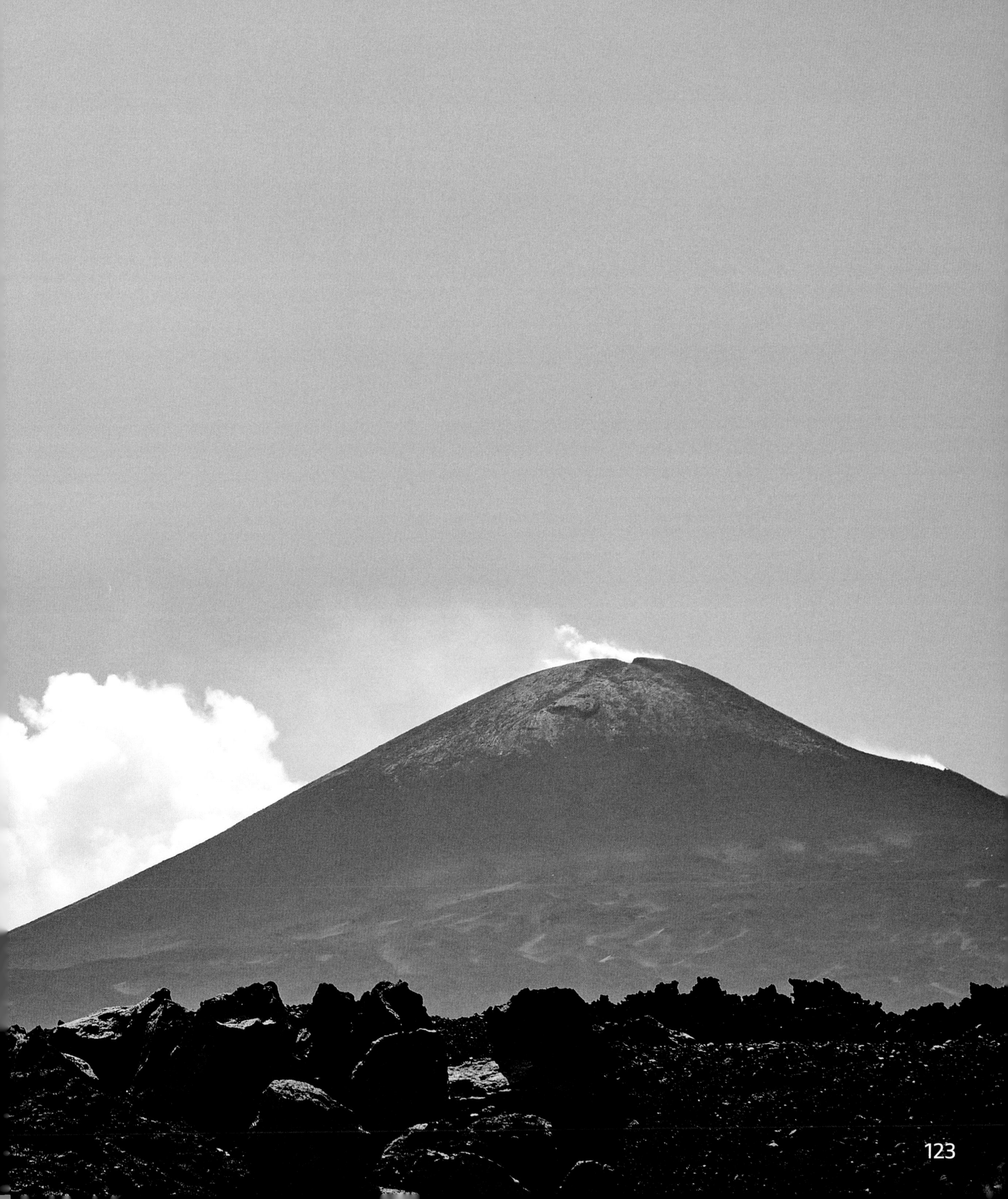

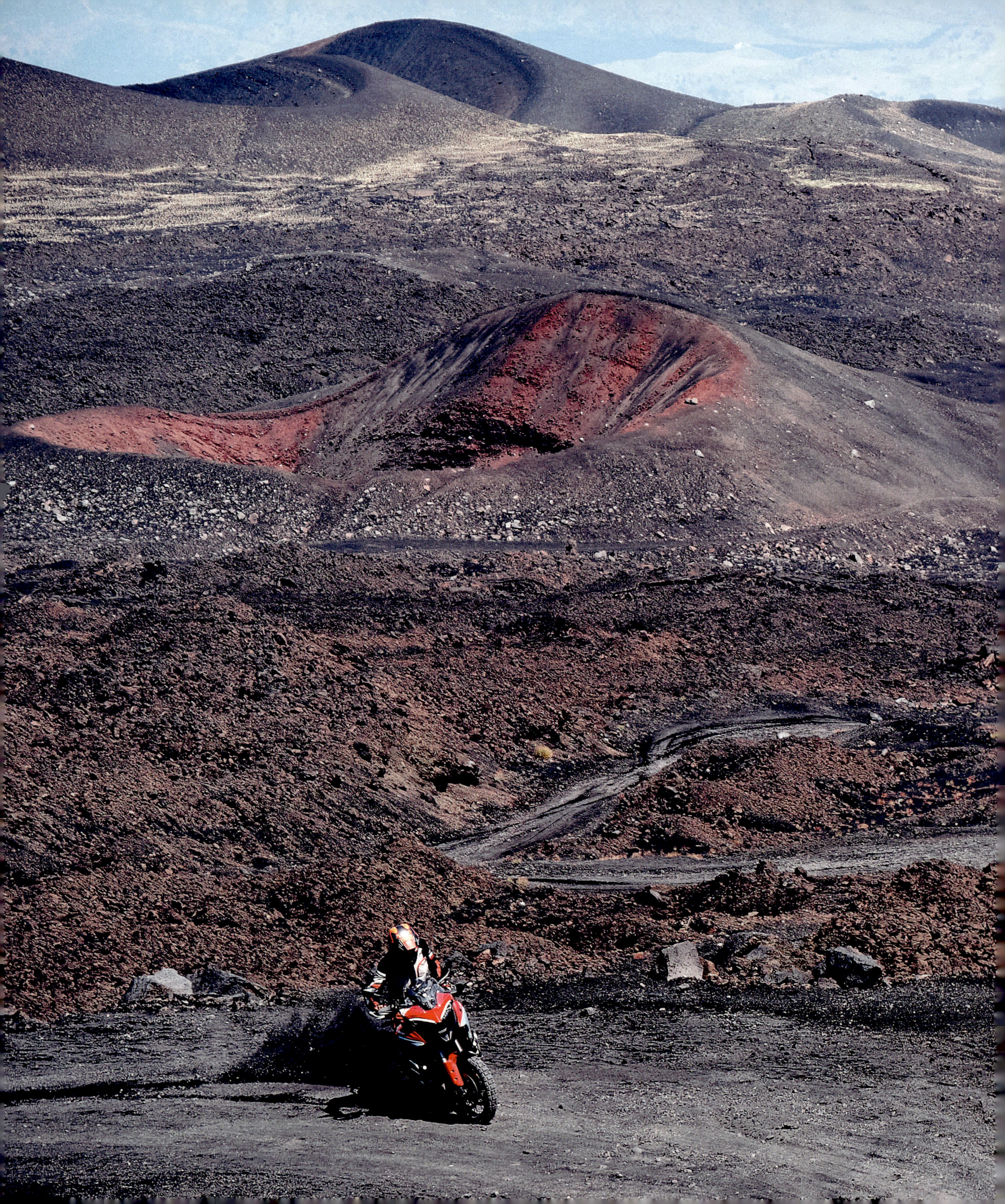

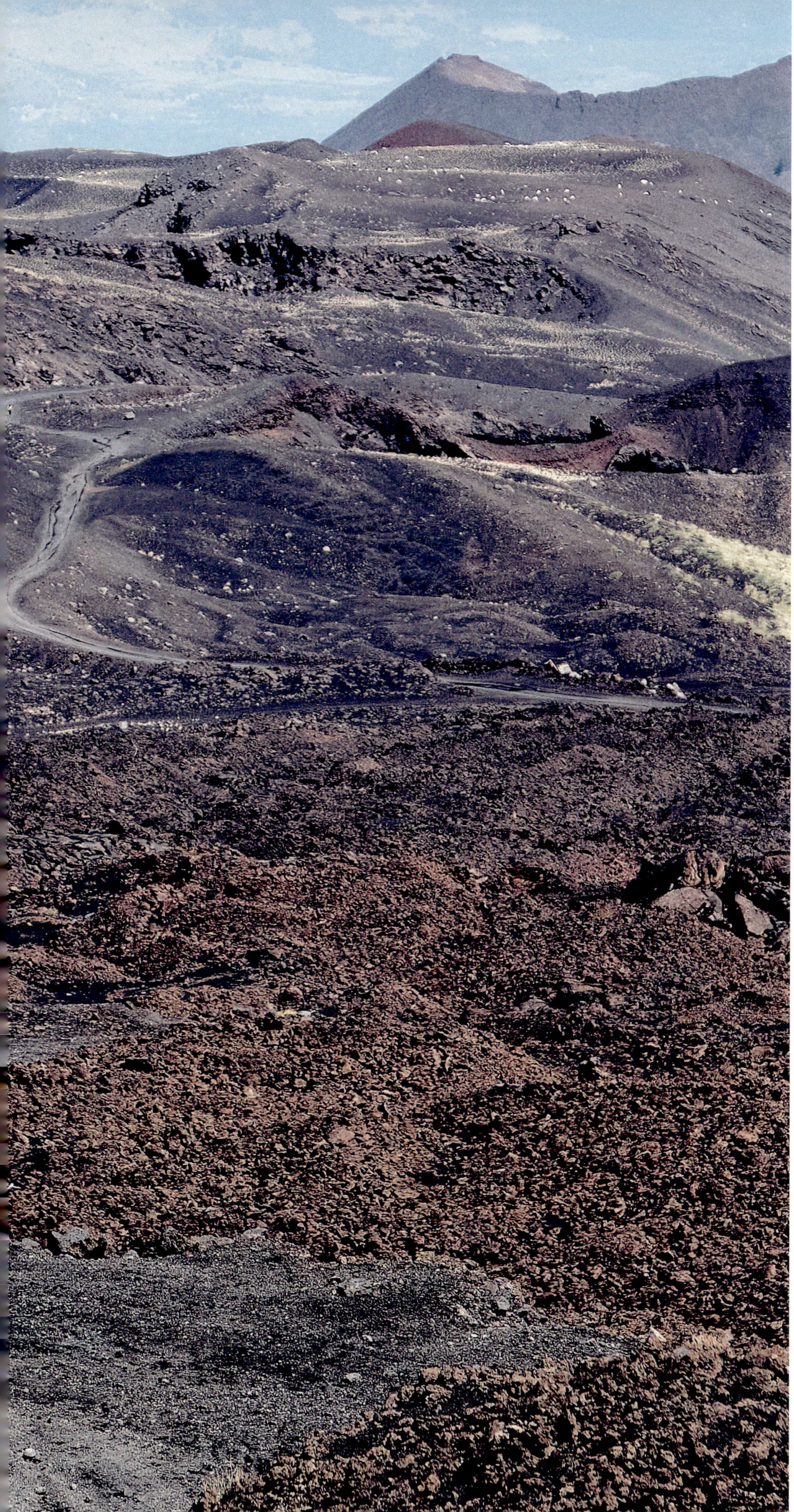

Non sembra reale, uno scenario lunare ci abbraccia a ogni angolo dell'orizzonte mentre ci divertiamo a esplorare l'Etna fino a 3000 metri di altezza. Strade tracciate dai solchi della lava. Sentieri neri su sabbie nere. La sensazione di non essere sul pianeta terra ci pervade, ma un viaggio non è mai tale se non riesci a goderti la sensazione di perderti.

It doesn't seem real, the lunar landscape extending in every direction as we have fun exploring Etna and climbing to a height of 3000 metres. Roads shaped by the grooves of lava. Black paths on black sand. There is a sense of not being on planet earth, but a journey is never a journey if you cannot bask in the feeling of getting lost.

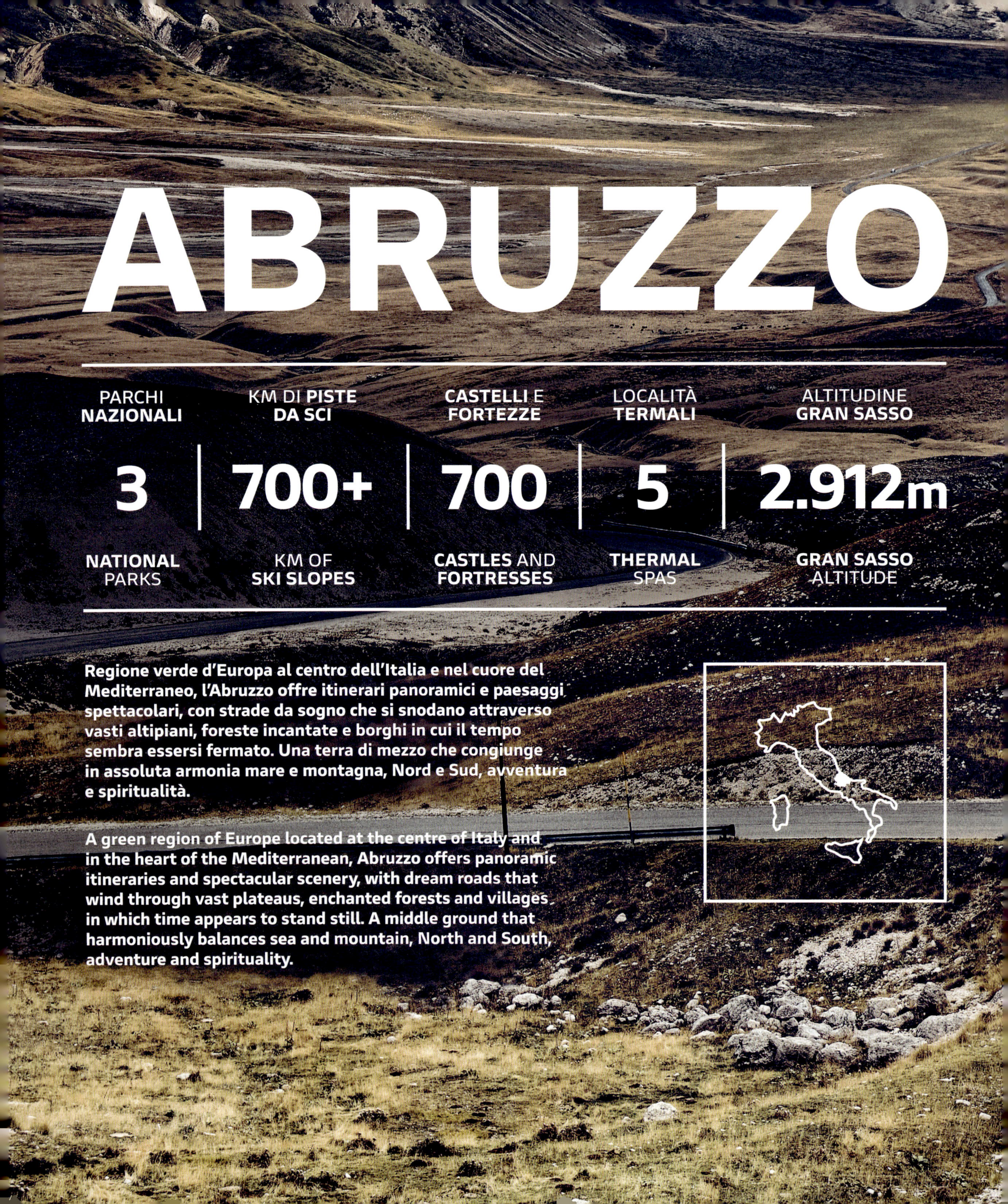

ABRUZZO

PARCHI **NAZIONALI**	KM DI **PISTE DA SCI**	**CASTELLI** E **FORTEZZE**	LOCALITÀ **TERMALI**	ALTITUDINE **GRAN SASSO**
3	**700+**	**700**	**5**	**2.912m**
NATIONAL PARKS	KM OF **SKI SLOPES**	**CASTLES** AND **FORTRESSES**	**THERMAL** SPAS	**GRAN SASSO** ALTITUDE

Regione verde d'Europa al centro dell'Italia e nel cuore del Mediterraneo, l'Abruzzo offre itinerari panoramici e paesaggi spettacolari, con strade da sogno che si snodano attraverso vasti altipiani, foreste incantate e borghi in cui il tempo sembra essersi fermato. Una terra di mezzo che congiunge in assoluta armonia mare e montagna, Nord e Sud, avventura e spiritualità.

A green region of Europe located at the centre of Italy and in the heart of the Mediterranean, Abruzzo offers panoramic itineraries and spectacular scenery, with dream roads that wind through vast plateaus, enchanted forests and villages in which time appears to stand still. A middle ground that harmoniously balances sea and mountain, North and South, adventure and spirituality.

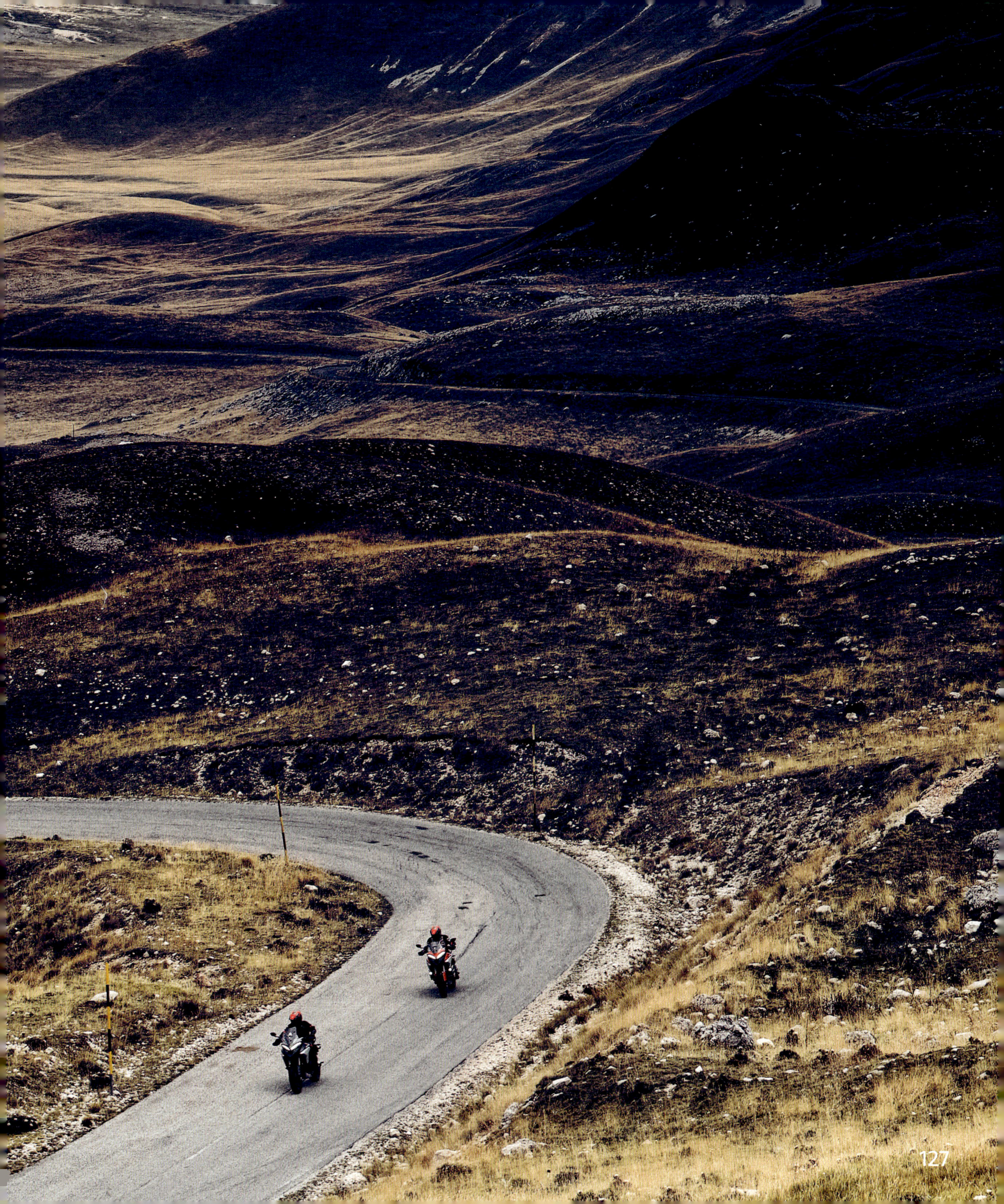

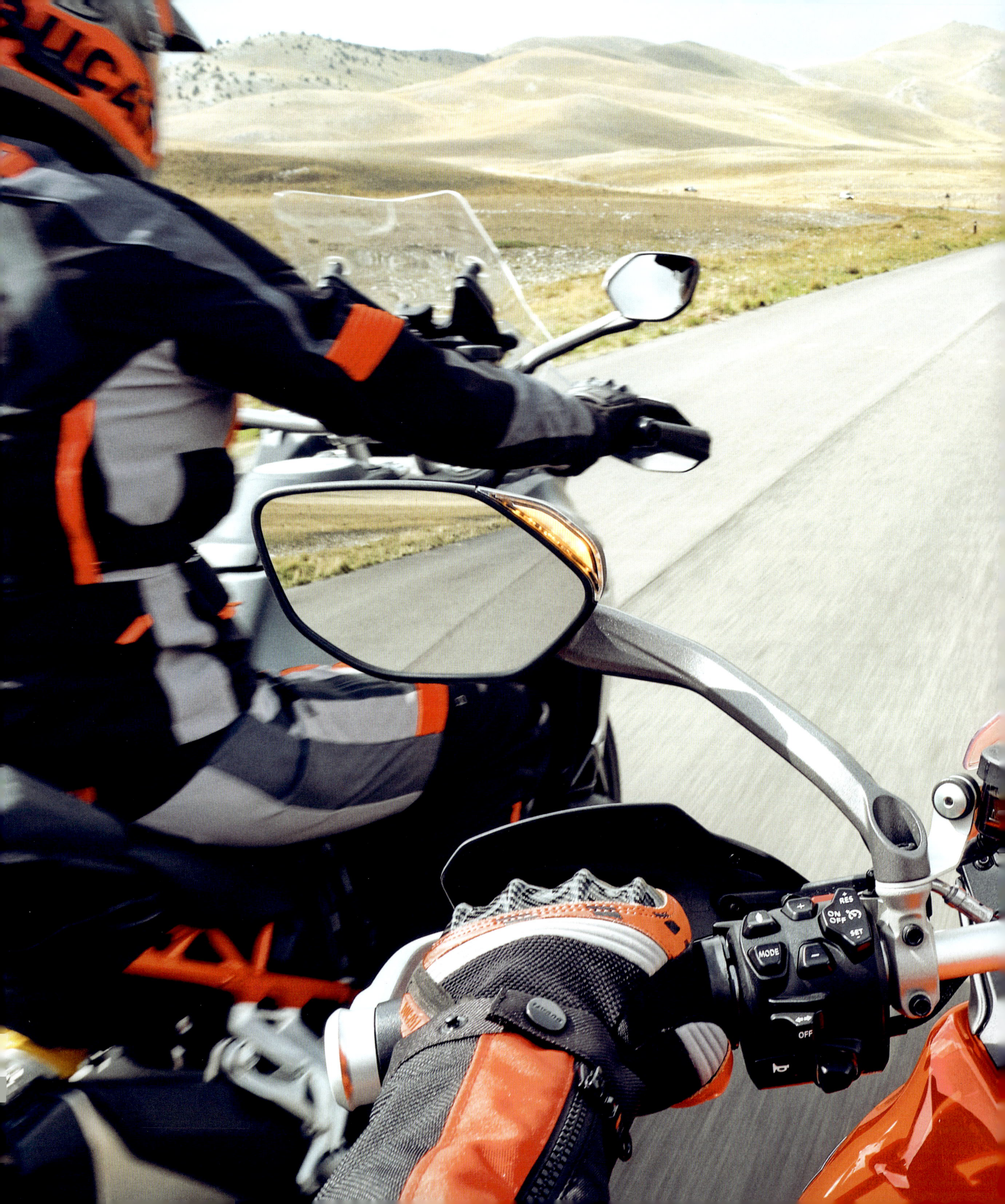
RES
ON OFF
SET
MODE
OFF

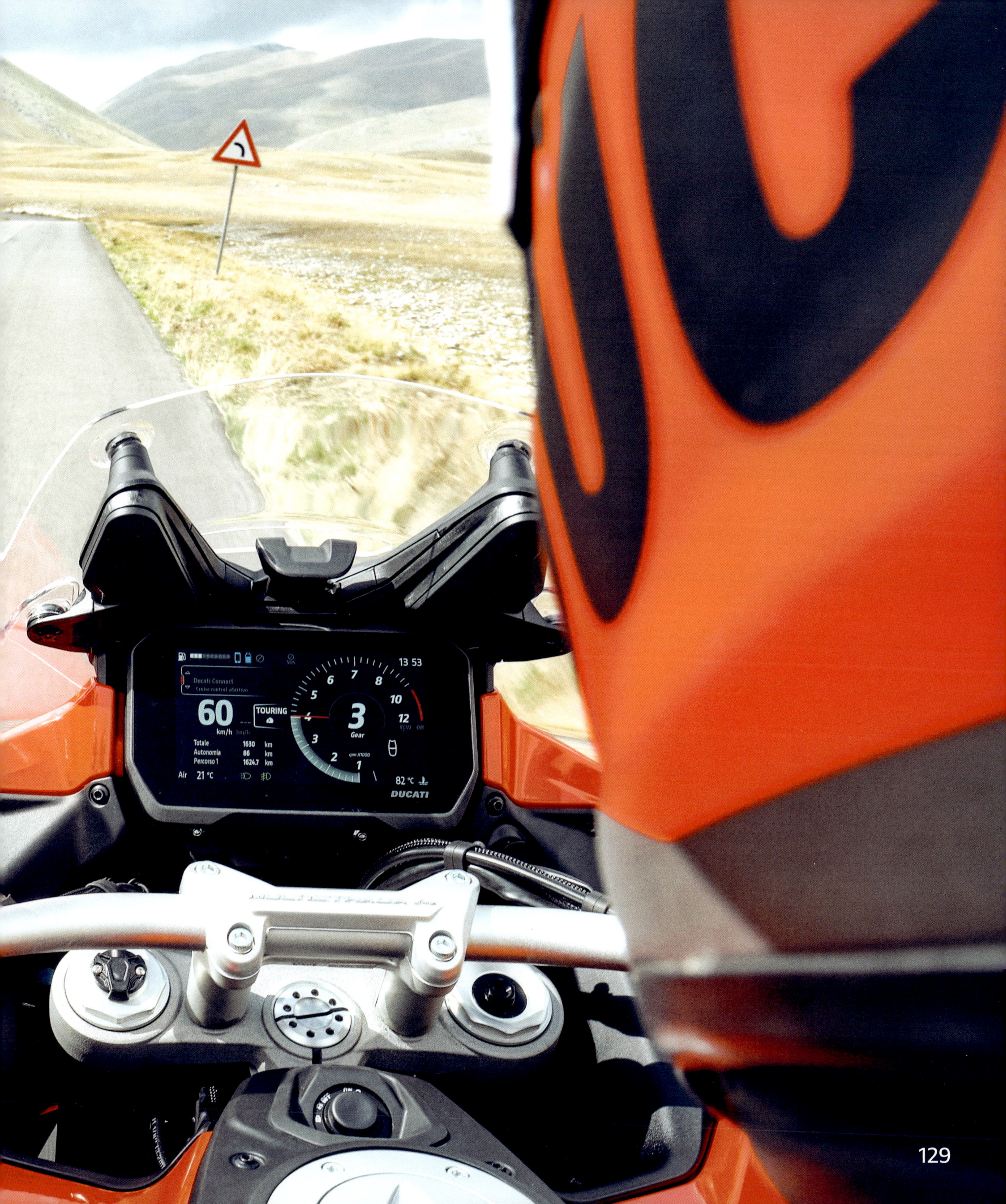

13 53
Ducati Connect
60
km/h
TOURING
3
Gear
Totale 1630 km
Autonomia 86 km
Percorso 1 1624.7 km
Air 21 °C
82 °C
DUCATI

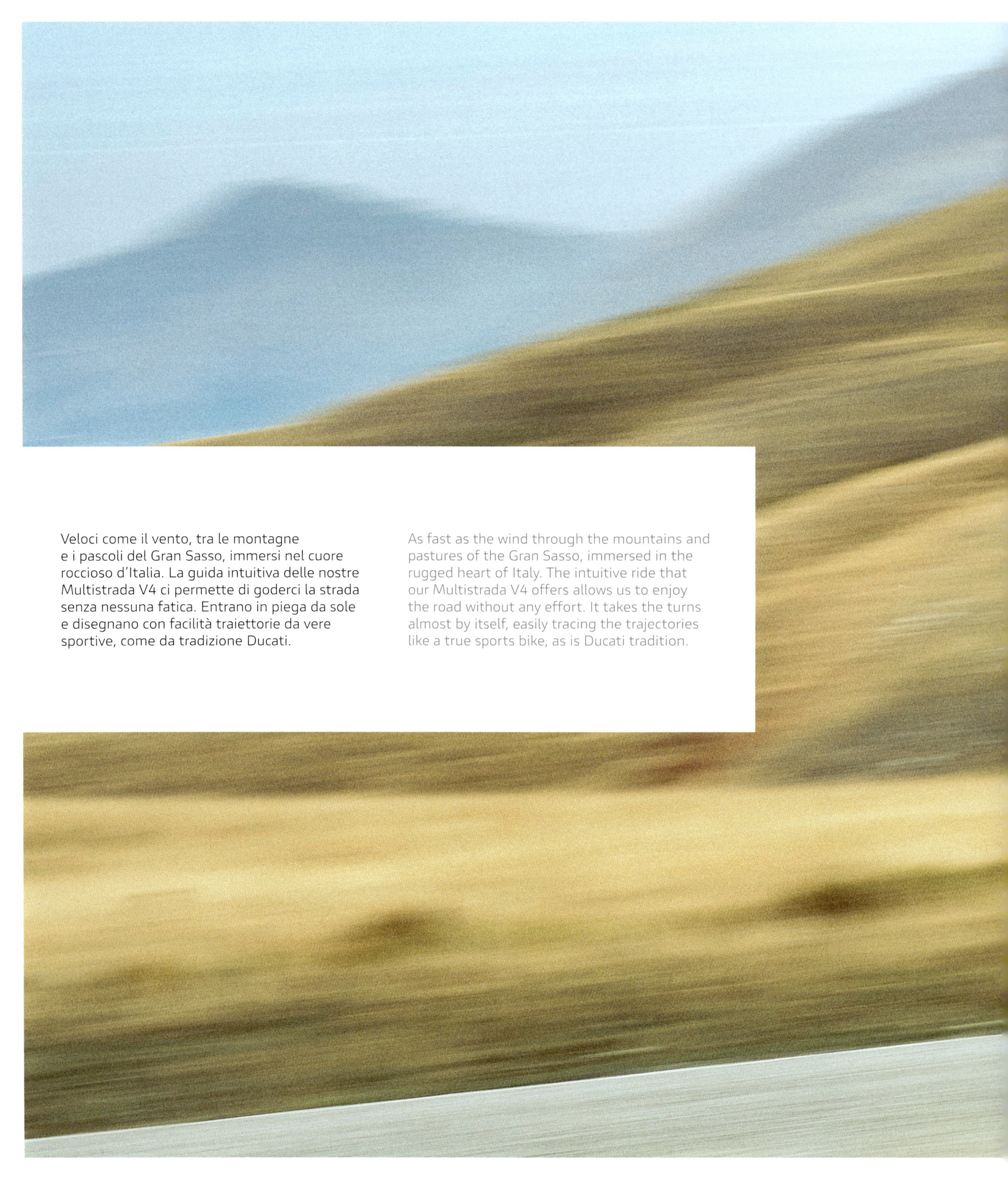

Veloci come il vento, tra le montagne e i pascoli del Gran Sasso, immersi nel cuore roccioso d'Italia. La guida intuitiva delle nostre Multistrada V4 ci permette di goderci la strada senza nessuna fatica. Entrano in piega da sole e disegnano con facilità traiettorie da vere sportive, come da tradizione Ducati.

As fast as the wind through the mountains and pastures of the Gran Sasso, immersed in the rugged heart of Italy. The intuitive ride that our Multistrada V4 offers allows us to enjoy the road without any effort. It takes the turns almost by itself, easily tracing the trajectories like a true sports bike, as is Ducati tradition.

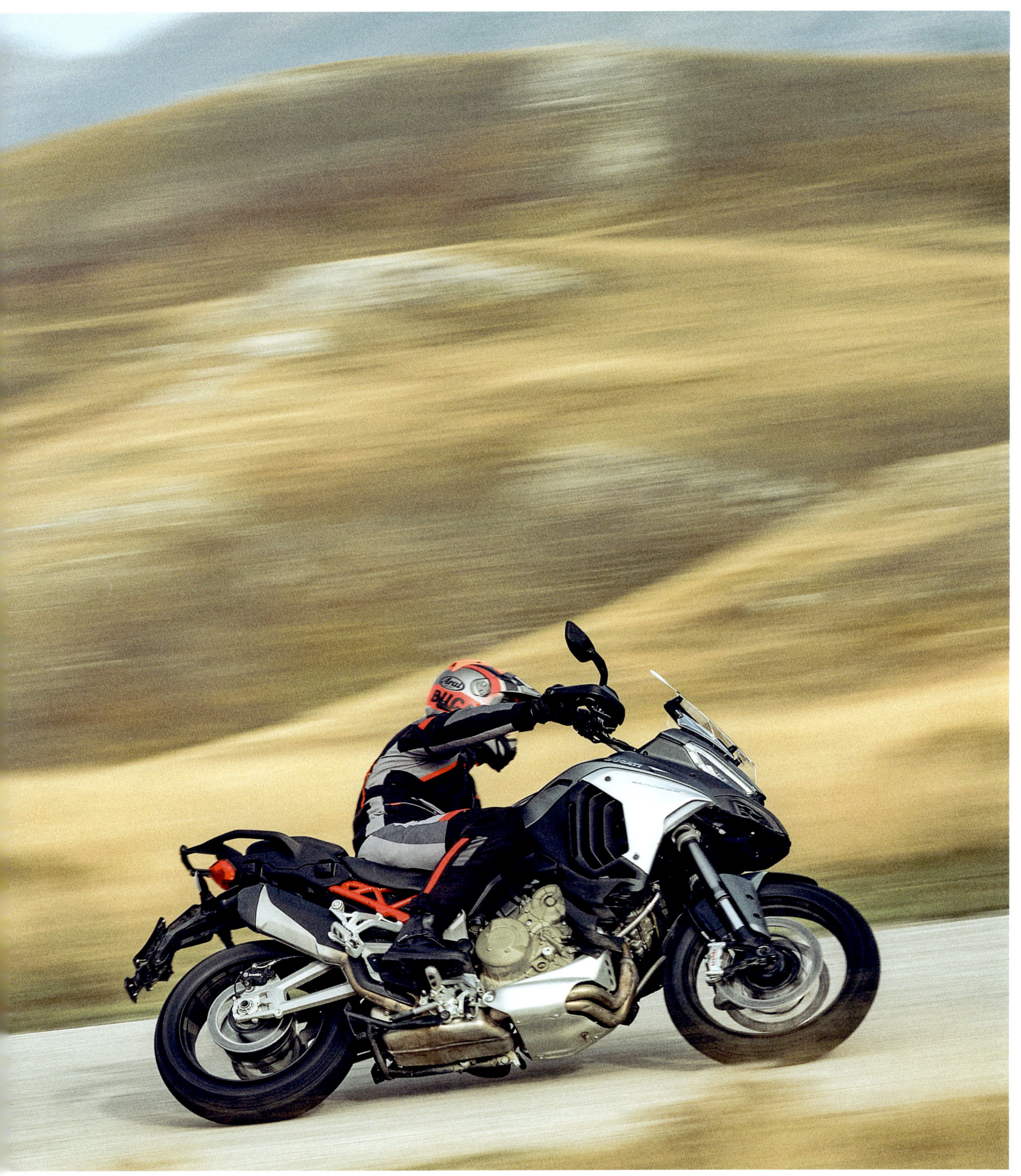

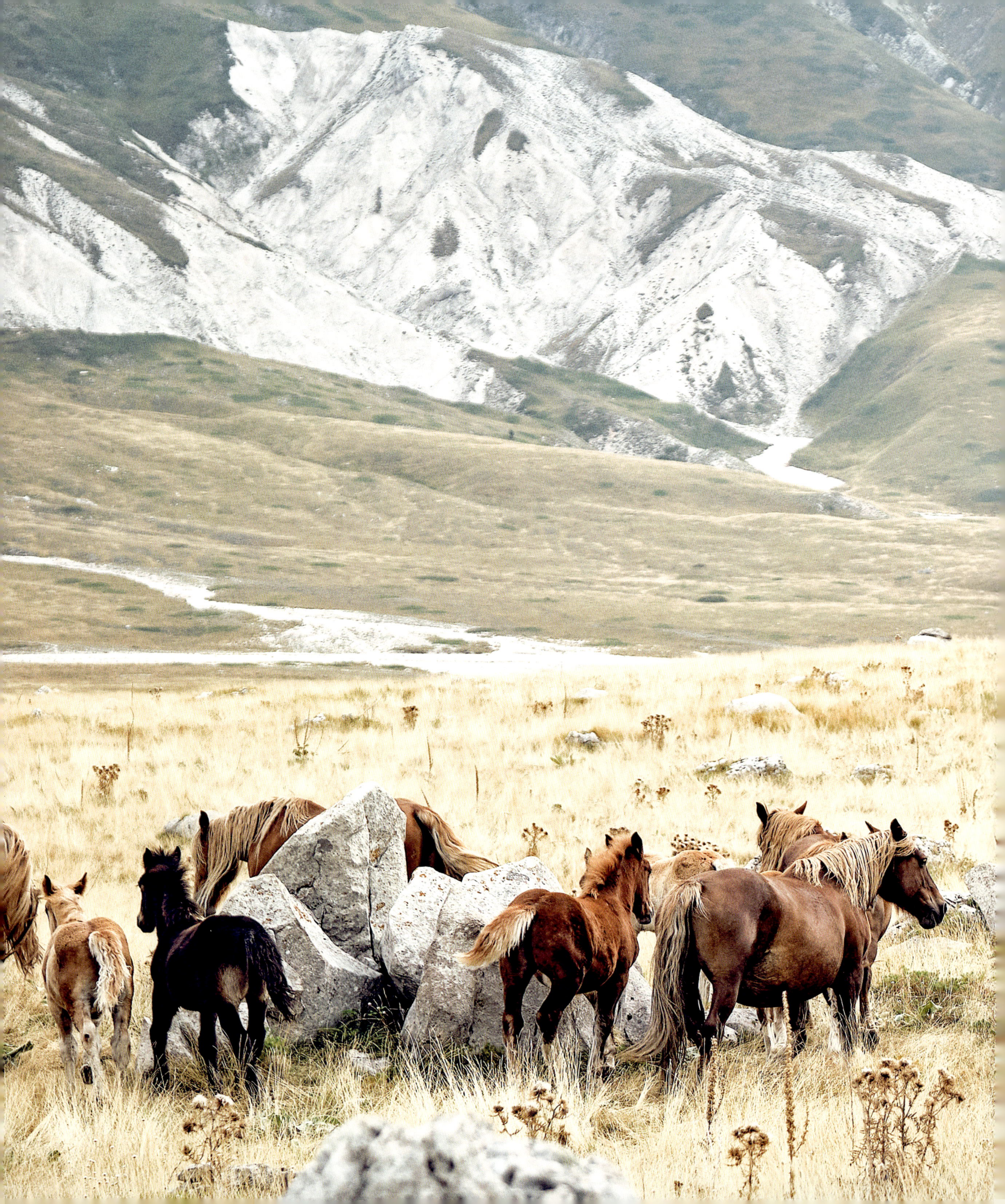

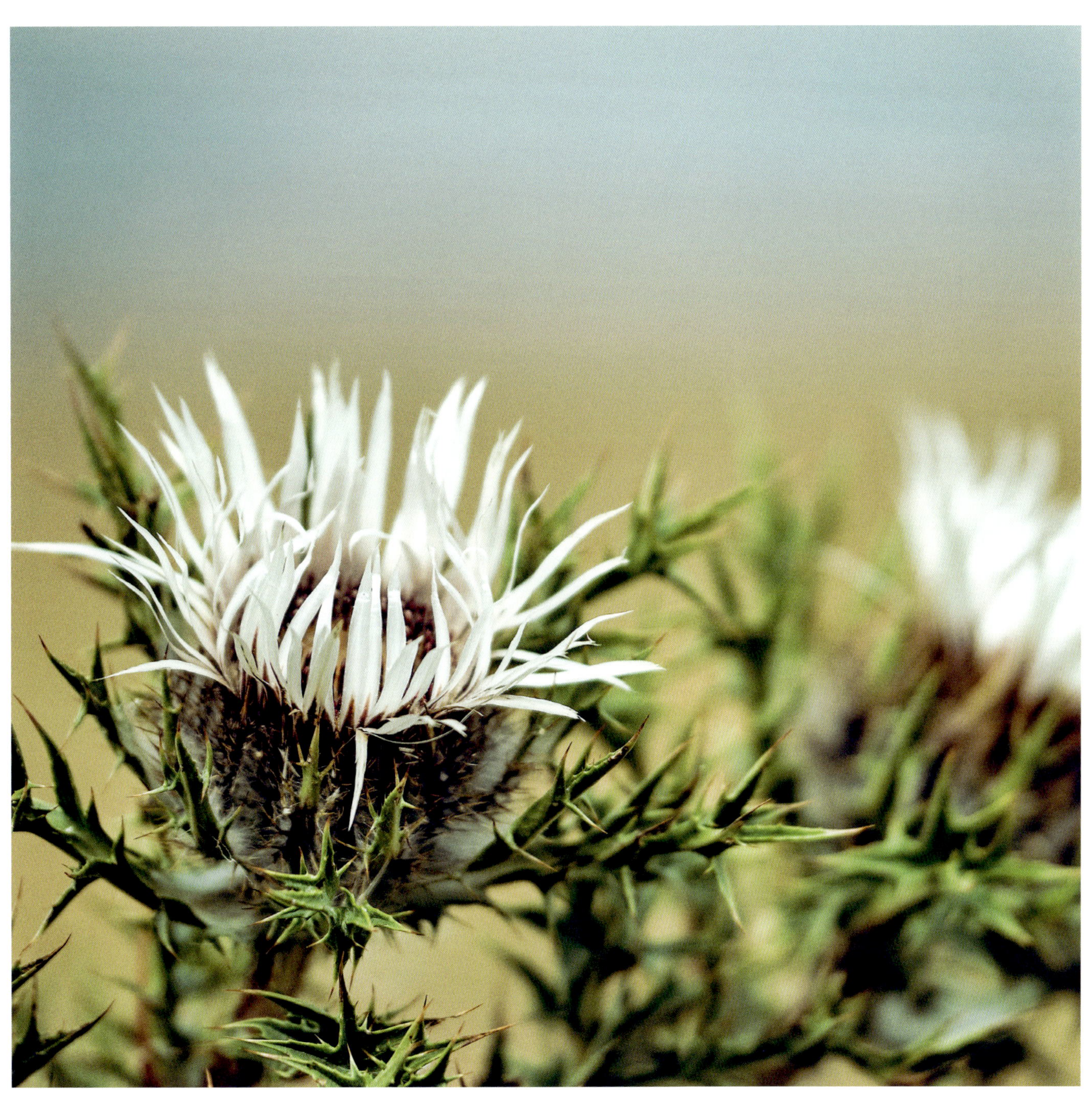

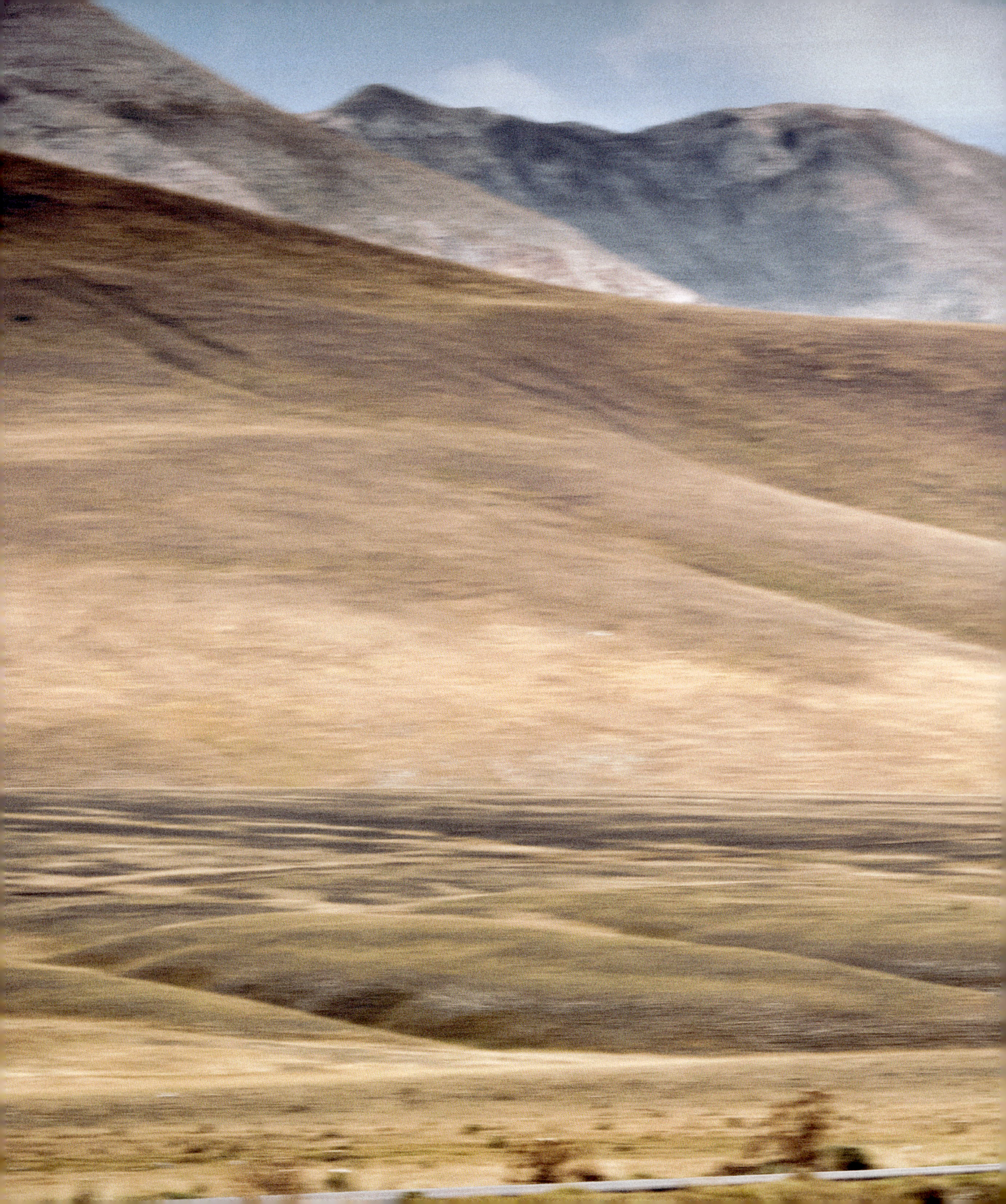

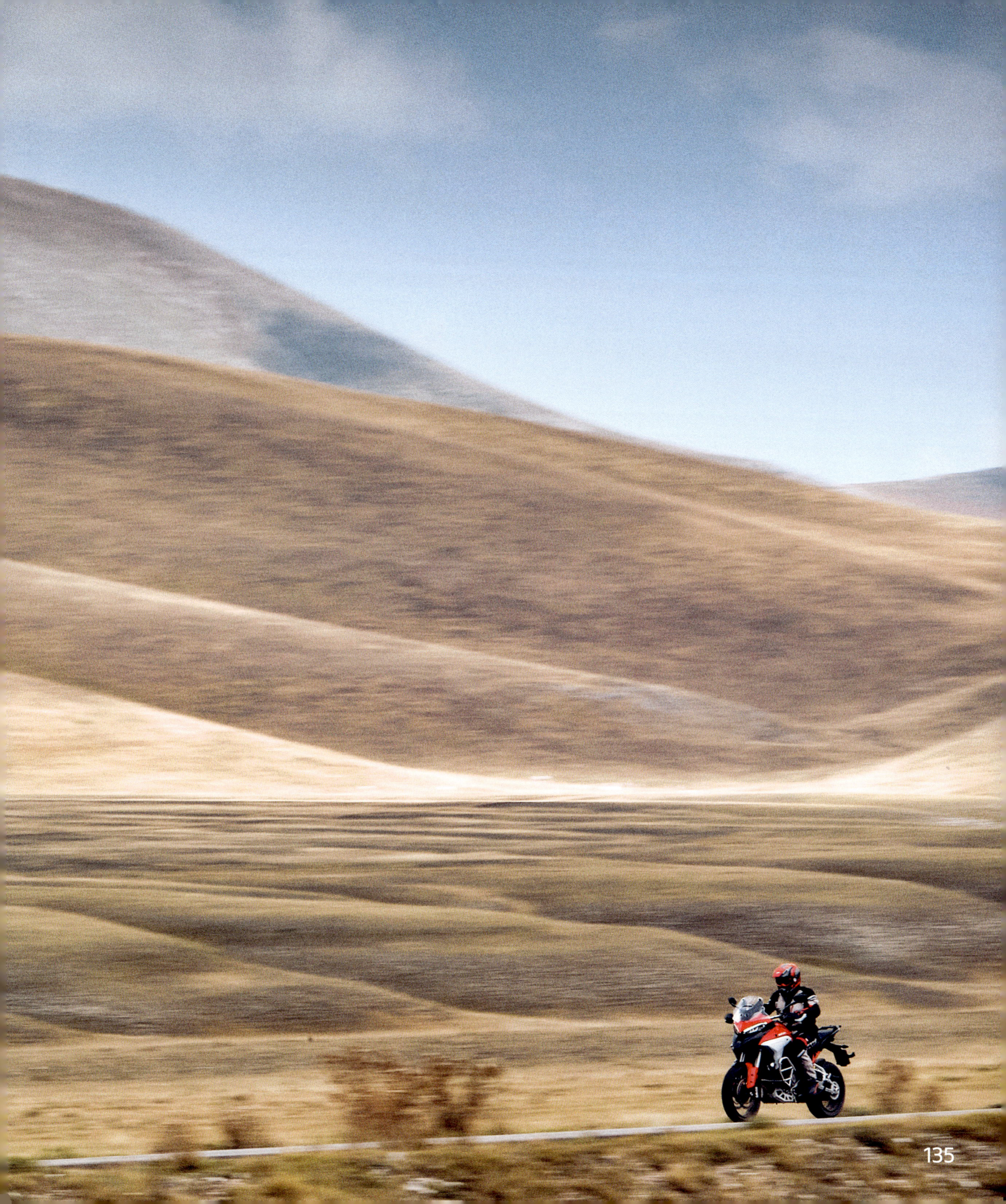

Scorrendo tra le curve infinite del Gran Sasso, per perdersi nel godimento pieno della strada in sella alle nostre Multistrada V4. La montagna si apre, la prospettiva sembra mirare dritta all'orizzonte. Un senso di maestà ci avvolge: siamo a Campo Imperatore.

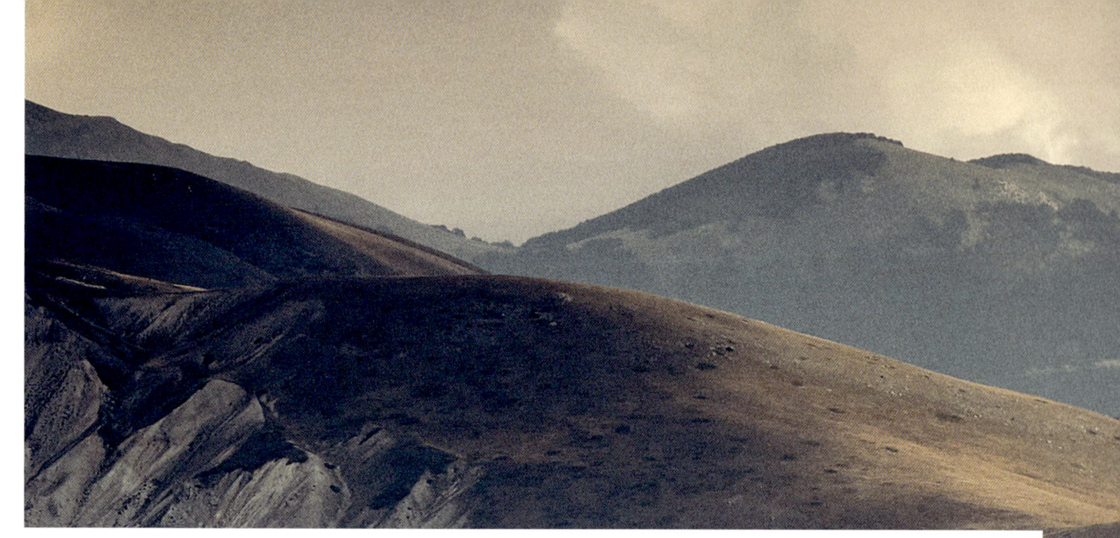

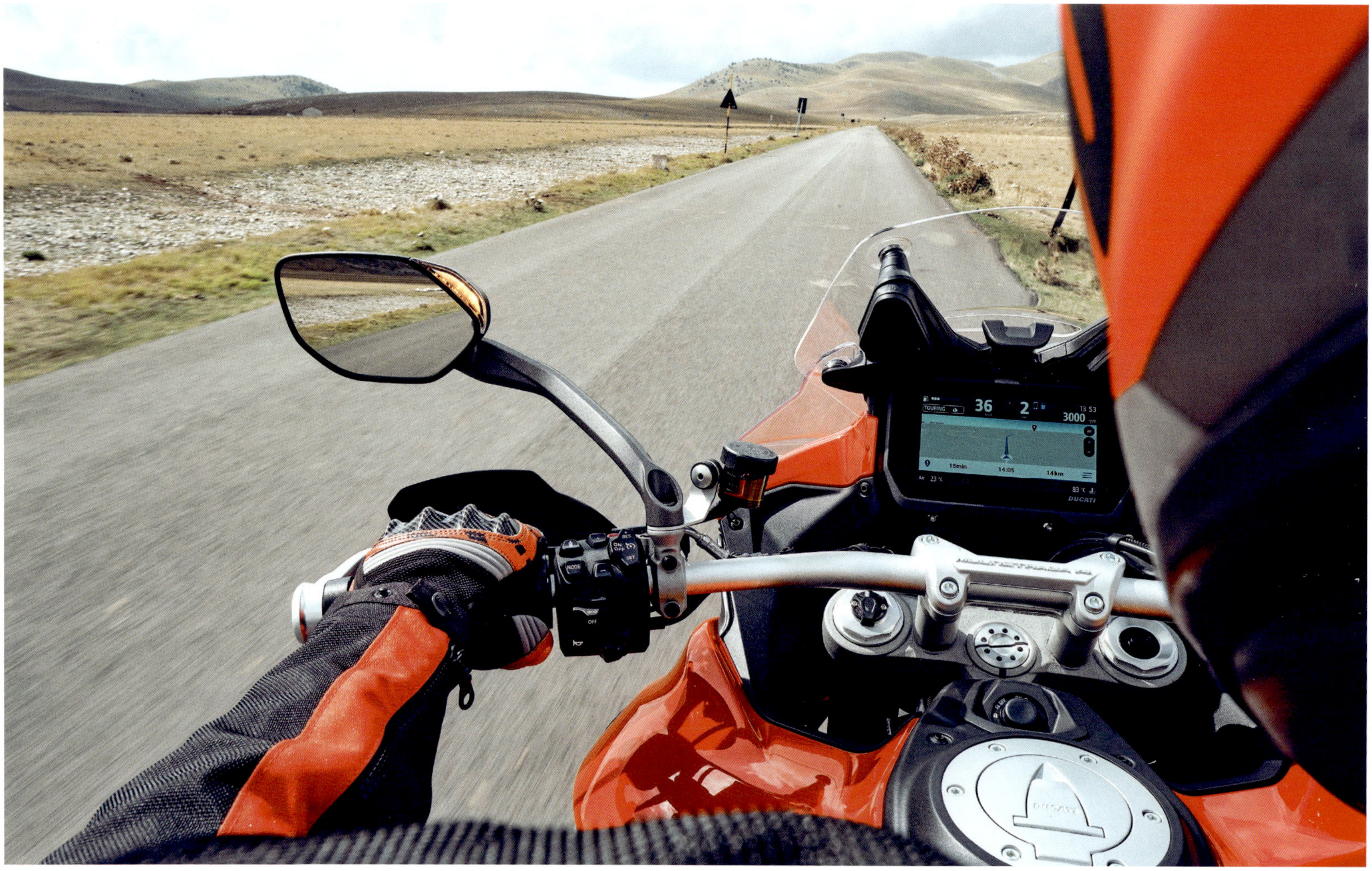

Travelling the endless turns of the Gran Sasso and getting caught up in enjoying the road aboard our Multistrada V4. The mountain opens up and our gaze is drawn to the horizon. A sense of majesty surrounds us – we're at Campo Imperatore.

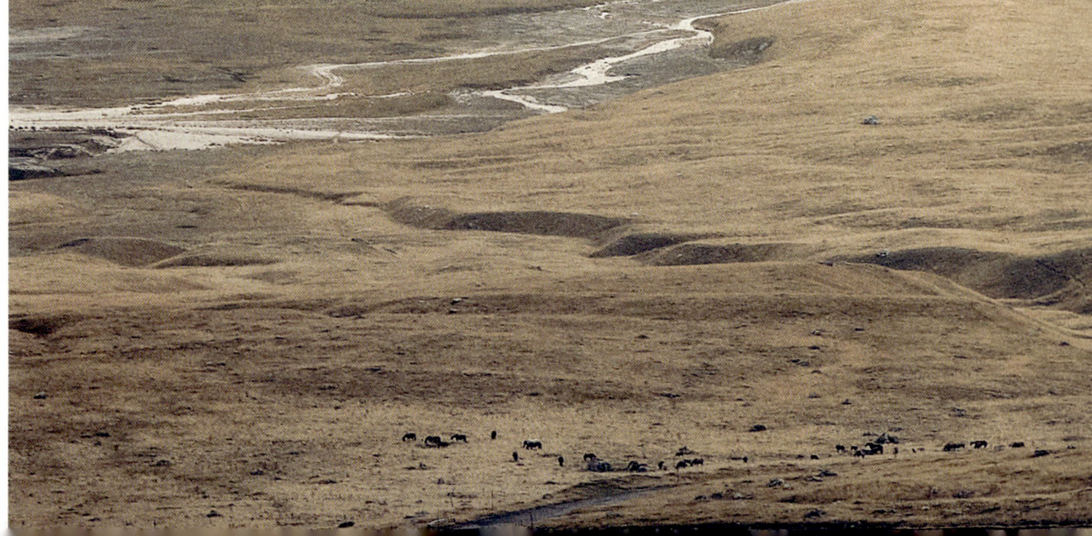

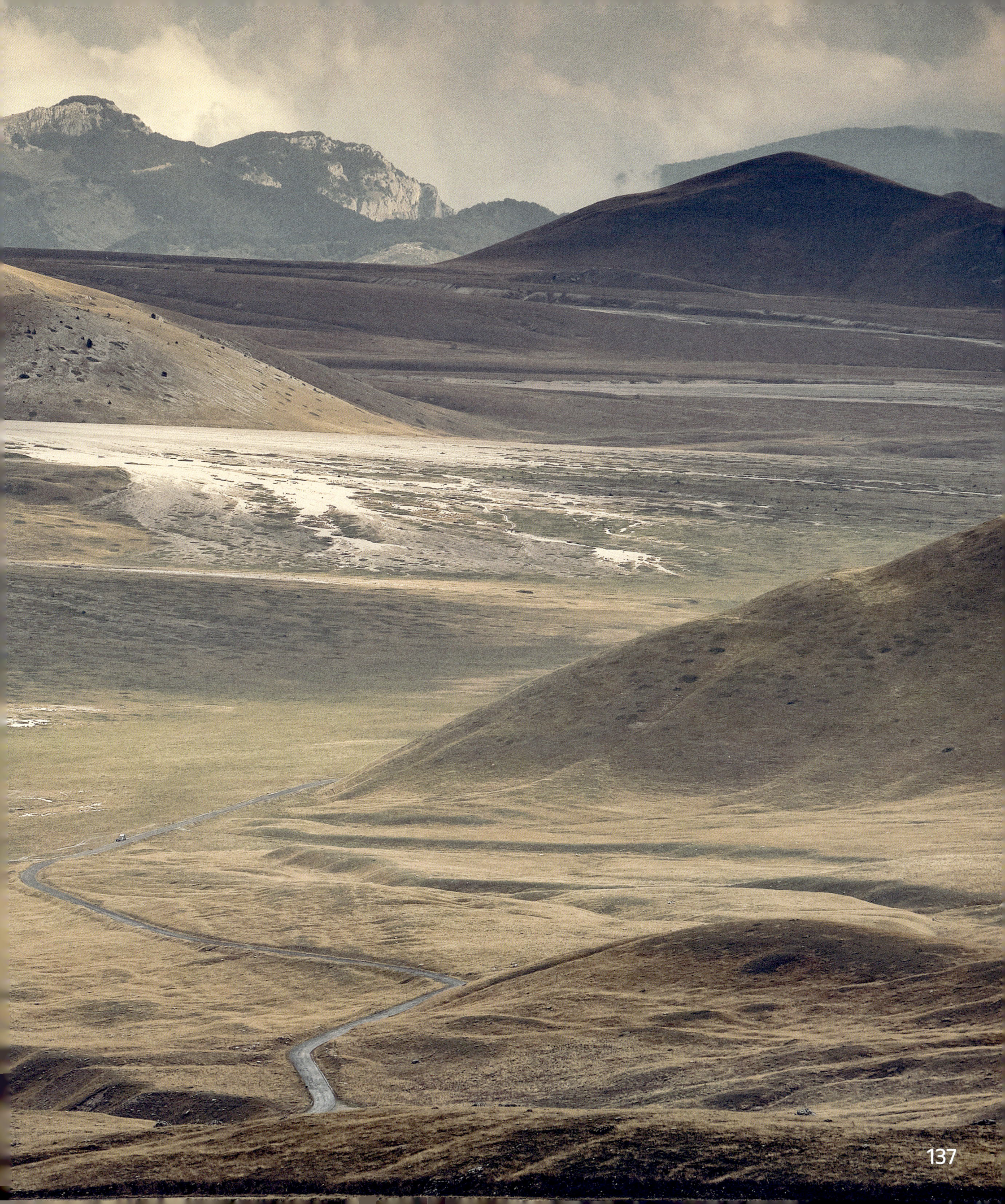

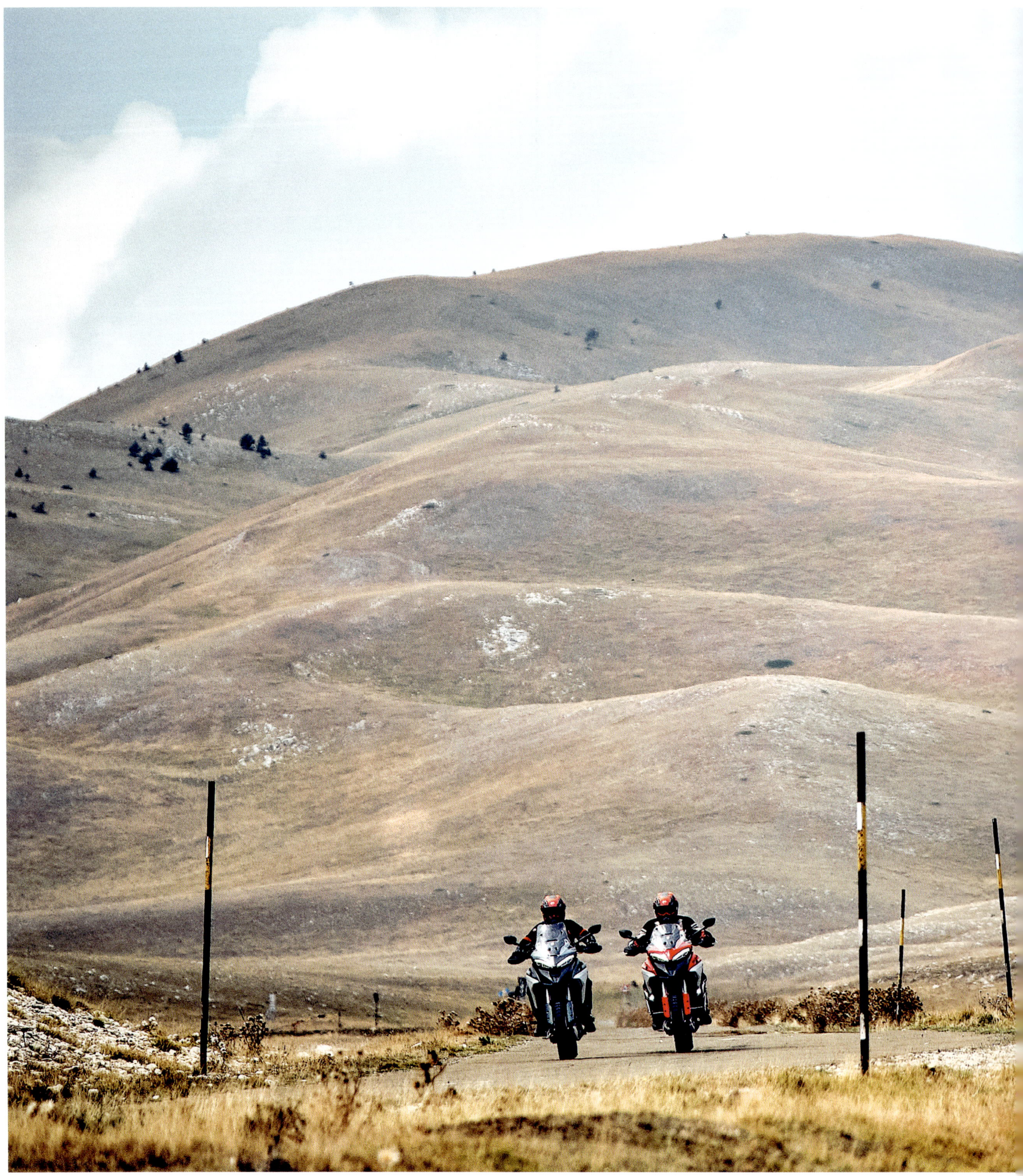

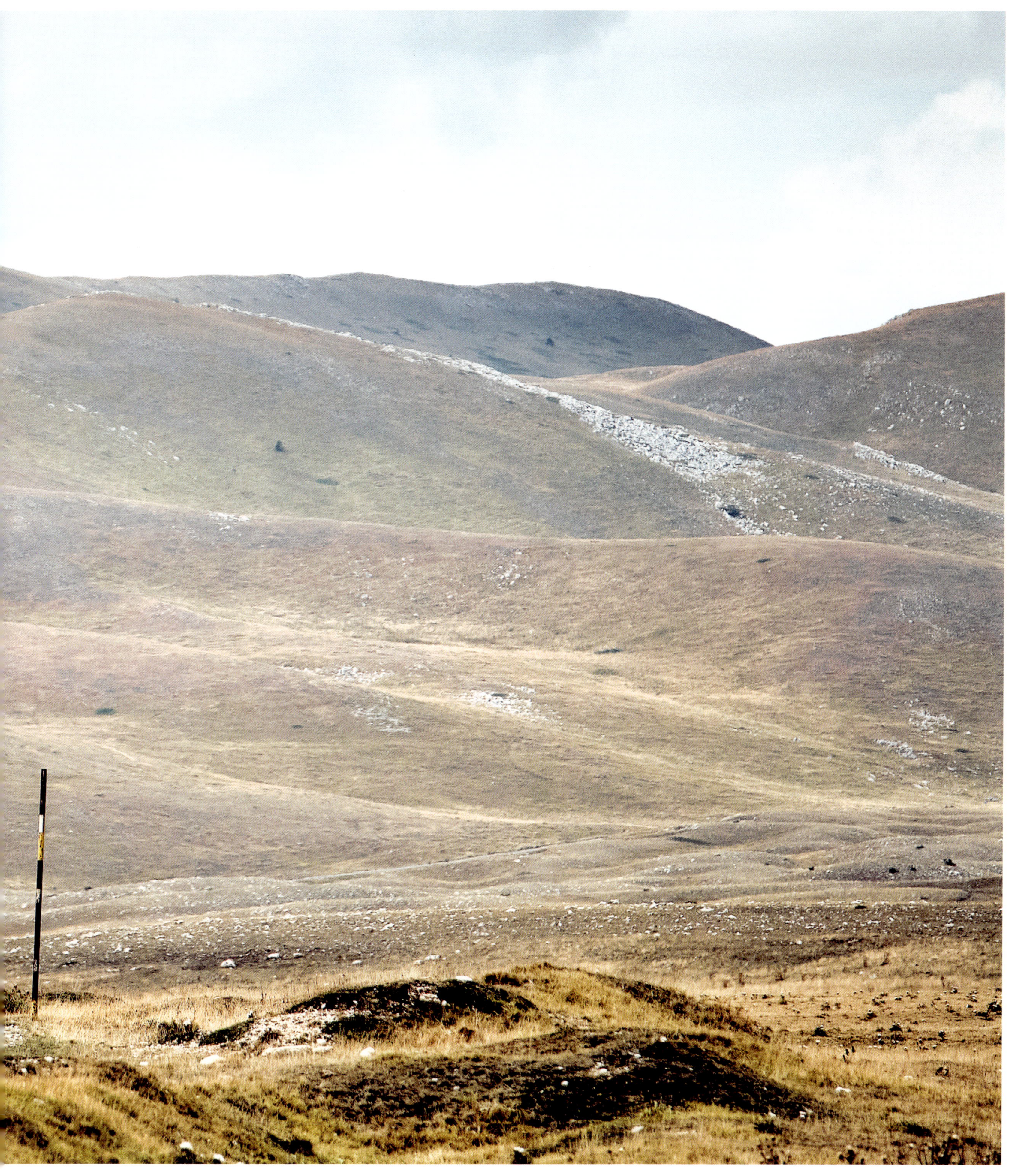

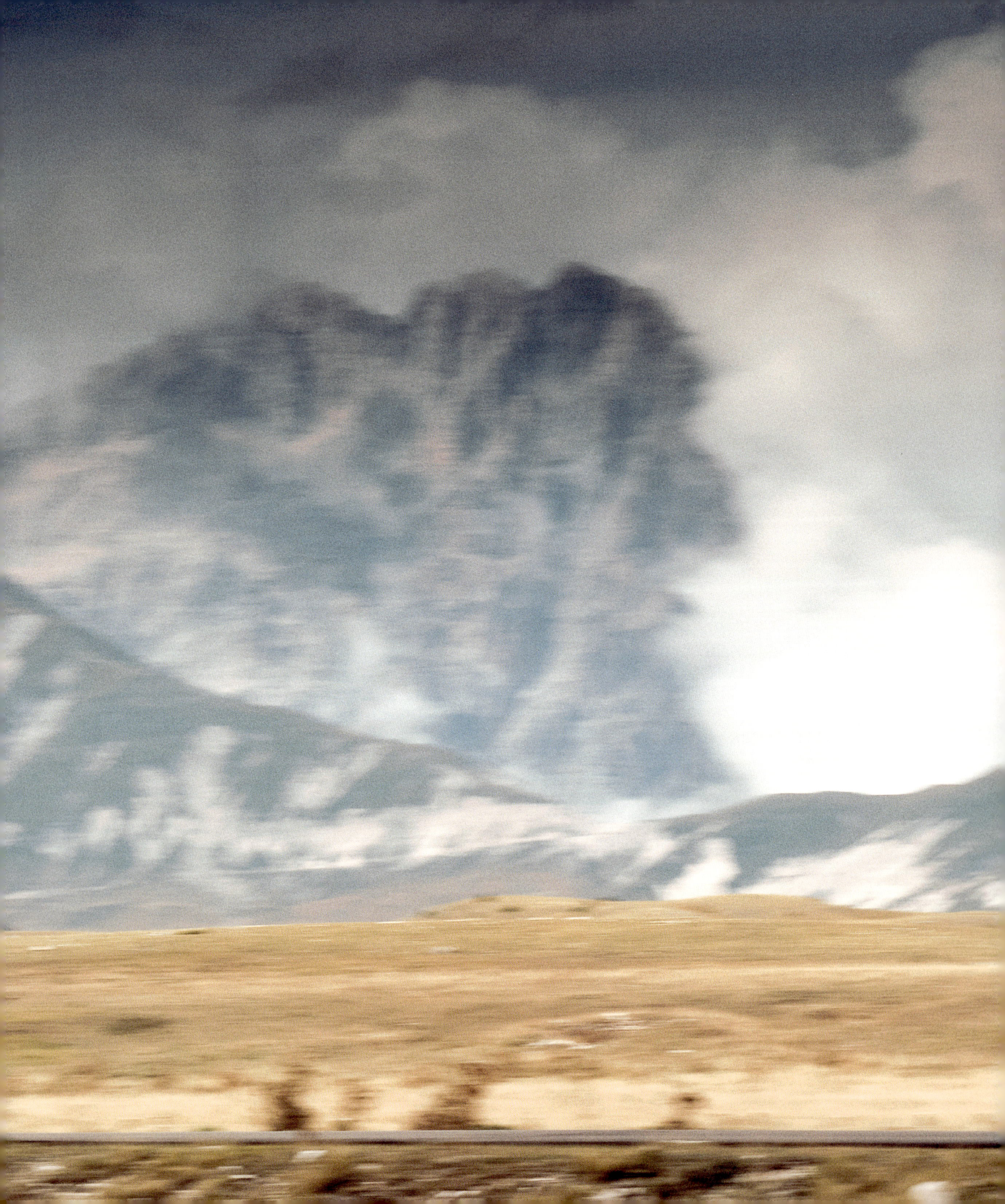

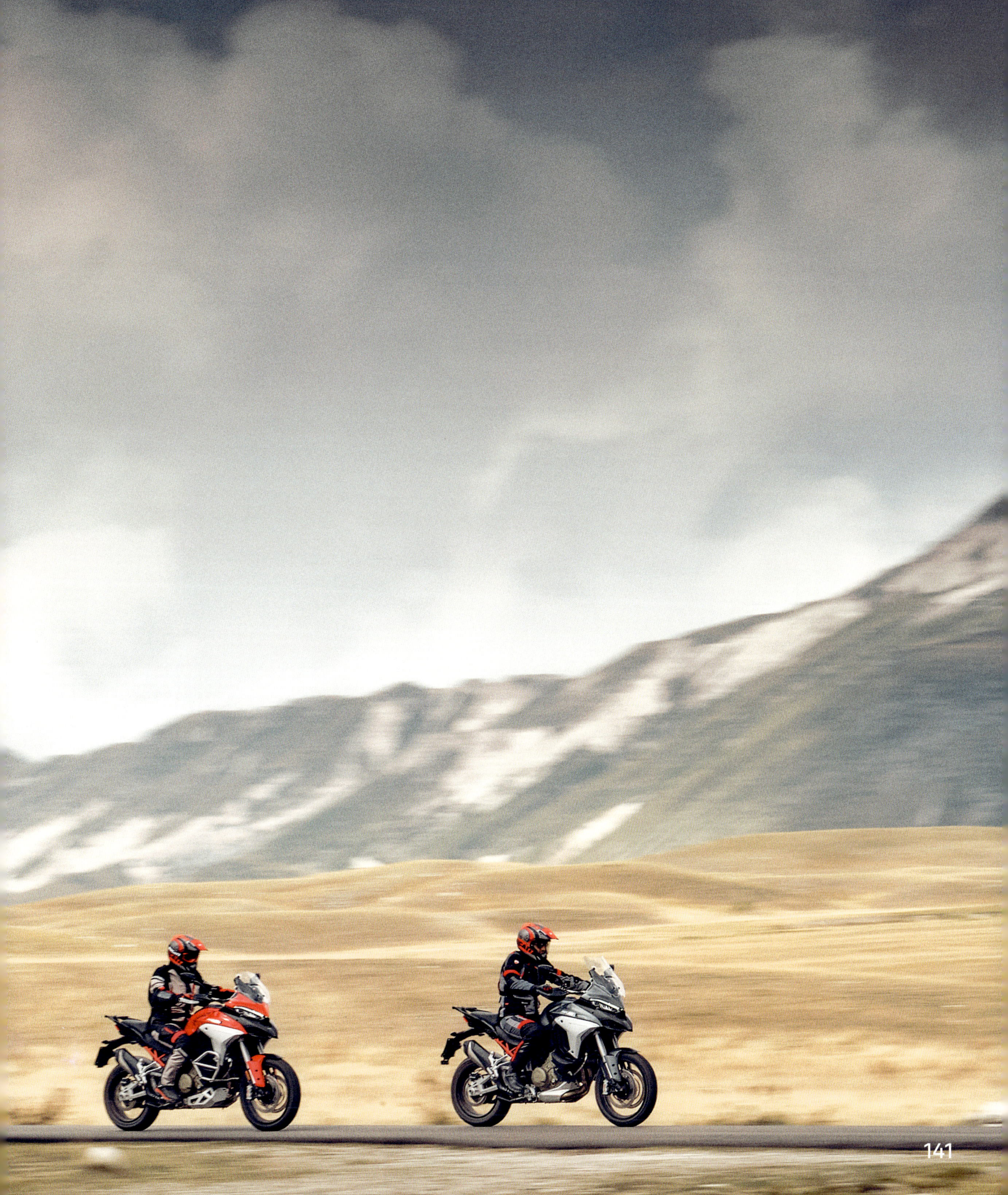

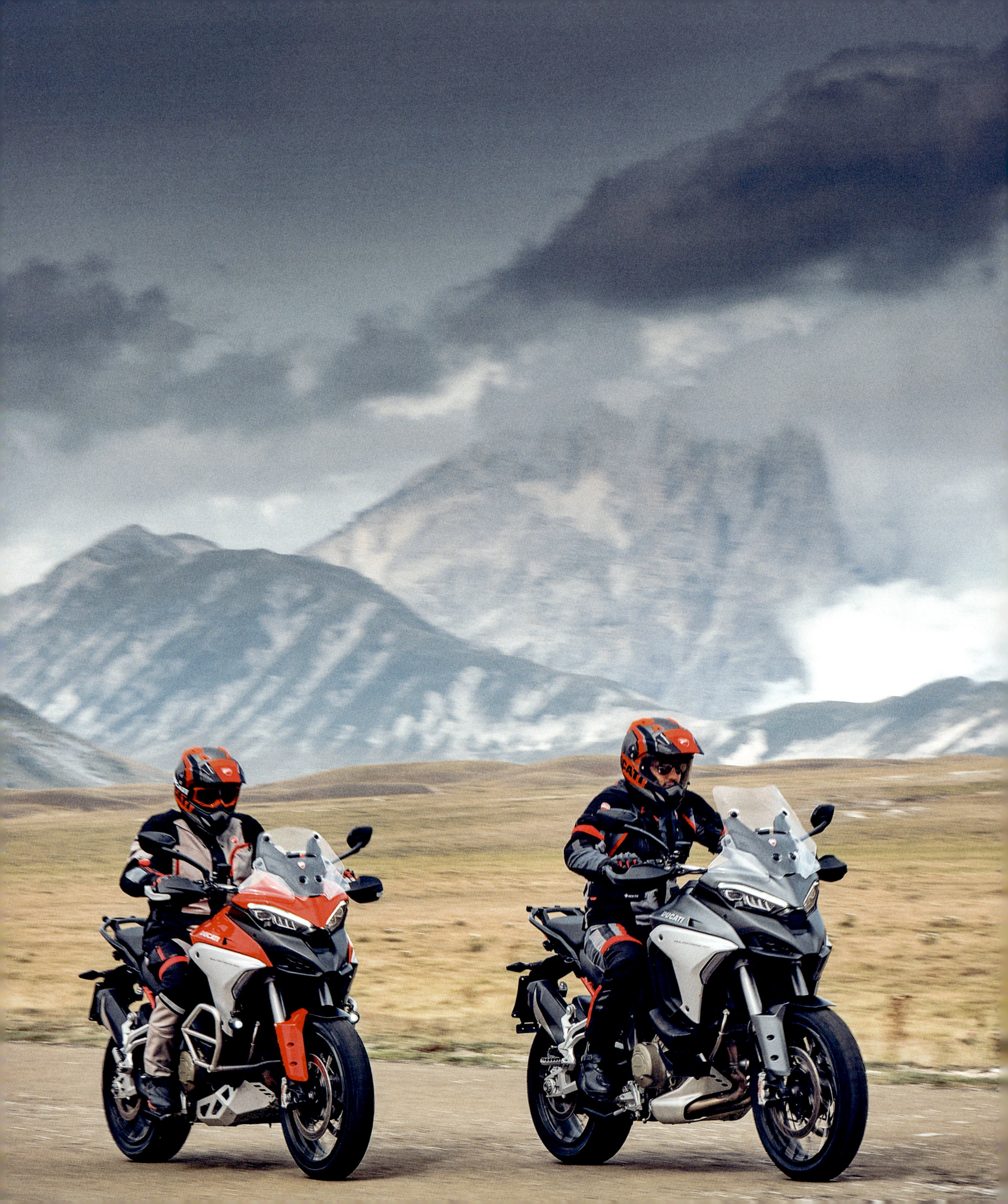

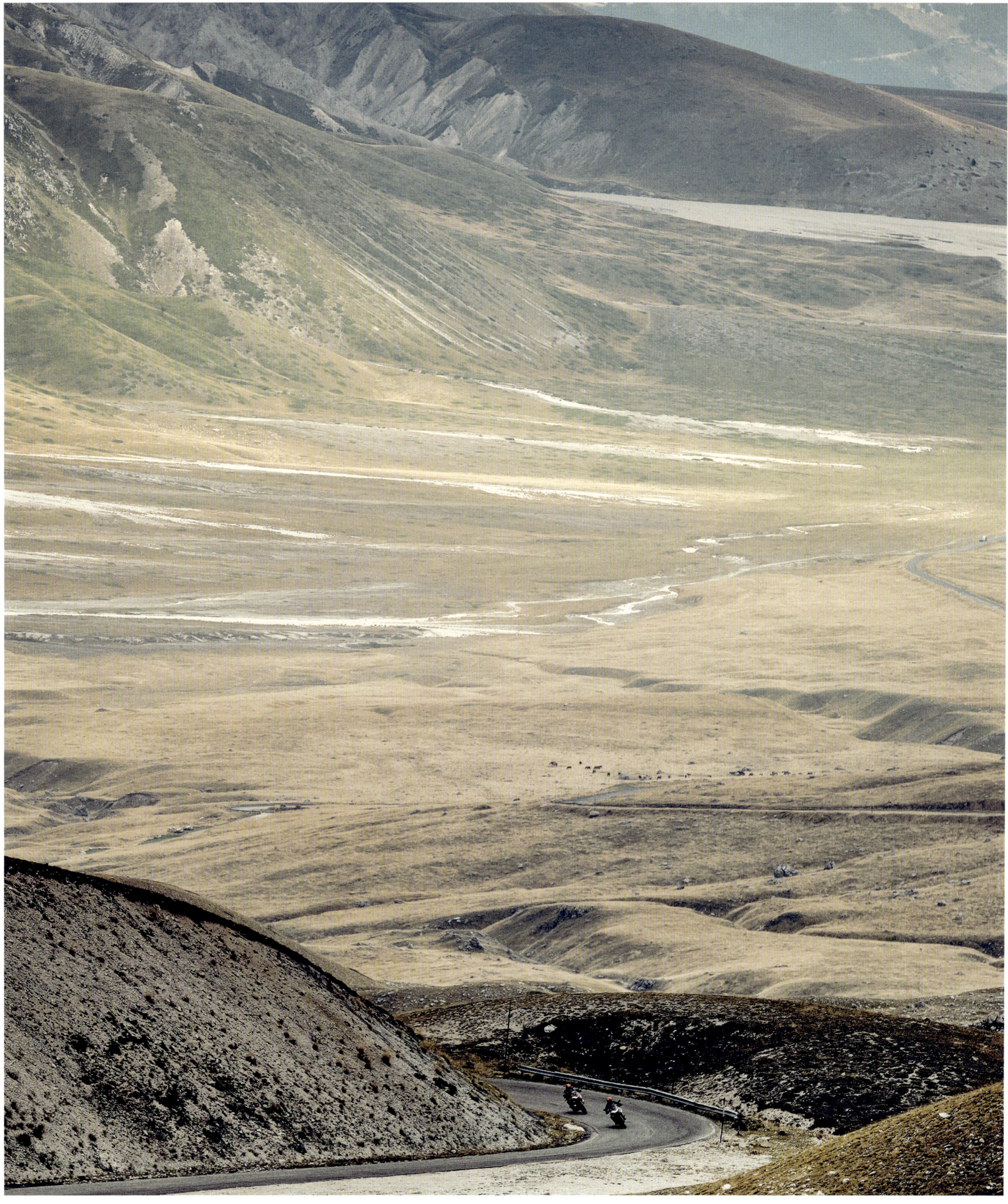

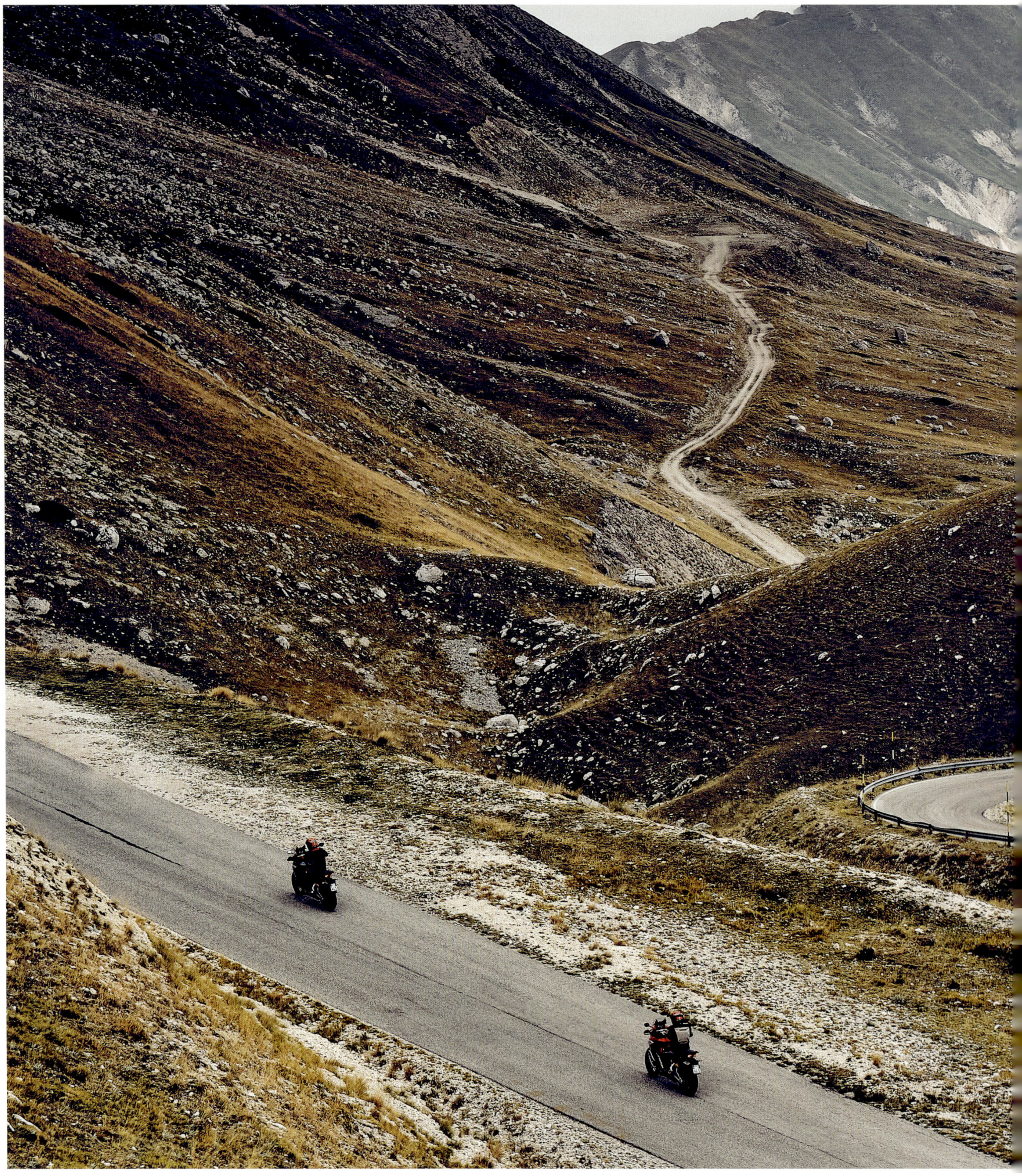

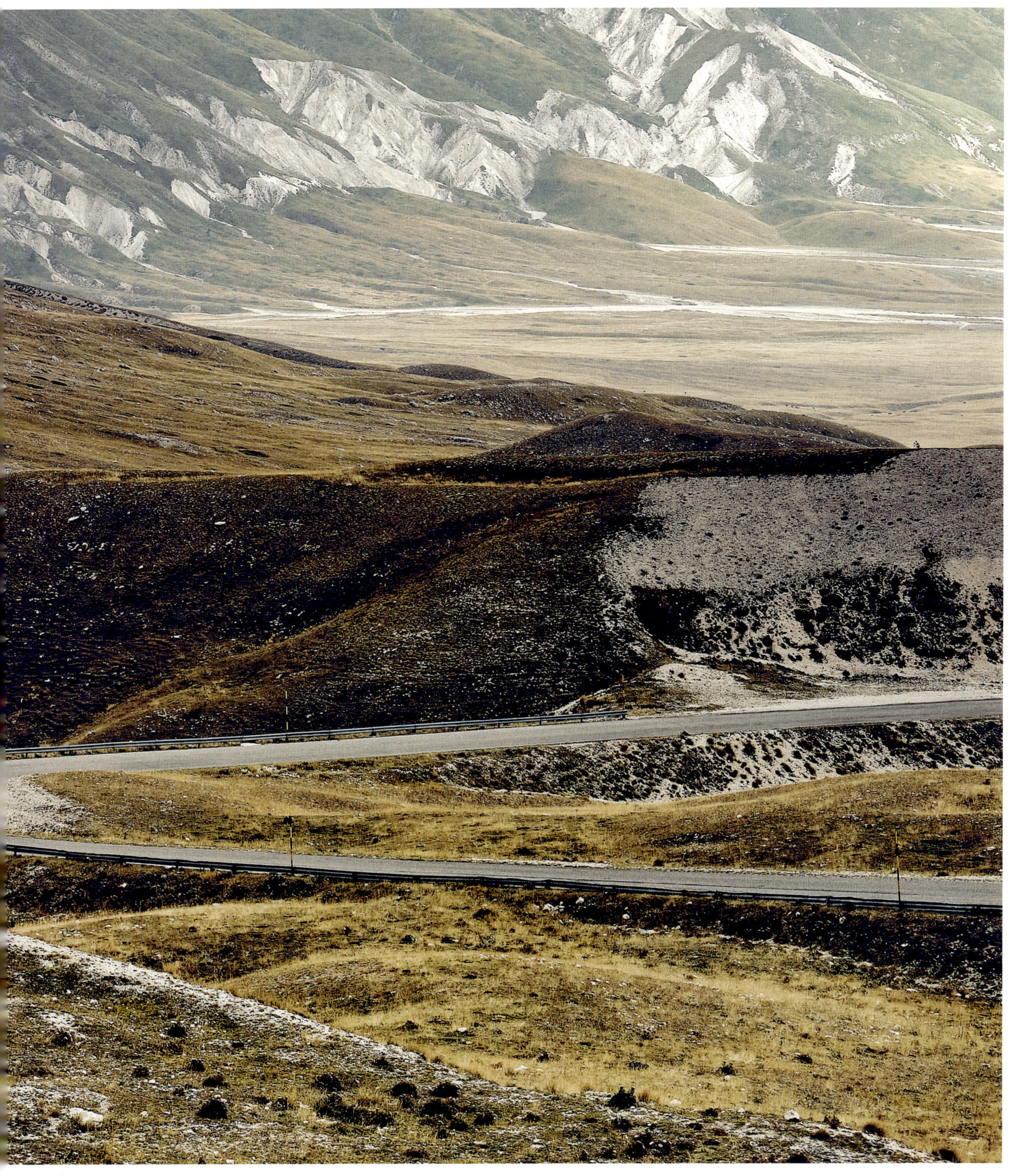

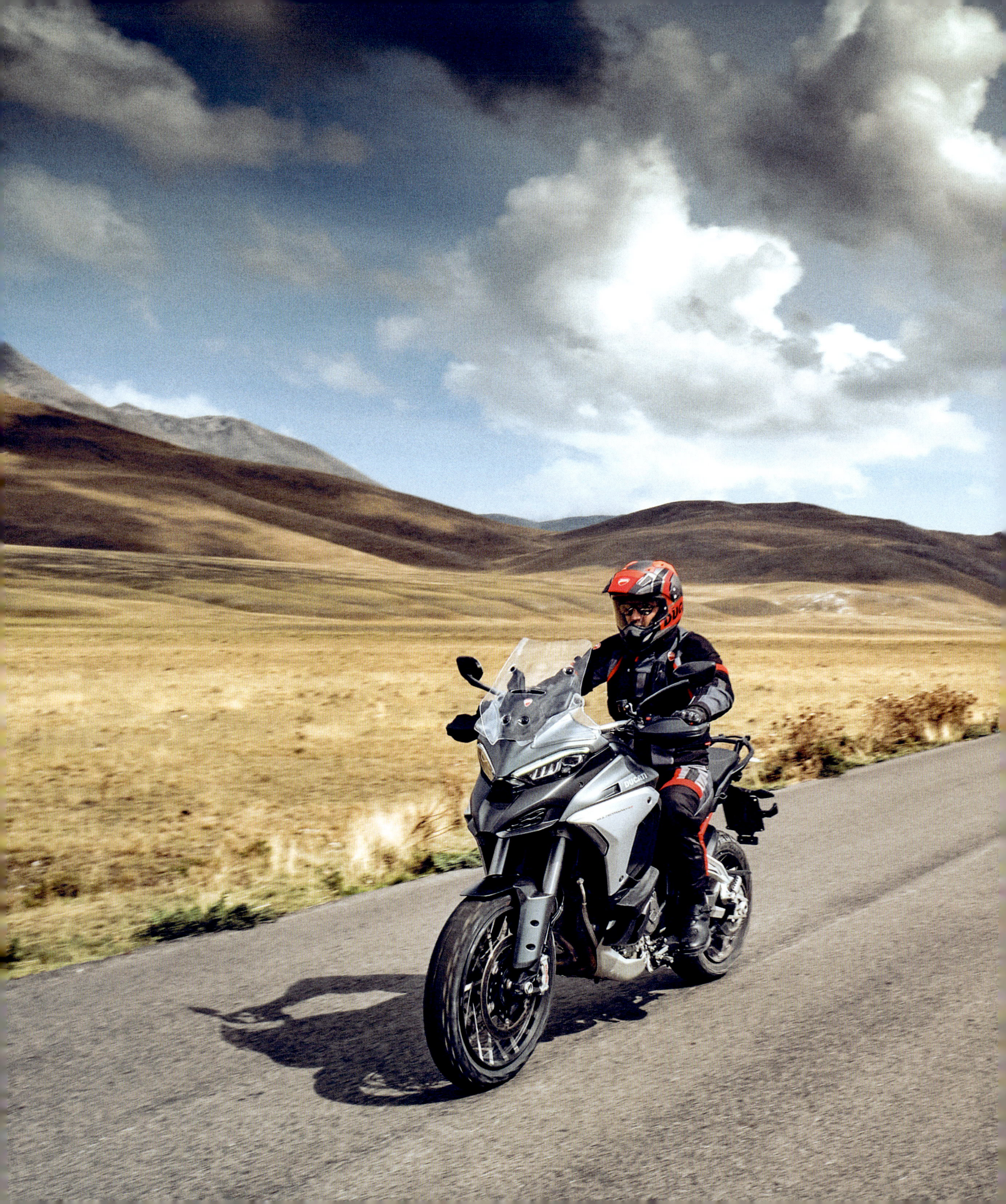
DUCATI

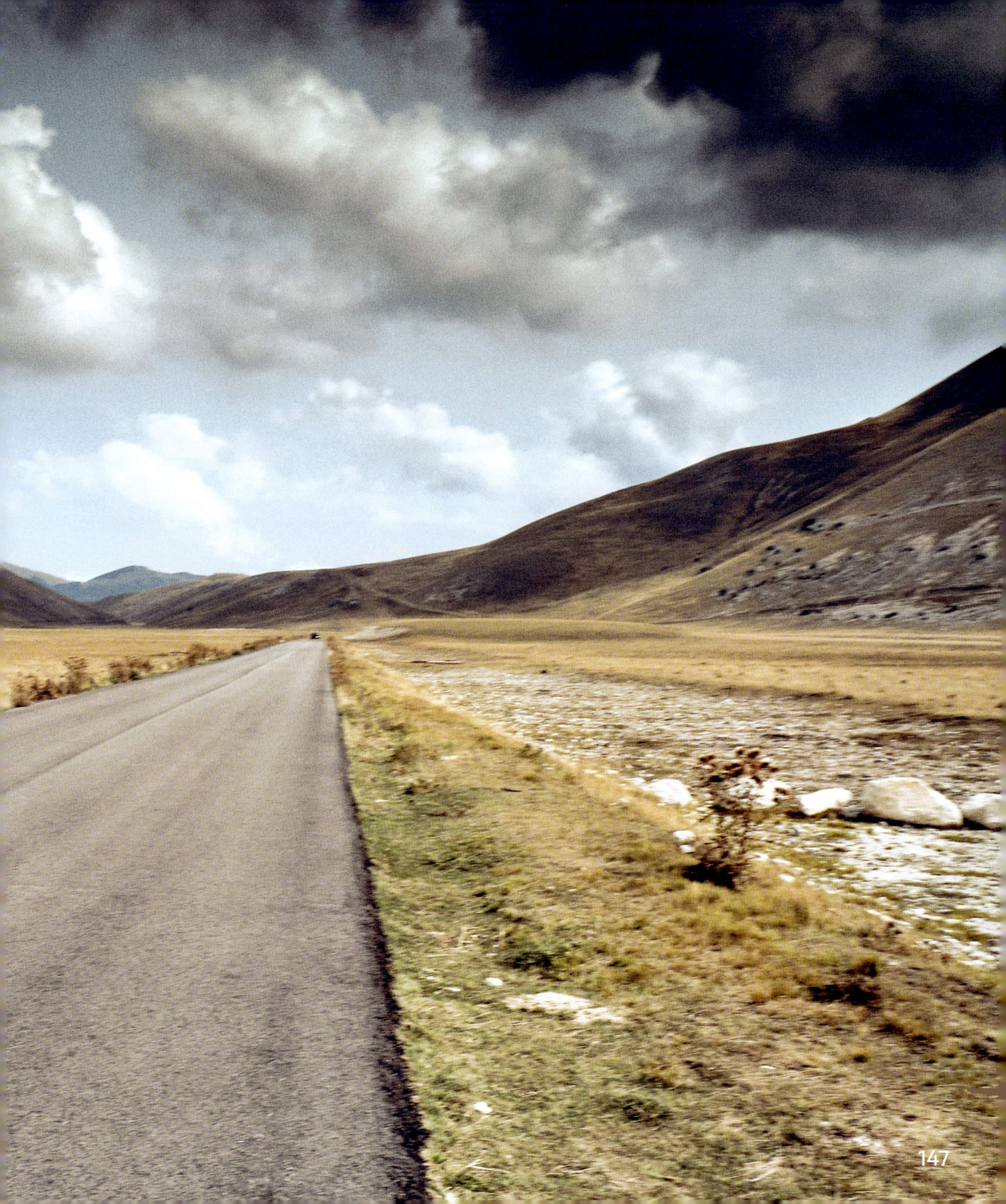

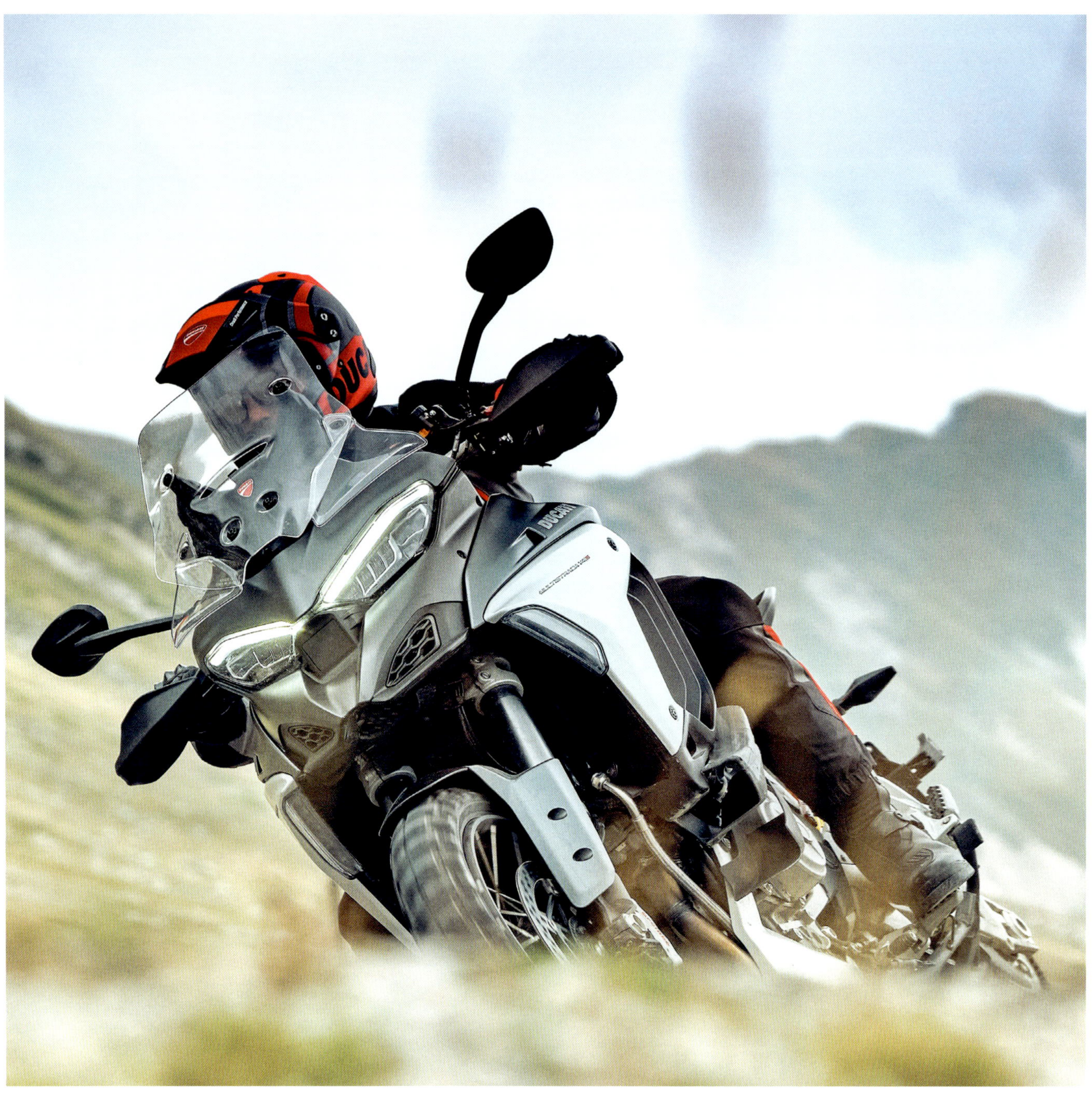

L'orizzonte, la prospettiva, il senso della direzione. Tutti elementi che distinguono il nostro viaggio e che trovano il culmine nelle distese di Campo Imperatore, il piccolo Tibet d'Italia, l'altopiano più grande della penisola.

The horizon, perspective, a sense of direction. All elements that distinguish our journey and that come to a head as we cross the vast Campo Imperatore. Italy's own little Tibet, it is the peninsula's largest plateau.

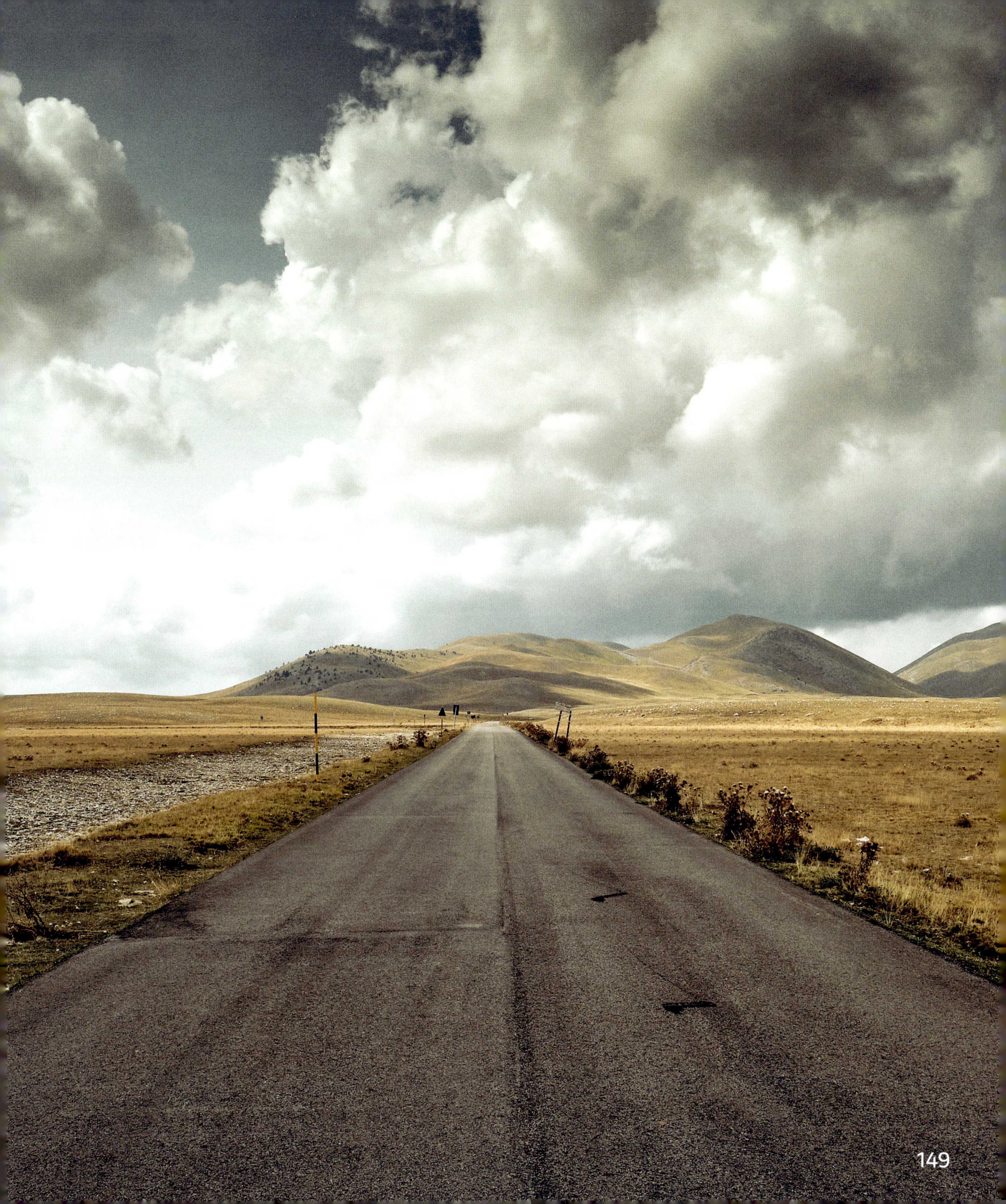

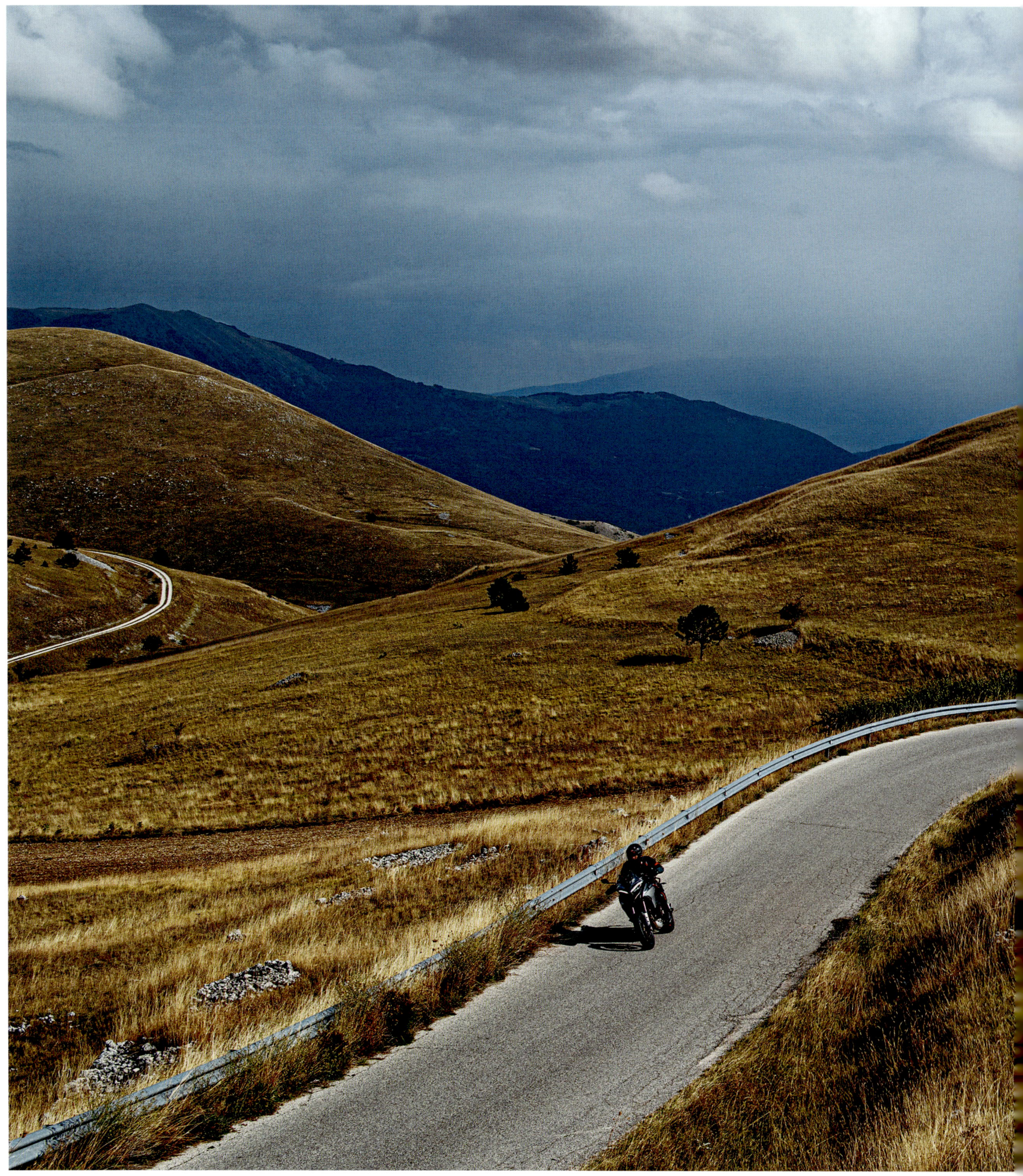

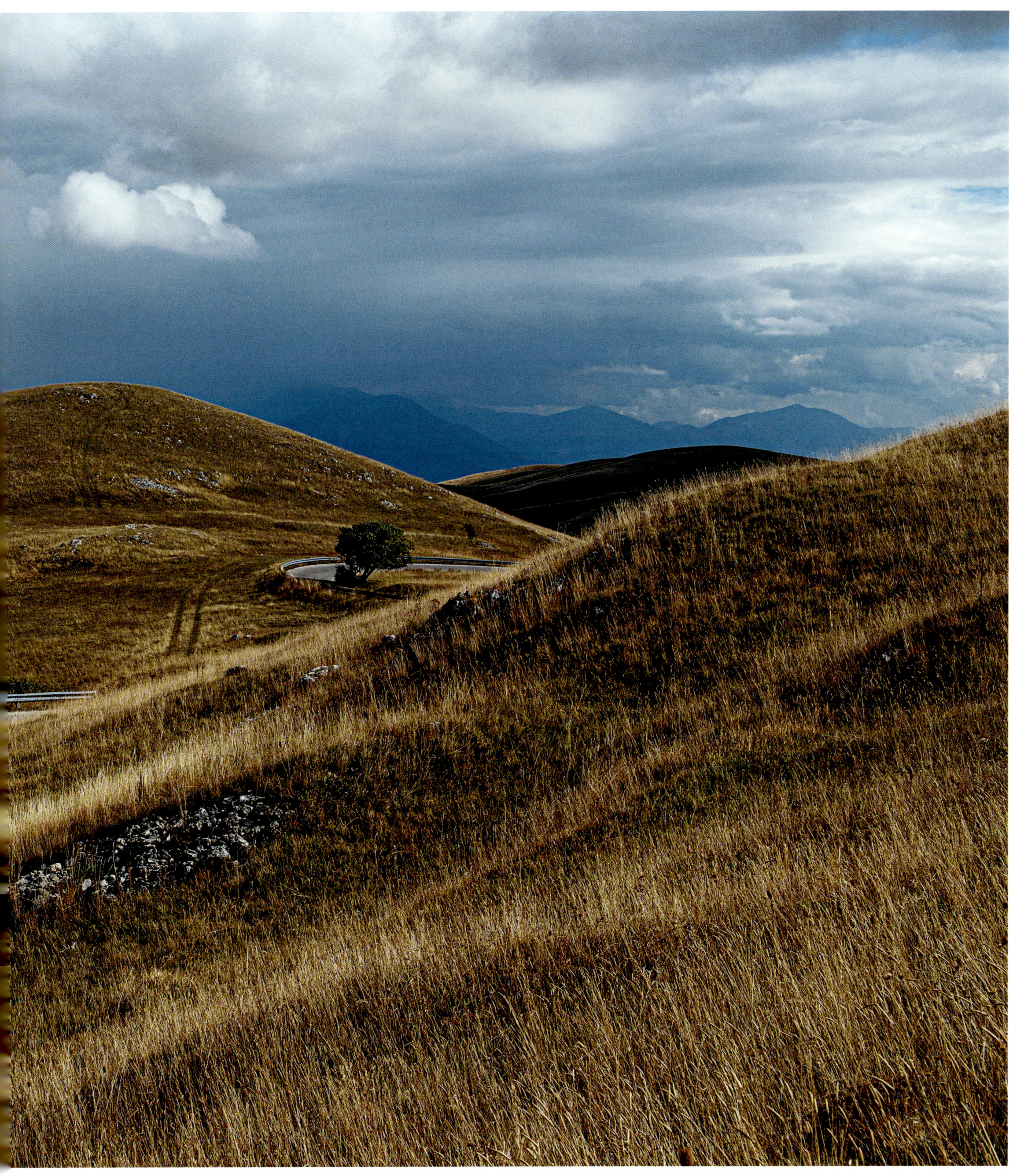

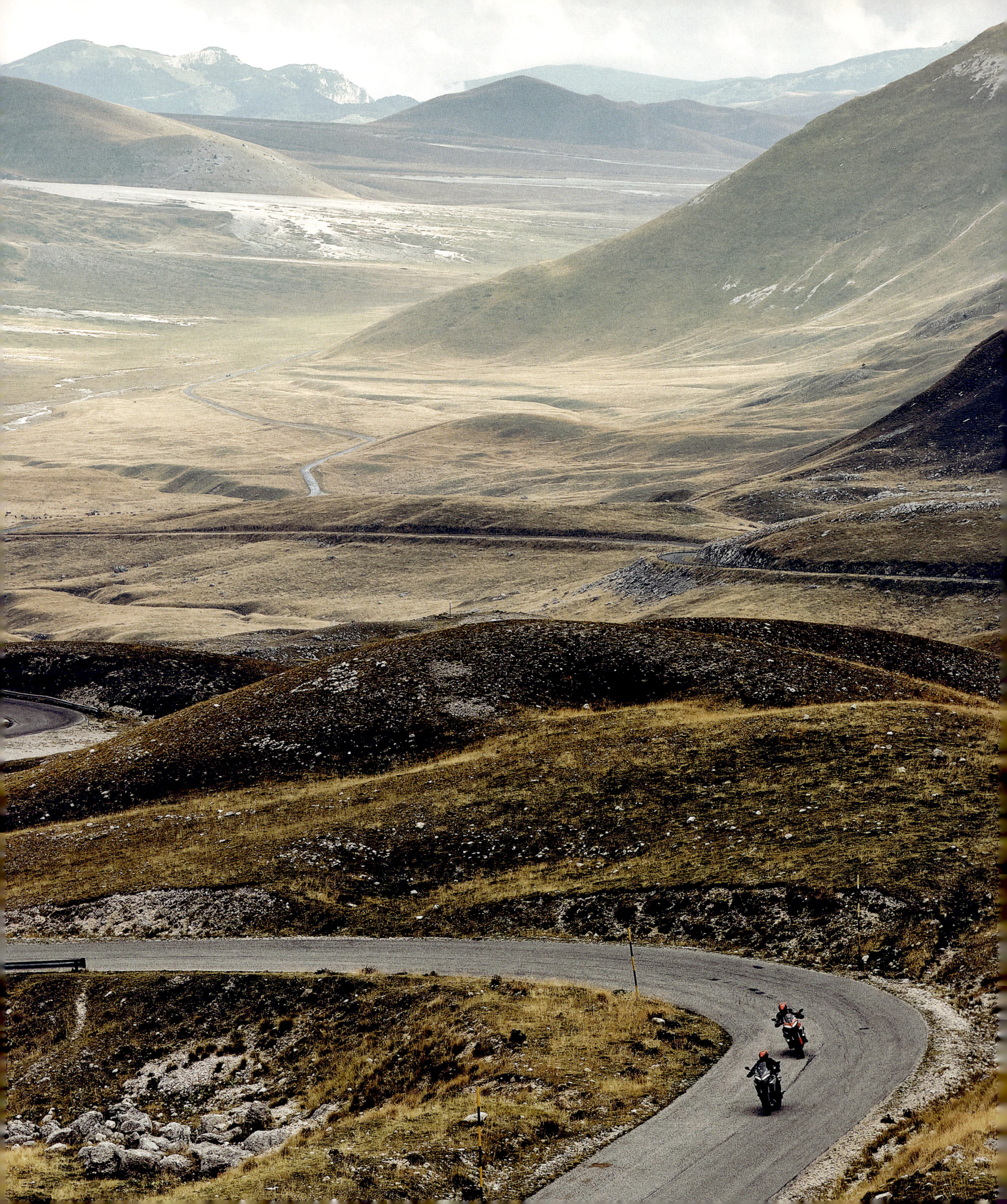

Entrando nei sentieri sterrati, luce e nuvole ci regalano una vista mozzafiato, di nuovo la sensazione di essere piccoli, ma inarrestabili. Le nostre Multistrada V4 passano dalla strada allo sterrato senza alcuna difficoltà, ci regalano la sensazione più bella: che il mondo intero sia a nostra disposizione, che ovunque si possa trovare una strada da percorrere.

As we ride the dirt roads, the light and clouds make for a breath-taking view, and we once again feel small but unstoppable. Our Multistrada V4 has no difficulty going from road to dirt and leaves us with the best feeling of all: that we have the entire world at our feet, and that there will always be a road to travel.

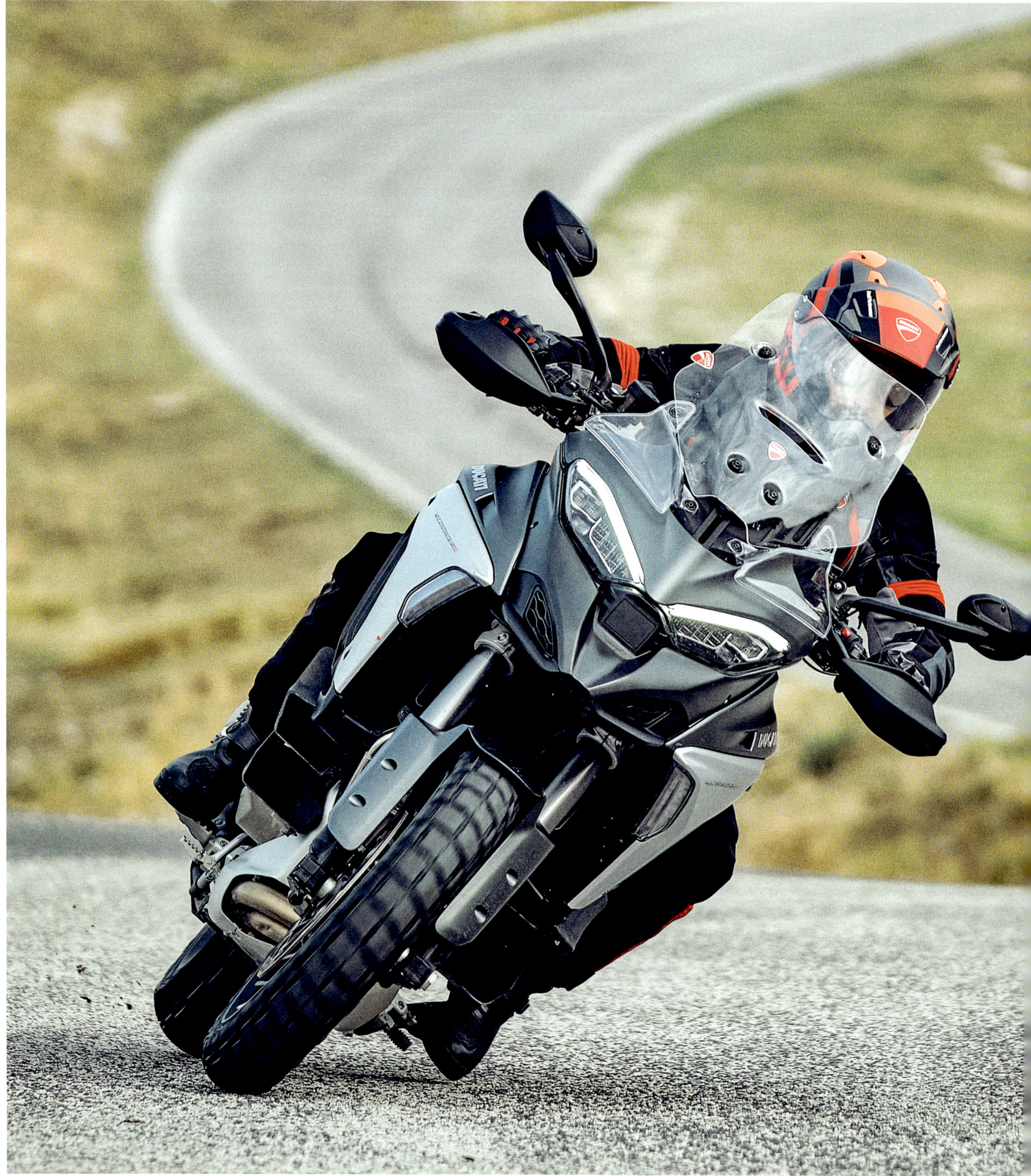

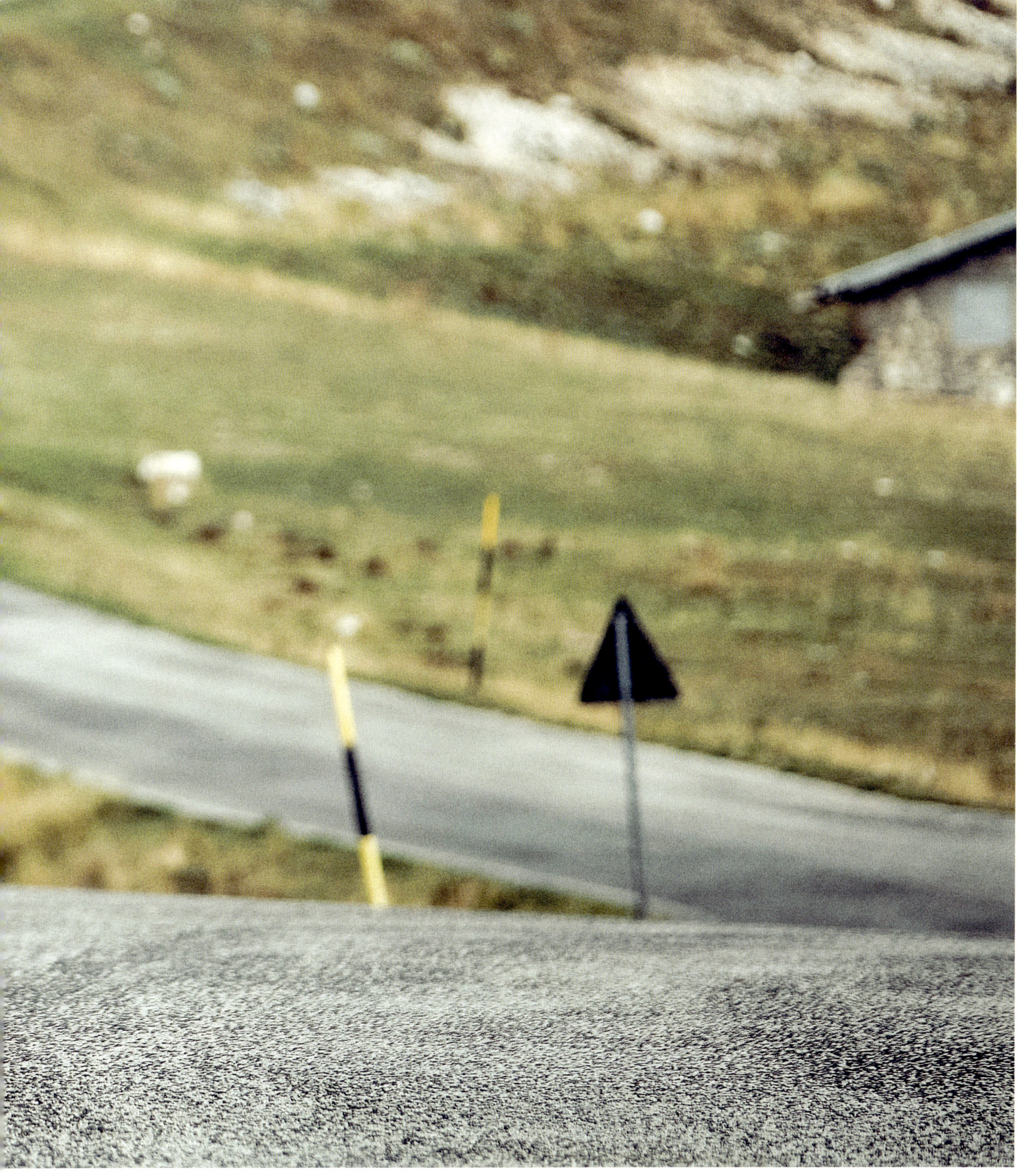

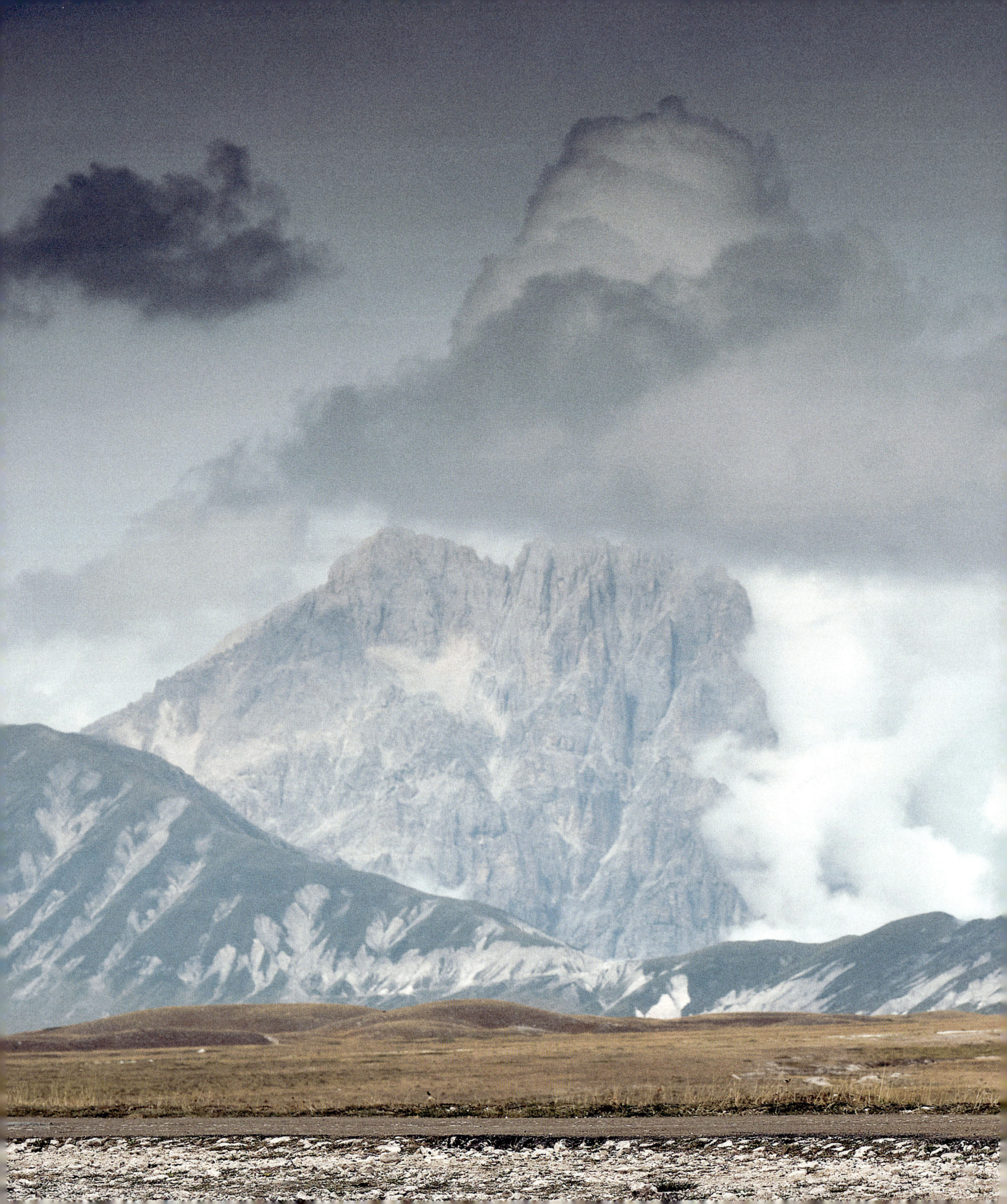

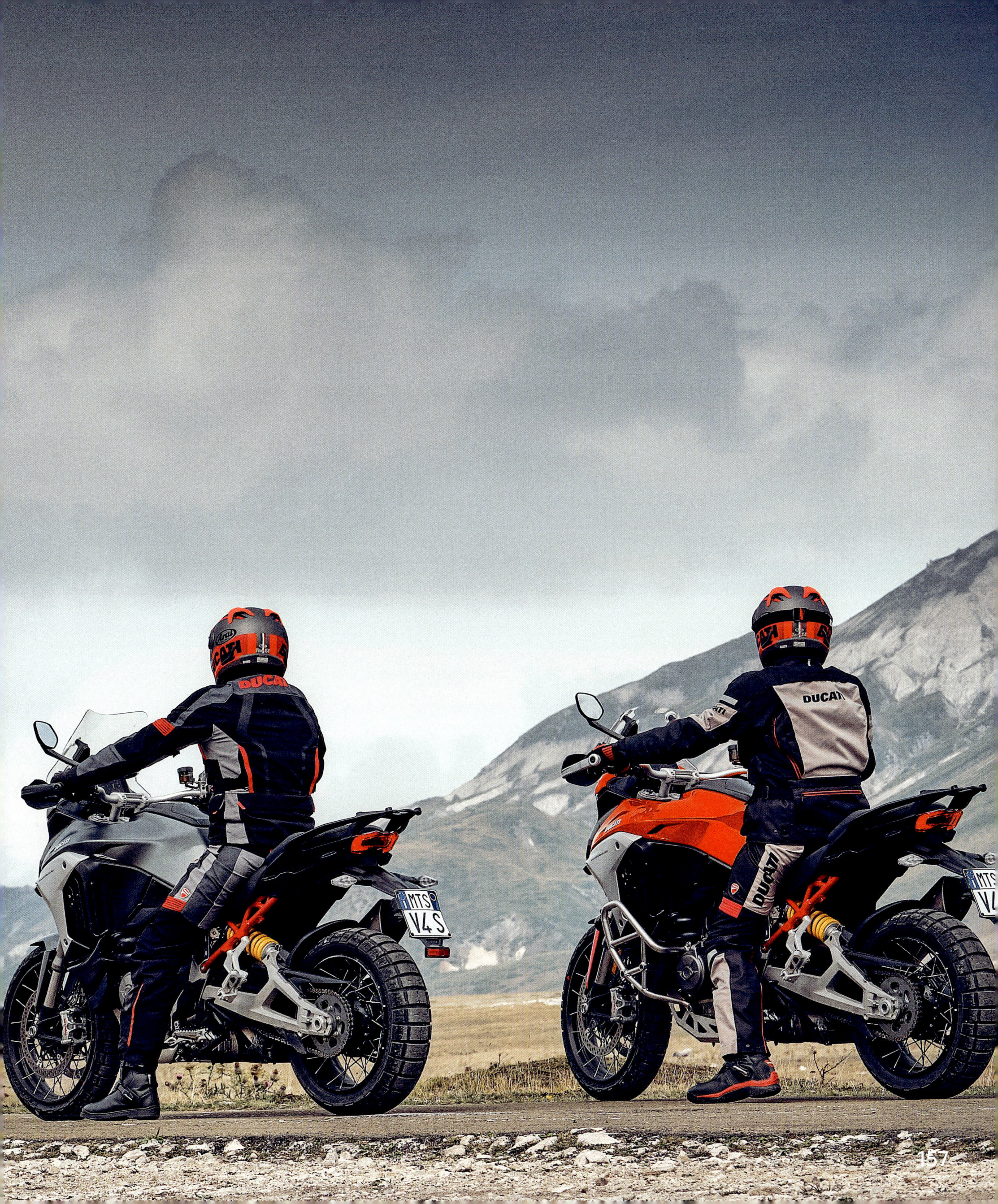
DUCATI
DUCATI
MTS
V4S

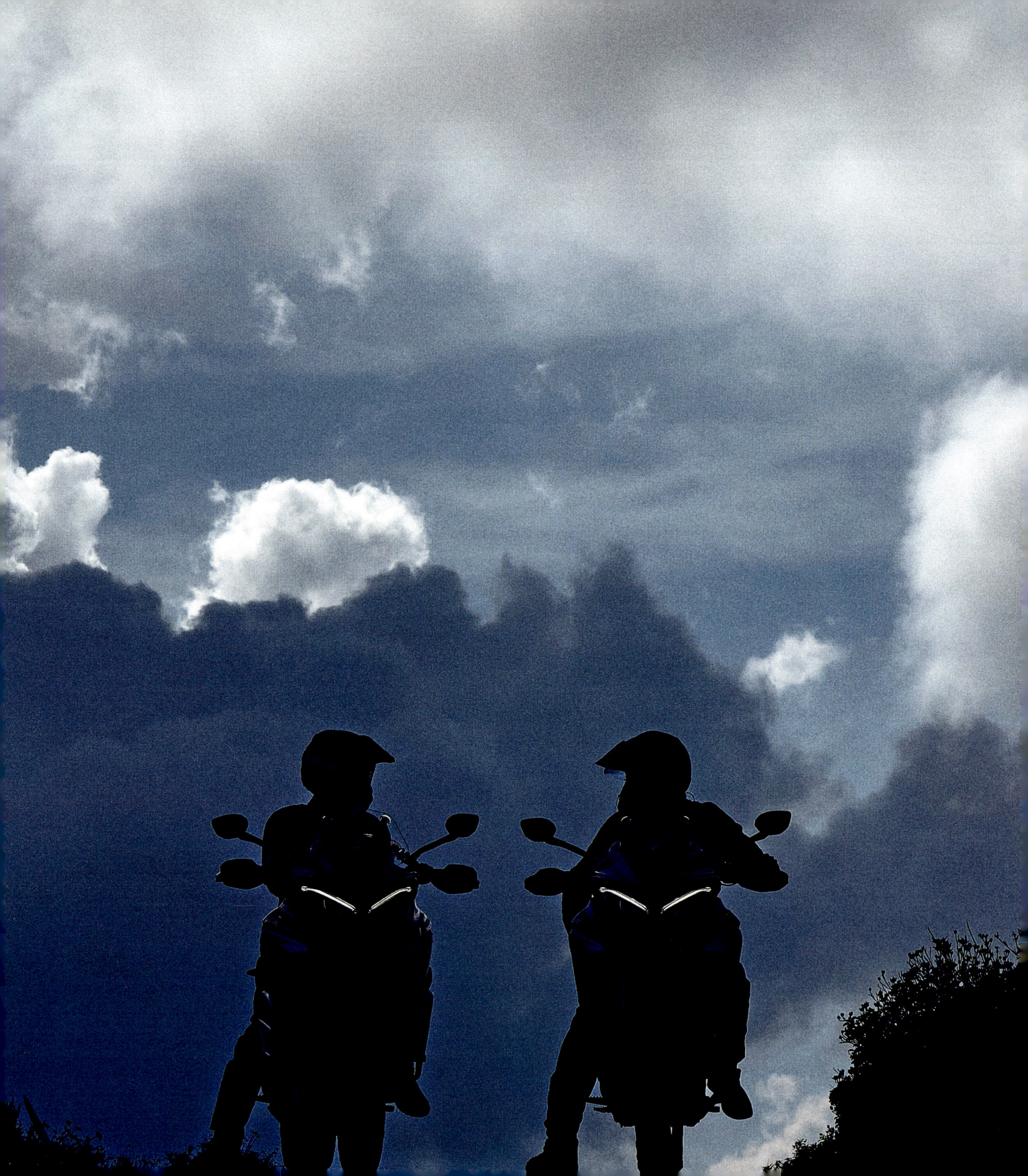

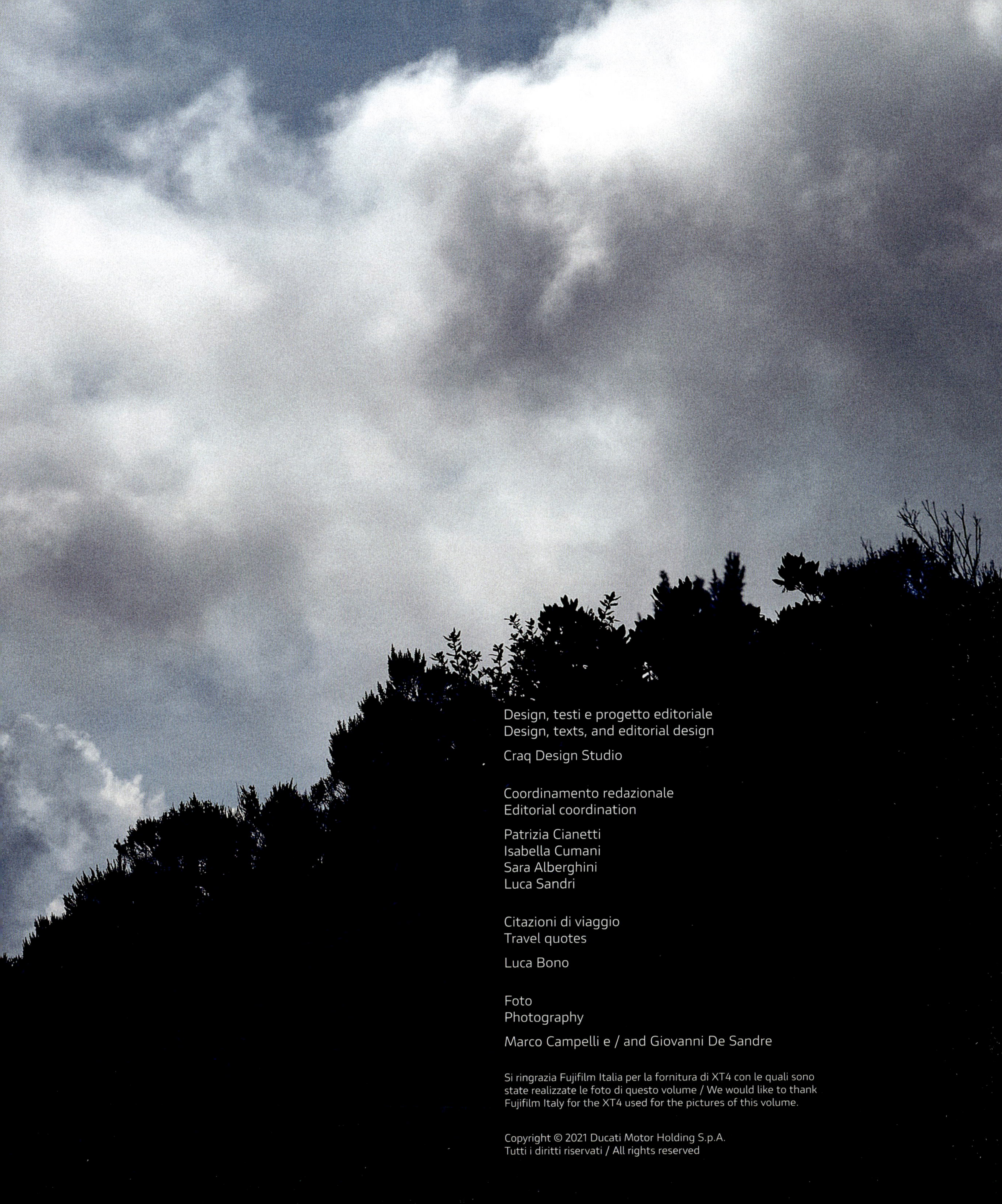

Design, testi e progetto editoriale
Design, texts, and editorial design

Craq Design Studio

Coordinamento redazionale
Editorial coordination

Patrizia Cianetti
Isabella Cumani
Sara Alberghini
Luca Sandri

Citazioni di viaggio
Travel quotes

Luca Bono

Foto
Photography

Marco Campelli e / and Giovanni De Sandre

Si ringrazia Fujifilm Italia per la fornitura di XT4 con le quali sono state realizzate le foto di questo volume / We would like to thank Fujifilm Italy for the XT4 used for the pictures of this volume.

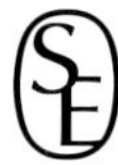

Silvana Editoriale

Direzione editoriale / Direction
Dario Cimorelli

Art Director
Giacomo Merli

Coordinamento editoriale / Editorial Coordinator
Sergio Di Stefano

Redazione / Copy Editor
Lorena Ansani

Coordinamento di produzione / Production Coordinator
Antonio Micelli

Segreteria di redazione / Editorial Assistant
Giulia Mercanti

Ufficio iconografico / Photo Editors
Alessandra Olivari, Silvia Sala

Ufficio stampa / Press Office
press@silvanaeditoriale.it

Silvana Editoriale S.p.A.
via dei Lavoratori, 78
20092 Cinisello Balsamo, Milano
tel. 02 453 951 01
fax 02 453 951 51
www.silvanaeditoriale.it

Le riproduzioni, la stampa e la rilegatura
sono state eseguite in Italia
Reproductions, printing and binding in Italy
Stampato da / Printed by Grafiche Antiga,
Crocetta del Montello (Treviso)
Finito di stampare nel mese di ottobre 2021
Printed October 2021